浙江省哲学社会科学重点研究基地——浙江财经大学政府管制与公共政策研究中心课题（13JDGZ01Z）

政府监管研究系列文库

The Research Archive on Regulation

中国城市供水行业市场化改革的效果评价与管制政策创新研究

Evaluation of the Effect of Marketization Reform of Urban Water Supply Industry in China and Research on the Innovation of Regulatory Policy

王 岭 著

中国社会科学出版社

图书在版编目（CIP）数据

中国城市供水行业市场化改革的效果评价与管制政策创新研究 / 王岭著 .—北京：中国社会科学出版社，2018.12
ISBN 978-7-5203-3341-2

Ⅰ.①中… Ⅱ.①王… Ⅲ.①城市供水—供水行业—市场改革—研究—中国 Ⅳ.①F426.9

中国版本图书馆 CIP 数据核字（2018）第 242820 号

出 版 人	赵剑英
责任编辑	卢小生
责任校对	周晓东
责任印制	王 超

出	版	中国社会科学出版社
社	址	北京鼓楼西大街甲 158 号
邮	编	100720
网	址	http://www.csspw.cn
发 行 部		010-84083685
门 市 部		010-84029450
经	销	新华书店及其他书店
印	刷	北京明恒达印务有限公司
装	订	廊坊市广阳区广增装订厂
版	次	2018 年 12 月第 1 版
印	次	2018 年 12 月第 1 次印刷
开	本	710×1000 1/16
印	张	18.5
插	页	2
字	数	297 千字
定	价	98.00 元

凡购买中国社会科学出版社图书，如有质量问题请与本社营销中心联系调换
电话：010-84083683
版权所有 侵权必究

总　　序

　　管制是英文 Regulation 的翻译，通常被译为"管制""规制"或者"监管"。在学术界，国内学者翻译国外论著和自己撰写论著时，同时使用"管制"或"规制"，两者不存在实质性的区别；而实际部门广泛使用的"监管"则可分为狭义监管与广义监管，其中，狭义监管概念和范围基本等同于"管制"，而广义监管通常被理解和分拆为"监督与管理"，等同于一般的行政管理。因此，凡是政府机关的所有行政监督与管理行为都被泛称为监管。笔者认为，被泛化的广义监管是对管制的误解。这是因为，管制不同于一般的行政管理。首先，从对象来看，行政管理发生在政府部门内部，其管理对象主要是政府部门的下级（下属）单位；而管制的对象则不是政府的下级（下属）单位，而是独立的市场主体（企业和个人）。其次，从主体与客体的相互关系来看，行政管理是政府部门与政府部门的关系，主体和客体之间往往是上下级关系，并不是完全独立的；而管制实际上是政府与市场主体（企业和个人）的关系，其主体与客体之间是完全独立的。最后，从手段来看，行政管理可以依靠（主观的）行政命令来直接控制下级（下属）单位；而管制主要依靠（客观的）法律来规范和约束经济上、法律上独立的市场主体。

　　尽管不少国内外学者对管制有不同的定义，但不难发现，管制至少具有这样几个构成要素：（1）管制的主体（管制者）是政府行政机关（简称政府），通过立法或其他形式对管制者授予管制权。（2）管制的客体（被管制者）是各种经济主体（主要是企业）。（3）管制的主要依据和手段是各种法规（或制度），明确规定限制被管制者的什么决策、如何限制以及被管制者违反法规将受到的制裁。根据这三个基本要素，管制可定义为：具有法律地位的、相对独立的管制者（机构），依照一定的法规对被管制者（主要是企业）所采取的一系列行政管理与监督行为。由于管制的主体是政府，所以，管制也被称为政府管制。

管制经济学是一门新兴学科。虽然在 20 世纪 70 年代以前经济发达国家的许多学者就发表了不少有关价格管制、投资管制、进入管制、食品与药品管制、反托拉斯管制等方面的论著，但这些论著各自在较小的领域就特定的对象进行研究，缺乏相互联系；而且，运用经济学原理研究政府管制的论著更是少见。到了 20 世纪 70 年代，一些学者开始重视从经济学角度研究政府管制问题，并试图将已有的研究成果加以系统化，从而初步产生了管制经济学。其中，美国经济学家施蒂格勒发表的《经济管制论》等经典论文对管制经济学的形成产生了特别重要的影响。20 世纪 80 年代以来，美国、英国和日本等经济发达国家对一些垄断产业的政府管制体制进行了重大改革，并加强了对环境保护、产品质量与安全、卫生健康方面的管制。这些都为管制经济学的研究提供了丰富的实证资料，从而推动管制经济学的发展。

政府管制的研究内容比较广泛，但大致可以归纳为经济性管制、社会性管制和反垄断管制三大领域。其中，经济性管制领域主要包括那些存在自然垄断和信息严重不对称的产业，其典型产业包括有线通信、电力、铁路运输、城市自来水和污水处理、管道燃气、金融保险业等产业。社会性管制的内容非常丰富，通常可以把社会性管制分为卫生健康、安全和环境保护三个方面，因此又可以把社会性管制简称为 HSE 管制（Health，Safety and Environmental Regulation）。反垄断管制是一个具有相对独立的研究领域，其主要研究对象是竞争性领域中具有市场垄断势力企业的各种限制竞争行为，主要包括合谋、并购和滥用支配地位行为。

管制经济学是以经济学原理研究政府管制科学性的一门应用性、边缘性学科。从管制经济学产生和发展的过程看，它是因实践的需要而产生与发展的，其理论研究紧密结合现实经济实际，为政府制定与实施管制政策提供了理论依据和实证资料，其研究带有明显的政策导向性，显示出应用性学科的性质。同时，管制经济学涉及经济、政治、法律、行政管理等方面的内容，这又决定了管制经济学是一门边缘性学科。

经济学是管制经济学的基础性学科。这是因为，管制经济学不仅要研究政府管制本身的需求与供给，包括需求强度和供给能力，而且要分析政府管制的成本与收益，通过成本与收益的比较，以确定某一政府管制的必要性。同时，管制政策的制定与实施也要以经济学原理为依据，如经济性管制的核心内容是进入管制与价格管制，进入管制政策的制定与实施要以规模经济、范围经济、垄断与竞争等经济理论为重要依据，以在特定产业或领域形成规模经济与竞争活力相兼容的有效竞争格局；而价格管制政策的制定则以成本与收益、需求与供给等经济理论为主要依据。对每一项社会性管制活动都要运用经济学原理，进行成本与收益分析，论证管制活动的可行性和经济合理性。

行政管理学与管制经济学具有直接的联系。因为管制的基本手段是行政手段，管制者可以依法强制被管制者执行有关法规，对他们实行行政监督。但是，任何管制活动都必须按照法定的行政程序进行，以避免管制活动的随意性。这就决定了管制经济学需要运用行政管理学的基本理论与方法，以提高管制的科学性与管制效率。

政治学是与管制经济学密切相关的一门学科，从某种意义上讲，管制行为本身就是一种政治行为，任何一项管制政策的制定与实施都体现着各级政府的政治倾向，在相当程度上包含着政治因素。事实上，管制一直是发达国家政治学研究的一个重要内容，管制是与政治家寻求政治目的有关的政治过程。

法学与管制经济学也紧密相关。这是因为，管制者必须有一定的法律授权，取得法律地位，明确其权力和职责；同时，管制的基本依据是有关法律规定和行政程序，管制机构的行为应受到法律监督和司法控制。这就使管制经济学与法学存在必然联系。

管理学与管制经济学也有较大的联系。管制者与被管制者之间通常存在着较为严重的信息不对称性，管制者如何引导被管制者尽可能地采取有利于社会公众利益的行为，这是一个复杂的多重博弈过程，要求管制者必须掌握管理学知识，具有较强的管理能力。

管制经济学的这种边缘性学科性质，需要学者进行跨学科的协同研究。事实上，发达国家就是从多学科对政府管制进行多维度研究的，并强调跨学科研究。

中国对管制经济学的研究起步较晚，据笔者所掌握的资料，最早介绍到中国的管制经济著作是施蒂格勒著的《产业组织和政府管制》（潘振民译，上海三联书店1989年版），在这部文集中，其中有4篇是关于政府管制方面的论文。随后，出版了日本学者植草益著的《微观规制经济学》（朱绍文、胡欣欣等译，中国发展出版社1992年版），这是介绍到中国的第一本专门讨论管制经济的专著，在中国有很大的影响。从20世纪90年代以来，国内学者在借鉴国外管制经济学的基础上，并结合中国实际，出版了许多论著，为管制经济学在中国的形成与发展奠定了基础。但从总体上说，中国对管制经济学的研究还处于起步阶段，在许多方面需要结合中国实际进行深入研究。

在计划经济体制下，中国不存在现代管制经济学所讲的管制问题，不能把计划理解为管制，不能把计划经济体制理解为传统管制体制。因为市场是对计划的替代，而管制是对市场失灵的校正和补充。管制是由法律授权的管制主体依据一定的法规对被管制对象所实施的特殊行政管理与监督行为。管制不同于一般的行政管理，更不同于计划。否则就没有必要讨论管制经济学在中国的发展，就没有必要讨论通过改革如何建立高效率的管制体制问题。从国际经验看，就垄断性产业而言，美国等少数发达国家主要以民营企业为经营主体，与此相适应，这些国家较早在垄断性产业建立现代管制体制。而英国、日本和多数欧洲国家则对垄断性产业曾长期实行国有企业垄断经营的体制，只是在20世纪80年代才开始对垄断性产业实行以促进竞争和民营化为主要内容的重大改革，并在改革过程中，逐步建立了现代管制体制。

中国作为一个从计划经济体制向市场经济体制过渡的转型国家，政府管制是在建立与完善社会主义市场经济体制过程中不断加强的一项政府职能。传统经济理论认为，自然垄断产业、公用事业等基础产业是市场失灵的领域，市场竞争机制不能发挥作用，主张直接由国有企业实行垄断经营，以解决市场失灵问题。在实践中，长期以来，中国对这些基础产业实行政府直接经营的管理体制。但是，新的经济理论与实践证明，国有企业垄断经营必然导致低效率，并强调在这些产业发挥竞争机制的积极作用。因此，从20世纪90年代以来，中国像世界上许多国家一样，对这些产业逐步实行两大改革，一是引进并强化竞争机制，实现有效竞争；二是积极推行民营化，一定数量的民营企业成为这些产业的经营主体，在这些产业形成混合所有制的经营主体，以适应市场经济体制的需要。这样，政府就不能用过去管理垄断性国有企业的方式去管理具有一定竞争性的混合所有制企业或民营企业，而必须实行政府职能转变，建立新的政府管制体制，以便对这些产业实行有效管制。同时，在经济发展的基础上，中国日益强调对环境保护、卫生健康和工作场所安全等方面的管制。这些都使政府管制职能表现出不断强化的趋势。为此，党的十三大明确提出，政府的四大基本职能是经济调节、市场监管、社会管理和公共服务，首次把市场监管（政府管制）作为一项重要的政府职能。

浙江财经大学是国内较早地系统研究政府管制经济学的高等学校，在政府管制领域承担了国家重大科技专项课题、国家社会科学基金和国家自然科学基金项目20多项、省部级研究项目50多项，在政府管制领域已出版了30多部学术著作，在《经济研究》等杂志上发表了一批高质量的学术论文，其中，一些成果获得了"孙冶方经济科学著作奖""薛暮桥价格研究奖""高等学校科学研究优秀成果奖（人文社会科学）"等。学校已形成了一个结构合理、综合素质较高、研究能力较强的研究团队。为适应政府管制经济学研究的需要，更好地为政府制定与实施管制政策服务，学校成立了跨学科的浙江财经学院政府管制研究院，其中包括政府管制与公共政策研究中心（浙江省社会科学重点研究基地）、管制理论与政策研究创新团队（浙江省重点创新团队）、公用事业管制政策研究所（学校与住房和城乡建设部合作研究机构）等研究平台。政府管制研究院的主要研究方向包括政府管制基础理论研究、垄断性行业管制理论与政策研究、城市公用事业政府管制理论与政策研究、社会性管制理论与政策研究、反垄断管制理论与政策研究、金融风险监管理论与政策研究、政府管制绩效评价理论与政策研究等。为系统出版学校教师在政府管制领域的学术著作,在中国社会科学出版社的大力支持下,我们将持续出版《政府管制研究系列文库》,这也是学校对外开展学术交流的窗口和平台。欢迎专家学者和广大读者对文库中的学术著作批评指正。

王俊豪
2012 年元月于杭州

前　言

　　水是人类赖以生存和发展的基本条件，是维系自然生态系统功能和支撑社会经济系统发展不可替代的基础性的自然资源和战略资源。城市供水行业是典型的网络型行业，具有基础性、自然垄断性、区域性、收费差异性和安全性等特征。长期以来，中国城市供水企业具有典型的计划性特征，具体表现在企业由政府建、领导由政府派、价格由政府定等方面。传统管理体制下，城市供水行业的存在与发展是与中国计划经济体制分不开的，在这一过程中产生了水量与水质供需矛盾、成本价格倒挂、供水企业效率低下等现实问题，这制约了中国城市供水行业的发展，并对中国经济的持续健康发展构成了一定的挑战。

　　为解决传统管理体制下城市供水行业发展的诸多弊端，自20世纪80年代以来，中国开启了两轮市场化改革历程。其中，第一轮城市供水行业市场化改革是以2002—2005年国家建设部出台的《关于加快市政公用行业市场化进程的意见》《市政公用事业特许经营管理办法》和《关于加强市政公用事业监管的意见》为标志，在该轮市场化改革过程中，多种所有制企业尝试性地进入了中国城市供水行业，建立了现代企业制度，推进了城市供水行业由传统行政管理体制转为政府管制。自2013年以来，在国务院和国家有关部委系列政策的推动下，中国城市供水行业进入新一轮以政府和社会资本合作（PPP）为特征的市场化改革阶段。两轮市场化改革改变了城市供水行业的传统管理体制与运行机制，但城市供水行业的市场化运营体制与行业监管体制尚未充分形成，部分领域、部分环节的计划经济管理体制依然存在。在中国特色社会主义市场经济体制下，需要建立与中国国情相适应的城市供水行业管制体系，从而提升城市供水行业的市场化改革效果，推进中国城市供水行业的政府管制政策创新。

本书是基于中国经济由高速经济增长转为高质量发展，深化城市供水行业市场化改革，在转变政府职能、强化政府管制与维护公平竞争、激发市场活力和创造力的背景下，对中国城市供水行业市场化改革效果进行评价，并提出提升城市供水行业市场化改革效果的政府管制政策创新思路。本书由八章组成，主要从城市供水行业市场化改革的理论逻辑与现实背景、市场化改革的实施成效、市场化改革的困境与形成机理、管理体制变迁与典型问题、产权结构与城市供水行业市场化改革效果、价格管制变迁与城市供水行业市场化改革效果、市场化改革与城市供水质量、城市供水行业市场化改革效果提升的管制政策创新等方面进行研究。本书的主要贡献体现在以下七个方面。

第一，逻辑求索出城市供水行业市场化改革的主要历程。基于城市供水行业发展过程中的供需矛盾、市场化改革的政策导向和国际经验，明确了城市供水行业市场化改革的现实背景。梳理出了20世纪80年代以来中国城市供水行业市场化改革主要经历了外资进入与现代企业制度建立、政策引导下完善特许经营制度和规范运作与强化政府管制职能三个阶段。

第二，厘清了城市供水行业市场化改革主要困境与机理。市场化改革促进了城市供水行业综合生产能力的提升和行业规模的扩大，形成了国有、民营、外资和港澳台等多元化的产权结构。但是，在城市供水行业市场化改革过程中，存在国有资产流失和腐败问题、溢价收购和固定回报问题、政府承诺缺失和责任缺失问题、产品低质问题、政府高价回购问题。同时，在城市供水行业特许经营主体选择过程中存在竞标机制不够完善、代理机构行为仍不规范、投标企业竞争充分性不足、竞标机制合理性不够等问题。主要原因在于一些地方政府对市场化改革的目标认识仍不够清晰、规划体系还不够完善、运行管理依然不够到位、管理机构设置还不规范以及市场体制尚未形成。

第三，提出了城市供水行业管理体制变迁的基本导向。在中国城市供水行业市场化改革过程中，依然存在法律法规体系不健全、规划体系不完善、运行管理不到位、管理机构设置不合理以及市场体制尚未形成等管理体制机制问题。为此，本书将健全城市供水行业的法规政策体系，形成责权明确、事权清晰的供水管理体制，强化城市供水行业管理体制监督指导，优化城市供水行业政府管制绩效评价体系作为城市供水行业管理体制变迁的基本导向。

第四，分析了产权结构与城市供水行业市场化改革效果。中国城市供水行业产权改革经历三个阶段，即1992—1998年以吸引外国资本、部分城市开始打破垄断为特征；1998—2001年以外国资本进入为主体、国内民营企业逐步进入为特征；2002年至今，该阶段以确立并完善特许经营制度为核心，以外国资本、国内民营资本大量进入为主要特征。产权改革程度与城市供水行业综合生产能力之间存在显著的倒"U"形关系，市场竞争对城市供水行业综合生产能力具有显著的正效应。私人部门进入显著降低了设市城市供水行业成本，但外国资本和国内民营资本进入对供水行业成本的降低效应并不显著；私人部门进入显著降低中西部地区供水行业成本，但对东部地区供水行业成本降低效应并不显著。为此，本书提出应完善城市供水行业的产权结构，鼓励不同所有制企业有序进入，激发产权改革后的企业竞争，强化对市场化改革后项目管制等政策建议。

第五，评估了城市供水行业价格改革成效。中国城市供水行业价格管制改革经历了包费制阶段、用水计量、按量收费阶段、成本部分回收阶段与全成本水价改革阶段。中国35个重点城市供水价格之间呈现出典型的梭形结构，存在城市供水价格"错配"问题，这在一定程度上限制了城市居民的节约用水效应。当前，城市供水行业基准水价是以成本加成为核心的定价机制，难以有效激励城市供水企业降低成本，提升效率。在阶梯水价推行过程中，存在尚未对"一户一表"全覆盖、阶梯水量划分标准有待优化、基础水量与级差难以最优化、水价级差的确定仍不够完善、精准计费仍然难以有效实行、阶梯水价的效率和公平欠缺等典型问题。为此，需要建立"一户一表"改造的成本分担机制，优化城市供水行业阶梯水量的划分标准，确定基础水量和各级水量的形成机制，建立基础水价与各级水价的优化机制，形成阶梯水价与多种水价的政策组合。

第六，研究了市场化改革下的城市供水质量。城市供水安全关系着人民群众的身体健康，保障城市供水安全是一项重要的民生工程。近年来，国家非常重视城市供水安全，相继出台了一系列的城市供水安全的法规政策。目前，中国城市供水水质标准已接近欧盟、美国等发达国家和国际组织的水平，甚至部分水质标准高于发达国家和地区。在当前城市供水行业市场化改革过程中，依然缺乏横向和纵向网络化的水质管制制度体系，缺乏有效的管制机构设置及其职能配置，缺乏健全的水质监测体系及其保障机制，缺乏高效的城市供水质量安全应急机制。为此，需要从强化城市供水质量法规体系的顶层设计、优化城市供水质量监管机构的体制机制、健全城市供水质量监测体系及保障机制以及加强城市供水质量安全应急体制建设等方面确定城市供水质量管制变迁的基本取向。

第七，创新提升城市供水行业市场化改革效果的管制政策体系。进入管制政策、价格管制政策、水质管制政策和服务管制政策是构成创新提升城市供水行业市场化改革效果的四大政策模块。在进入管制政策设计中，应基于项目特征，建立分类进入的管制政策，形成以绩效为导向的进入企业评价理念，建立竞争主导下专业化评标常态机制，构建全周期相关主体进入管制追责机制。在价格管制政策设计中，应建立供给侧激励性价格管制模型、优化需求侧阶梯型递增定价机制。在水质管制政策设计中，应建立重点水源地原水质量联防联控机制、通过提升水质标准改善供水企业的供水质量，运用信息技术手段对管网设施进行监测，通过改善二次供水设施推进供水质量提升。在服务管制政策设计中，应构建标杆城市供水行业服务标准，形成城市供水行业的服务考核制度，建立城市供水行业的服务奖惩机制。

本书是笔者主持的浙江省哲学社会科学重点研究基地重点项目"中国城市供水行业市场化改革的效果评价与管制政策创新研究"（13JDGZ01Z）的结题研究成果。王俊豪教授对本书的研究选题、研究框架和研究内容提出了宝贵的意见，浙江财经大学唐要家教授、李云雁副研究员、张肇中博士、熊艳博士以及中国城市规划设计研究院城镇水务与工程研究院龚道孝副院长等对本书的研究内容及其写作提供了建设性意见，并部分内容进行了梳理。我指导的硕士研究生李卓霓、罗乾、闫东艺、周立宏参与了课题调研和有关章节的资料整理及基础数据的收集工作。在此一并感谢。

中国城市供水行业市场化改革效果评价与政策创新研究是一个比较新的研究领域，无论是理论研究还是应用研究，都存在诸多值得研究的重大问题。本书仅对中国城市供水行业市场化改革效果评价与创新管制政策进行了探索性研究，在该领域还有诸多问题有待于进一步研究。尽管课题组成员尽了最大努力，但难免存在一些不足甚至问题，敬请专家学者批评指正。

目 录

第一章 城市供水行业市场化改革的理论逻辑与现实背景 ································ 1

  第一节 城市供水行业的经济特征与相关概念 ············· 1
    一 城市供水行业经济特征 ························· 2
    二 本书研究相关概念界定 ························· 4
  第二节 城市供水行业传统模式的局限性分析 ············· 8
    一 城市供水行业传统管理体制的理论基础 ············ 9
    二 城市供水行业传统管理体制的主要弊端 ··········· 10
  第三节 城市供水行业市场化改革的理论逻辑 ············ 12
    一 竞争与市场化改革 ···························· 12
    二 产权与市场化改革 ···························· 13
    三 专业化分工与市场化改革 ······················ 14
    四 委托—代理理论与市场化改革 ·················· 14
    五 公共选择理论与市场化改革 ···················· 15
  第四节 城市供水行业市场化改革的现实背景 ············ 16
    一 城市供水行业市场化改革的供需矛盾 ············ 16
    二 城市供水行业市场化改革的政策导向 ············ 19
    三 城市供水行业市场化改革的国际经验 ············ 24

第二章 城市供水行业市场化改革的实施成效 ············ 31

  第一节 城市供水行业市场化改革的基本历程 ············ 31
    一 外资进入与现代企业制度建立阶段 ·············· 32

二　政策引导下特许经营制度完善阶段 …………………… 36
　　三　规范运作与强化政府管制职能阶段 …………………… 38
　第二节　市场化改革下城市供水行业的投资与建设 ………… 39
　　一　城市供水行业投资的基本现状 ………………………… 40
　　二　城市供水行业投资的典型问题 ………………………… 44
　　三　城市供水行业建设的基本现状 ………………………… 46
　　四　城市供水行业建设的典型问题 ………………………… 50
　第三节　市场化改革下城市供水行业的生产与供应 ………… 53
　　一　供水企业生产的基本情况 ……………………………… 53
　　二　供水企业供应的基本情况 ……………………………… 62
　第四节　市场化改革下城市供水行业的产权结构 …………… 68
　　一　国有及国有控股供水企业 ……………………………… 69
　　二　民营供水企业 …………………………………………… 71
　　三　外资和港澳台供水企业 ………………………………… 72
　　四　上市供水企业 …………………………………………… 77

第三章　城市供水行业市场化改革的困境与形成机理 ………… 82
　第一节　城市供水行业市场化改革的典型问题 ……………… 82
　　一　国有资产流失和腐败问题 ……………………………… 83
　　二　溢价收购和固定回报问题 ……………………………… 84
　　三　政府承诺缺失和责任缺失问题 ………………………… 87
　　四　产品低质问题 …………………………………………… 89
　　五　政府高价回购问题 ……………………………………… 91
　第二节　城市供水行业特许经营权竞标的典型问题 ………… 92
　　一　招投标运行机制与平台建设不健全 …………………… 93
　　二　一些招标代理机构的行为有失规范 …………………… 93
　　三　一些项目的投标企业无法有效竞争 …………………… 94
　　四　竞标机制不合理限制企业优化选择 …………………… 94
　第三节　城市供水行业市场化改革负面效应的形成机理 …… 95
　　一　对市场化改革目标的认识仍不够清晰 ………………… 95

二　市场化改革的制度体系依然较为滞后 …………… 96
　　三　市场化改革的准入及运行机制不健全 …………… 99
　　四　市场化改革的特许权竞标机制不完善 …………… 100
　　五　市场化改革的政府管制体系仍需改进 …………… 101
第四节　政府和社会资本合作政策分歧与改革重点 ………… 103
　　一　现行政府和社会资本合作政策体系分歧 ………… 103
　　二　政府和社会资本合作政策优化基本方向 ………… 109

第四章　城市供水行业管理体制变迁及其典型问题 ………… 113

第一节　城市供水行业管理体制变迁的现状评估 …………… 113
　　一　城市供水行业管理体制变迁的阶段特征 ………… 114
　　二　城市供水行业管理体制变迁的政策法规 ………… 116
　　三　城市供水行业管理体制变迁的典型事实 ………… 120
第二节　城市供水行业管制体制变迁的典型问题 …………… 124
　　一　城市供水行业的法规体系仍不健全 ……………… 124
　　二　城市供水行业的规划体系还不完善 ……………… 126
　　三　城市供水行业的运行管理不够到位 ……………… 127
　　四　城市供水行业的管理机构仍需优化 ……………… 129
　　五　城市供水行业的市场体制尚未形成 ……………… 130
第三节　城市供水行业管理体制的国际经验 ………………… 132
　　一　英国模式 …………………………………………… 132
　　二　美国模式 …………………………………………… 133
　　三　法国模式 …………………………………………… 134
　　四　荷兰模式 …………………………………………… 136
　　五　经验借鉴 …………………………………………… 137
第四节　城市供水行业管理体制改革的基本取向 …………… 140
　　一　建立健全城市供水行业的法规政策体系 ………… 140
　　二　形成责权明确、事权清晰的供水管理体制 ……… 141
　　三　强化监督指导城市供水行业管理体制改革 ……… 142
　　四　优化城市供水行业政府管制绩效评价体系 ……… 143

第五章 产权结构与城市供水行业市场化改革效果 ········· 145

第一节 城市供水行业产权结构变迁的典型特征 ········· 146
一 城市供水行业产权改革的阶段性特征 ········· 147
二 中国城市供水行业的市场结构分析 ········· 149
三 中国城市供水行业的绩效分析 ········· 150

第二节 产权结构变迁与市场化改革成效理论分析 ········· 152
一 产权结构变迁与供水质量 ········· 152
二 产权结构变迁与供水成本 ········· 153
三 产权结构变迁与供水效率 ········· 154

第三节 产权结构变迁与市场化改革效果实证检验 ········· 156
一 产权改革、市场竞争对城市供水绩效影响研究 ········· 156
二 产权改革对城市供水行业成本影响的实证检验 ········· 168

第四节 城市供水行业产权结构变迁的基本取向 ········· 177
一 完善城市供水行业的产权结构 ········· 178
二 鼓励不同所有制企业有序进入 ········· 179
三 激发产权改革后的企业间竞争 ········· 180
四 强化对市场化改革项目的管制 ········· 181

第六章 价格管制变迁与城市供水行业市场化改革效果 ········· 183

第一节 城市供水行业价格管制改革的演变历程 ········· 183
一 包费制阶段 ········· 184
二 用水计量、按量收费阶段 ········· 184
三 成本部分回收阶段 ········· 185
四 全成本水价改革阶段 ········· 185

第二节 城市供水行业价格管制现状评估 ········· 187
一 供水行业价格水平评价 ········· 188
二 成本加成定价机制评价 ········· 190
三 递增阶梯水价机制评价 ········· 192

第三节 城市阶梯水价改革的典型问题 ········· 199

  一 "一户一表"推进缓慢 …………………………………… 199
  二 阶梯水量划分标准有待优化 ……………………………… 200
  三 基础水量及级差难以最优化 ……………………………… 200
  四 水价级差的确定仍不够完善 ……………………………… 201
  五 精准计费仍然难以有效实行 ……………………………… 201
  六 阶梯水价的效率和公平欠缺 ……………………………… 202
 第四节 城市供水行业价格管制变迁的基本取向 …………………… 203
  一 建立"一户一表"改造成本分担机制 …………………… 203
  二 优化城市供水行业阶梯水量划分标准 …………………… 204
  三 确定基础水量与各级水量的形成机制 …………………… 204
  四 建立基础水价与各级水价的优化机制 …………………… 205
  五 形成阶梯水价与多种水价的政策组合 …………………… 205

第七章 市场化改革与城市供水质量 ……………………………………… 207
 第一节 城市供水质量法规体系与风险识别 ………………………… 207
  一 供水质量相关法规 ………………………………………… 208
  二 供水质量标准变迁 ………………………………………… 209
  三 供水质量风险识别 ………………………………………… 218
 第二节 市场化下城市供水质量现状评估 …………………………… 222
  一 饮用水源质量分析 ………………………………………… 223
  二 出厂水质量分析 …………………………………………… 226
  三 二次供水质量分析 ………………………………………… 227
 第三节 市场化下城市供水质量的制约因素 ………………………… 229
  一 缺乏横纵向网络化水质管制制度体系 …………………… 229
  二 缺乏有效的管制机构设置及其职能配置 ………………… 230
  三 缺乏健全的水质监测体系及其保障机制 ………………… 232
  四 缺乏高效的城市供水质量安全应急机制 ………………… 233
 第四节 城市供水质量管制变迁的基本取向 ………………………… 234
  一 强化城市供水质量法规体系的顶层设计 ………………… 234
  二 优化城市供水质量监管机构的体制机制 ………………… 236

三　健全城市供水质量监测体系及保障机制 ……… 238
　　四　加强城市供水质量安全应急机制建设 ………… 239

第八章　城市供水行业市场化改革效果提升的管制政策创新 …… 242
　第一节　城市供水行业市场化改革效果提升的进入管制
　　　　　政策 ………………………………………………… 242
　　一　基于项目特征建立进入管制的分类政策 ………… 243
　　二　形成以绩效为导向的进入企业评价理念 ………… 243
　　三　建立竞争主导下专业化评标的常态机制 ………… 244
　　四　构建全周期进入管制相关主体追责机制 ………… 244
　第二节　城市供水行业市场化改革效果提升的价格管制
　　　　　政策 ………………………………………………… 245
　　一　建立供给侧激励性价格管制模型 ………………… 245
　　二　优化需求侧阶梯型递增定价机制 ………………… 246
　第三节　城市供水行业市场化改革效果提升的水质管制
　　　　　政策 ………………………………………………… 247
　　一　建立重点水源地原水质量联防联控机制 ………… 247
　　二　通过提升水质标准改善水生产企业的
　　　　供水质量 …………………………………………… 248
　　三　运用信息技术手段对管网设施进行监测 ………… 249
　　四　通过对二次供水设施改善提升供水质量 ………… 249
　第四节　城市供水行业市场化改革效果提升的服务管制
　　　　　政策 ………………………………………………… 250
　　一　构建城市供水行业服务标准标杆 ………………… 251
　　二　形成城市供水行业服务考核制度 ………………… 253
　　三　建立城市供水行业服务奖惩机制 ………………… 253

结论性评述 …………………………………………………………… 255
　　一　传统体制弊端与城市供水行业市场化改革的
　　　　客观需求 …………………………………………… 255

二　城市供水行业市场化改革的成效、困境及其
　　　　形成机理 …………………………………………… 256
　　三　城市供水行业管理体制变迁与管理体制改革的
　　　　基本取向 …………………………………………… 256
　　四　城市供水行业产权改革与产权结构变迁的
　　　　发展方向 …………………………………………… 257
　　五　城市供水价格形成机制、主要问题及其
　　　　价格管制变迁 ……………………………………… 257
　　六　城市供水质量标准、现状评估、制约因素与
　　　　改革导向 …………………………………………… 258
　　七　建立以提升城市供水行业改革效果为
　　　　目标的政策体系 …………………………………… 258

参考文献 ………………………………………………………… 260

后　记 …………………………………………………………… 274

第一章 城市供水行业市场化改革的理论逻辑与现实背景

中国淡水资源总量为 28000 亿立方米，占全球水资源的 6%，位居巴西、俄罗斯、加拿大、美国和印度尼西亚之后，排在世界第六位。中国是全球人均水资源最贫乏的国家之一，人均水资源只有 2300 立方米，约占世界平均水平的 25%。长期以来，中国城市供水行业游离于市场经济体制之外，这不仅直接影响着城市供水产品供应的可持续性，也在一定程度上影响了城市供水质量的提升，阻碍了中国城市供水行业市场化改革进程的深化。城市供水行业市场化改革的理论逻辑与现实背景是分析市场化改革绩效的重要前提。为此，本章将从城市供水行业经济特征与相关概念、传统模式的弊端、市场化改革的理论逻辑与现实背景四个方面对该问题进行研究。

第一节 城市供水行业的经济特征与相关概念

从分销和再循环流程的角度来看，可以将城市供水行业分为取水、制水、分销使用以及排水等环节。从生产流程来看，城市供水是指将江、河、湖、海等地表水资源或从地下水资源作为原水输送到自来水厂，加入硫酸铝、氨和液氯等制水原料后，经过多道工艺处理，消除各种污染物，制成成品水，然后通过自来水输送管道网络系统，把自来水分销给企事业单位和居民消费者。从中国城市供水行业市场化改革历程来看，市场化改革在一定程度上促进了城市供水行业绩效的提升，但目前对市场化相关概念的界定依然不够清晰，甚至存在一些分歧。为此，本节将在分析城市供水行业经济特征的基础上，进一步厘清与本书研究主题相关的城市供水行业市场化、社会资本进入、特许经营以及政府管制等概念。

一 城市供水行业经济特征

城市供水行业是典型的网络型行业，具有基础性、垄断性、区域性、公益性、收费差异性和安全性等特征。

（一）基础性

城市供水行业是我国国民经济中最重要的基础设施产业之一，是维系经济社会可持续发展以及协调生活、生产和生态三者之间动态关系的重要保障，是加快城市化进程整体规划体系的重要组成部分。城市供水行业是国民经济的基础性行业，对一个地区、一个城市的发展具有全局性和先导性影响，既是关系国计民生、社会公共安全和生态环保的重要基础设施，也是完善城市功能、提高城市化水平和人居环境质量的重要保障。城市供水行业的基础性作用主要体现在两个方面：一是城市供水行业所提供的产品和服务是城市生产部门进行生产与居民正常生活的基础性条件，城市供水行业不仅为制造业、加工业以及服务业等行业提供了必要的生产基础，也为城市居民提供了必要的生活基础。二是构成企业成本的城市供水价格对其他产业的产品价格具有连锁反应。同时，城市供水行业的基础性特征决定了其他行业的发展需要依赖于城市供水行业的发展。为此，需要改善城市供水的管网结构，提升城市供水行业的综合生产能力，规范城市供水行业的市场化改革进程。

（二）垄断性

城市供水行业具有资产专用性、资本密集性、沉淀成本高以及具有显著的规模经济等特征。因此，从技术经济角度来看，城市供水行业存在成本劣加性，主要表现为特定领域内由一家企业提供一定数量的产品比两家或两家以上的企业提供相同数量的产品更有效率，即具有明显的自然垄断特征。该特征在同一区域重复建设供水管网，并由多家企业竞争性地经营这些管网要以巨大的沉淀成本为代价，往往效率较低。① 同时，由于城市供水产品的特殊性，政府往往基于管制的有效性和节约用水的双重考虑，通常以法律或行政手段赋予特定企业在一定区域的独占地位，允许其垄断经营，其服务内容、活动范围、价格条件等由行业主管部门依据一定的条件进行合理设定，从而形成城市供水企业垄断经营的局面。需要说明的是，城市供水行业的垄断性决定其在城市范围内或城市范围内的某一区域的垄断性，而非跨市、跨省甚至全国的跨区域垄断性。

（三）区域性

不同地域城市供水网络和供水企业服务的分割性决定了城市供水行业具有典型的地域性特征，这是城市供水行业区别于电信、电力以及铁路等具有全国网络型自然垄断行业的显著特征之一。城市供水行业的区域性主要体现在三个方面：一是水资源开发利用的区域性。不同区域的水资源禀赋存在一定的差异，水资源开发利用与人口数量和地理面积息息相关，两者共同构成城市水资源开发利用的区域性特征。二是取水范围的区域性。水的传输和配送依赖于固定的管网系统，管网设施的跨区域布局有失成本经济性。三是服务范围的区域性。城市供水需要借助于固定的物理网络传输水产品，受自然条件、水资源分布、经济发展以及居民消费等因素影响，城市供水难以跨区域或在全国范围内自由流动，或者说形成全国统一的城市供水网络不具有经济性。此外，为保证压力和流向的均匀分布，城市供水企业布局需要合理考虑供水服务半径。综上所述，城市供水行业具有较强的区域性特征。

（四）公益性

城市供水行业提供的产品和服务具有普遍性，并非为某一部分群体服务，而是为市场或社会公众提供公共服务的，目的是满足企业或个人的生产和生活需要。城市供水产品的私人边际效用小于社会边际效用。同时，城市供水行业具有典型的必需品属性，需求弹性相对较小，是介于私人物品与公共物品之间的准公共物品，具有

---

① ［日］植草益：《产业组织论》，中国人民大学出版社1998年版。

典型的公益性特征。无论是企事业单位还是居民消费者，无论是穷人还是富人，其生存和生产都离不开城市供水行业所提供的产品和服务，为此，需要对所有人提供城市供水普遍服务。因此，若仅仅依靠市场机制，可能会带来供给不足，从解决供需矛盾的视角来看，需要政府对城市供水行业进行有效管制并承担必要的政府责任。在城市供水行业市场化改革进程中，不能完全依据市场机制进行定价，政府需要对城市供水行业进行价格管制，从而提升城市供水行业的普遍服务能力。

（五）收费差异性

城市供水产品的公益性不能说明其具有免费属性，而需要建立合理的收费机制。城市供水产品的服务对象主要是居民、企业和社会组织。其中，一部分城市供水产品通过个人直接享受供水服务惠及百姓利益，"收费性"是由个人属性决定的，又可称为"私人性"，这决定了城市供水产品需要对居民进行收费。同时，不同类型企业之间对水的需求存在一定的甚至明显的需求弹性差异，为此，需要对高耗水行业征收较高的价格，对水耗较少的行业征收较低的价格。由此可见，城市供水产品的服务对象差异决定了所支付的水价可能存在一定的甚至显著的差别。其中，城市供水产品的公益属性决定了应对居民群体征收较低价格。

（六）安全性

安全性是城市供水产品有别于其他城市公用产品的显著特征。城市供水质量保障主要涉及原水水质、水厂出水水质、管网运输水质和到户水水质四个环节。从水质指标来看，城市供水质量优劣需要从管网水、浑浊度、臭和味、总硬度、总大肠菌群、铅、镉、汞等重金属等指标反映出来。其中，水质优劣是社会公众难以通过肉眼辨识到的，同时，城市供水质量具有典型的时变性特征，不具有完全的经验品特征。因此，需要政府或行业主管部门通过完善饮用水质量监测体系与强化信息披露机制的方式，对城市供水质量进行严格管制。

二 本书研究相关概念界定

中国城市供水行业市场化改革的效果评价与管制政策研究，首先需要明确市场化、社会资本进入、特许经营以及政府管制等相关概念，这是厘清本书研究主题、明确本书研究问题的重要内容和研究基础。

(一) 城市供水行业市场化

伴随着中国经济的高速发展，市场化改革的不断深化，市场在资源配置中的决定性作用越发明显。关于市场化的概念，学术界从不同的视角进行了界定。樊纲和王小鲁（2001）指出，市场化是指从计划经济向市场经济进行体制转轨的过程，是一系列经济、社会和法律等的变革。[1] 随后，樊纲等（2011）在《中国市场化指数：各地区市场化相对进程2011年报告》中提出了市场化涵盖政府与市场的关系、非国有经济的发展、产品市场的发育程度、要素市场的发育程度、市场中介组织的发育以及法律制度环境五个方面内容。城市供水行业不同于一般的竞争性领域，仅凭市场价值无法反映其内在价值和社会价值，缺乏有效竞争难以获得竞争性市场环境下的效率优势。为此，城市供水行业市场化是有限市场化，是要充分考虑社会公共利益和普遍服务价值的市场化，是要考虑是否依据资金流量有无进行分类的市场化。

城市供水行业市场化特征可归结为以下几点：①城市供水行业市场化是通过引入社会资本实现产权主体多元化，通过竞争机制实现城市供水企业经营主体效率化，通过管制体制机制创新实现城市供水行业管制高效化；②城市供水行业市场化并非所有业务流程的完全市场化，而是可竞争性业务领域的限制性市场化，一般限于水厂设施运营与厂网设施维护；③城市供水行业市场化成功的关键在于供水产品的商品化，即建立并执行具有激励性、非行政化的水价制定与调节机制；④特许经营并非城市供水行业市场化的唯一方式和实现途径。为此，在深化城市供水行业市场化改革的背景下，需要明确城市供水行业市场化的基本特征，厘清城市供水行业市场化、民营化、特许经营以及管制创新的关系及其特点。

---

[1] 樊纲、王小鲁：《中国市场化指数》，经济科学出版社2001年版。

(二) 城市供水行业社会资本进入

与城市供水行业市场化改革相比，城市供水行业社会资本进入是市场化改革的一部分。同时，鼓励和引导社会资本进入城市供水行业，并不等于城市供水行业的民营化或私有化，也不等于出资主体与运营主体的一致性。从理论上看，"民营"是与"政府直接经营"（或称"官营"）相对应的概念，"民营"的实质在于"非政府""非官方"直接经营。[①] 私有化是指将国有资产出售给私营企业或通过证券交易所向社会公众发行股票出售国有资产。显然，民营化不等同于私有化，而社会资本进入的概念大于民营化或私有化。

社会资本进入城市供水行业主要有两种模式，第一，直接参与城市供水厂网设施的建设和运营，实现运营主体的多元化；第二，以投资人身份参与城市供水厂网设施的建设与运营的投资，实现投资主体的多元化，通过投资回报获取投资收益。其中，第一种模式能够扩宽城市供水企业的融资渠道，改变城市供水企业的运营主体；第二种模式只能扩宽城市供水企业的融资渠道，并未改变城市供水企业的运营主体。显然，上述两种模式各有利弊。第一种模式适用于投资企业具有运营城市供水企业能力的企业；第二种模式适用于不具有城市供水企业运营能力但具有投资优势的企业，这种类型的企业多为国际型、区域型的投资公司或具有一定特色的地方性投资企业。

(三) 城市供水行业特许经营

具有收益属性的可竞争性领域是城市供水行业特许经营的主要范围，一般是指城市供水基础设施的建设、运营环节。城市供水行业特许经营是指政府按照有关法律法规的要求，通过市场竞争机制选择城市供水企业的投资者或经营者，明确其在一定时期[②]和特定服务范围内经营城市供水基础设施运营及其维护的权利。城市供水企业特许经营主要分为两种类型：一是对城市政府所有的国有城市供水企业实施

[①] 刘迎秋：《中国经济"民营化"的必要性和现实性分析》，《经济研究》1994年第6期。

[②] 一般而言，最长不超过30年，但在实践中存在超过30年的项目。

特许经营，无论新的特许经营者是公有制企业还是私有制企业，国有资产属于城市政府的性质不变，不存在国有资产所有权的转移，只发生经营权的转让，因此，即使新的经营者是私人企业，也只是"国有民营"。二是对某一城市供水项目实行特许经营，获得特许经营权的中标企业既是新项目的建设者又是特定时期的经营者，并在特许经营期满后将资产无偿归还给城市政府所有。由此可见，采取这类型的特许经营，其资产的终极所有权依然归属于城市政府所有，只是特许经营期内属于"民有民营"。[①]

特许经营制度是根据国家的《行政许可法》制定的，是政府依法对城市供水等市政公用事业进行规范化管理的一种制度安排。在特许经营制度下，政府责任可以分为直接承担和间接承担两种情形。根据政府承担责任的方式不同，可以将城市供水行业特许经营分为竞争式特许经营和专营式特许经营两种模式。如果政府是城市供水服务的责任主体，为了更好地保障服务，提高效率，政府通过引入市场化机制并通过协议或经济合同的方式，委托商业性质的企业为政府提供局部或全部环节的服务并获得商业回报，称为竞争式特许经营。政府间接承担城市供水服务责任，由参与者彻底变成监督者，则是一种专营式的特许经营模式。后者是彻底的企业化，政府不再以事业主体形式拥有设施的所有权。

（四）城市供水行业政府管制

政府管制是城市供水行业市场化改革以来不断加强的一项重要的政府职能。与传统计划经济时期城市供水行业政企合一、政监合一、政事合一的管理与监督体制不同，市场化改革需要城市供水行业创新体制机制，建立与市场化改革相适应的现代政府管制体制。政府管制是指政府为了达到一定目的，凭借其法定权利对社会经济主体的经济活动所施加的某种限制和约束，其宗旨是为市场运行及企业行为建立相应规则，从而弥补市场失灵，确保微观经济的有序运行，最终实现

---

① 王俊豪等：《中国城市公用事业民营化绩效评价与管制政策研究》，中国社会科学出版社2013年版。

社会福利的最大化。政府管制属于政府的微观经济管理职能，它与旨在保证经济稳定与增长的宏观经济调控一起构成政府干预经济的两种主要方式。换言之，政府管制是政府行政机构依据法律授权，通过制定规章、设定许可、监督检查、行政处罚和行政裁决等行政处理行为，对构成特定社会的个人和特定经济的主体活动进行限制和控制的行为。

相对于传统管理体制，市场化改革下城市供水行业的定价与调价机制、水质标准与执行体系、供水企业运营主体选择、供水特许经营企业退出以及供水企业绩效评价等诸多方面发生了重大的变化，为此，需要转变政府职能，建立与城市供水行业技术经济特征以及市场化相适应的现代政府管制体系。其中，建立与城市供水行业全流程的法规制度体系是管制城市供水企业的基本前提；形成独立性、专业化的现代管制机构是城市供水行业监管有效性的重要保障；构建立法监督、行政监督、司法监督和社会监督"四位一体"的监督体系是提升城市供水行业绩效的重要约束；评价城市供水企业与行业绩效是提升城市供水行业市场化改革绩效的重要方式。因此，在城市供水行业市场化改革进程中，需要建立与之相适应的现代政府管制体系，从而促进城市供水行业市场化改革效果的提升。

第二节　城市供水行业传统模式的局限性分析

中国城市供水行业经历了由传统管理体制到市场化改革的变迁过程，在传统管理体制下，企业由政府建、领导由政府派、价格由政府定，从而具有典型的计划性特征，缺乏一定的效率性。传统管理体制下城市供水行业能够存在和获得一定程度的发展，是与城市供水行业的技术经济特征以及中国特有的制度体系分不开的，但是，在传统管理体制下城市供水行业发展弊端越发凸显。为此，本节将对城市供水行业传统管理体制的理论基础及其存在的主要弊端进行研究。

一 城市供水行业传统管理体制的理论基础

长期以来，城市供水行业的公益性与垄断性特征意味着，同一城市不可能存在多家竞争性企业提供供水服务，否则将会违背规模经济目标，增加城市供水企业成本，甚至造成城市供水企业难以正常生产运营的困境。城市供水行业具有典型的"市场失灵"特征，无法获得竞争市场下的高效率，为此，一些学者认为[1]，在一定地域范围内，由一家或少数几家国有企业垄断经营是城市供水等城市公用事业的最佳选择。另一些学者认为，对城市供水等城市公用事业而言，由垄断企业按获取正常利润的价格定价能够实现较高的生产效率和社会分配效率。由于利润最大化是私人企业追求的主要目标，在经营过程中，能够提升生产效率，但缺乏仅仅获得正常利润的动机，可能制定垄断高价或要挟政府提高管制价格，从而造成消费者剩余损失。同时，在信息对称条件下，通过政府价格管制能够实现低价目标，但是，由于政企之间信息不对称，政府难以获知完全的企业信息，在此基础上制定的管制价格往往偏离最优价格。此外，在利润动机和管制价格双重约束下，私人企业将会通过进一步压低不可观测的供水质量，降低生产成本，从而损害生产效率。

国有企业垄断经营城市供水行业依然是国内学者的主要观点。陈尚前（1997）认为，电力、煤气、供水、邮政、电信以及铁路等行业是典型的自然垄断行业，自然垄断性决定了政府不应将其推到竞争市场，而应保持其行业的独家垄断地位，从而降低生产成本，获得规模经济。马建堂和刘海泉（2000）认为，限制私人垄断是国有企业的重要功能之一，在供气、供水以及供电等自然垄断行业，要对私人垄断加以控制。因此，在一些具有自然垄断特征的行业，有必要设立国有企业，以国家垄断取代私人垄断，促进使用者效用和社会福利的最大化。

城市供水行业的自然垄断性和公益性等特征意味着，在供水行业

---

[1] Viscusi, W. K., Vernon, J. M., Harrington, J. E. and Harrington, Jr. J. E., *Economics of Regulation and Antitrust Massachusetts*, The MTI Press, 2000, pp. 433 – 434.

不可能存在多家竞争性企业，否则将会损害规模经济，增加城市供水企业成本，甚至影响城市供水企业简单再生产的维持。城市供水行业是典型的市场失灵领域，不可能发挥市场竞争机制的作用，因此，主张在一定的地域范围内由一家或少数几家国有企业垄断经营。根据传统经济理论，城市供水行业应该实行由政府直接投资、国有企业垄断经营的管理体制。在新中国成立后的很长一个时期里，城市供水行业基本实行该种管理体制。其主要特征是：供水企业由政府建，企业领导由政府派，资金由政府拨，价格由政府定，企业盈亏由政府统一负责，企业无须承担任何经营风险，即实行政企合一的管理体制。

二 城市供水行业传统管理体制的主要弊端

城市供水行业"政企合一"、行政垄断严重的传统管理体制在新中国成立后资源稀缺、城市供水行业建设任务重的相当长的时期内，曾在集中使用资源建设城市供水行业基础设施领域发挥了重要的历史作用。但是，随着社会经济和城市供水行业的快速发展，以及国家经济体制改革的深化和对外开放程度的深入，传统管理体制的弊端逐步明显。主要表现在以下四个方面。

（一）传统管理体制的低效率

在传统管理体制下，城市供水企业的投资、人事以及价格等重要决策都由政府统一制定，这使国有企业并不具备现代企业的基本特征，缺乏有效的自主决策权。国有企业的主要目标是实现社会公共利益，满足城市供水产品和服务需求，而非追求利润最大化。一般而言，在价格管制约束下的利润最大化与成本最小化问题是等价的，国有企业由于缺乏逐利动机而难以追求成本最小化，结果增加企业的生产成本。同时，国有企业还需按照上级要求履行各种目标。其中，利润目标（假定它存在）被排在相当次要的位置。此外，政府为达到一定的政治目的，可以指令国有企业执行非营利性目标。由于国有企业不具有真正意义的市场主体地位，也不以利润最大化为目标，无须承担市场风险，亏损由政府财政补贴。因此，由于国有城市供水企业的非市场竞争性主体地位，决定了国有城市供水企业的相对低效率性。

(二) 垄断经营使企业缺乏竞争活力

在传统管理体制下，城市供水行业主要业务是由地方政府的企业（或机构）垄断经营的，地方政府既是管理政策的制定者，又是具体业务的实际经营者，这决定该种垄断具有典型的行政垄断性，而非自然垄断意义上的经济垄断。在行政垄断下，往往出现企业组织管理效率低下的问题，其结果会使企业实际达到的生产成本大大高于按企业能力可能获得的最小生产成本，从而存在资源利用的低效率问题。由于垄断经营的城市供水企业外部没有竞争压力，内部缺乏追求成本极小化的动力。因此，垄断经营企业浪费现象十分严重，提高企业成本费用，最终导致产品平均成本大大高于"最低可能成本"。原因在于垄断经营下企业缺乏竞争活力，从而抑制了企业通过技术创新和管理创新提高生产经营效率的动力。

(三) 融资渠道单一，造成城市供水行业投资相对不足

城市供水行业的微利性甚至成本价格倒挂所导致的亏损性，在相当长的一段时间内，使地方政府成为城市供水企业投资的重要主体。但城市供水行业基础设施投资占地方财政收入的比例较小，从而导致城市供水行业投资严重不足，供水设施建设相对滞后的局面，难以适应城市化进程的需求，从而使一些城市供水企业供需不平衡，难以满足部分用水企业正常的生产和生活需要，甚至影响到企业的扩大再生产，从而造成一定的经济损失。城市供水行业供给不足导致一些地区城市供水普及率相对偏低，阻碍了其经济社会的发展。

(四) 缺乏激励企业提高运营效率的价格形成机制

中国城市供水行业价格管制是以"补偿成本、合理收益、公平负担"为原则，由政府按照"成本加成"的价格管制机制进行定价，该价格形成机制难以有效地激励城市供水企业降低成本，提高企业的生产效率。其中，如何确定城市供水企业的合理成本是成本加成定价机制的前提。由于《城市供水定价监审办法（试行）》中并未对城市供水企业的生产能力利用率以及防止过度超前建设增加的成本由当期消费者负担等问题进行明确规定，从而增加了确定城市供水企业成本的难度。同时，目前我国的《供水价格管理办法》

规定，利用企业净资产来核定企业利润，这能够在一定程度上反映"投资回报"，但由于一些供水企业的混业经营性，其净资产难以完全反映供水服务的资本投入。此外，不同经营模式下，城市供水企业的回报基准、回报水平存在一定的甚至较大的差异，而且城市供水企业多为非上市公司，三大报表的公开性较差。因此，确定城市供水企业的"合理"利润十分困难。中国城市供水价格的成本加成机制是以成本为基础的，当成本收益率不变时，成本越高，其价格也越高，企业的收益也越大。因此，该机制显然激励了成本高的企业和地区，从而背离效率最大化目标，无法激励城市供水企业降低成本。

第三节　城市供水行业市场化改革的理论逻辑

在中国经济体制和政治体制改革过程中，如何有序地推进供给侧结构性改革、缓解供需"剪刀差"压力以及提高企业的管理和运行效率，是城市供水行业市场化改革的重要动因。市场化改革并非"摸着石头过河"的自然试验，而是遵循系列经济理论的自然选择。其中，与城市供水行业选择市场化改革相关联的理论主要有竞争理论、产权理论、专业化分工理论、委托—代理理论以及公共选择理论等。为此，本节将从理论上剖析中国城市供水行业市场化改革的基本逻辑。

一　竞争与市场化改革

竞争是提高经济体和企业运行效率的先决条件。完全竞争、完全垄断、垄断竞争和寡头垄断是四种典型的市场结构。其中，竞争性越强或垄断性越弱的完全竞争或越偏向完全竞争的市场结构越具有效率性。从竞争的范围来看，涉及同区域内竞争和跨区域竞争、同行业竞争和跨行业竞争以及国内竞争和国际竞争等多种竞争组合。显然，无论是结构论、区域论，乃至行业论，效率都与竞争程度正相关。

市场化要求传统计划经济体制下管理体制、产权结构、竞争主体数量以及管制机构等多个方面需要向竞争性、市场性的方向进行转型。其核心是充分发挥市场经济的效率性,通过行业内部企业直接竞争与跨区域甚至跨行业的企业间比较竞争或标杆竞争方式,推进行业内企业的生产效率与管理效率的提升。显然,以竞争为导向,以提升效率为目的的竞争理论的应用与整合,为城市供水行业开启市场化改革之路提供了重要的理论支撑。竞争与产权改革是城市供水行业市场化改革的两个轮子,两者缺一不可,但产权改革和竞争改革的顺序选择至关重要。在竞争可行的条件下,首先要在企业外部最大限度地引入竞争,然后或同时在企业内部进行产权结构改革,从而形成有效竞争的市场局面,通过产权改革与竞争改革的有效匹配,实现提升城市供水行业效率的目标。

二 产权与市场化改革

现代企业制度是指在现代市场经济条件下,以规范和完善的法人制度为主体,以有限责任制度为核心,以股份有限公司为重点的"产权清晰、权责明确、政企分开、管理科学"的一种新型企业制度。它不仅指企业组织形式本身,实际上是指适应现代市场经济体制的企业产权制度、组织制度、管理制度、领导制度、财务制度、法律制度、政企关系以及其他各种企业制度外部环境的统称。其中,产权改革是其中重要的制度变迁之一,是指将传统管理体制下形成的政企不分、产权不明、不自主经营、不自负盈亏的企业,通过产权变迁的方式,形成政企分开、产权明确、自主经营和自负盈亏的企业。

产权变迁的根本目的是提升效率,在传统管理模式下,城市供水行业的运行主体多为事业单位或国有企业,在生产过程中往往伴随着低效率以及供需矛盾突出等诸多问题。清晰的产权能够较好地体现权利与义务的对等、风险与收益的均衡,是市场经济体系下运行的基本规律,产权的合理配置能够通过多种路径降低交易成本,提高经济效率。对城市供水行业市场化改革而言,产权结构变迁是市场化改革的重要内容。其中,由传统事业单位或政企合一的企业特性,逐步转化为现代企业制度下的国有企业建制,以及推进传统企业下的民营化改革或实现产权主体的多元化,通过不同产权主体内部以及跨主体的竞争，发挥非国有企业特有的效率优势，能够拓宽投资渠道，提升城市供水行业的运行效率。因此，产权理论的效率性特征为城市供水行业市场化改革提供了重要的理论基础。

三 专业化分工与市场化改革

产权改革、竞争改革与管制改革是城市供水行业市场化改革的重要方式。其中，管制改革是最为困难、最为复杂的领域。国际城市供水行业改革的基本模式决定了基于合理分工属性下专业化的管制机构及其权责配置方式，是其高效运行的基本前提。亚当·斯密最早在《国富论》中阐释了专业化分工理论，并指出分工能够提高效率，这主要表现在三个方面：第一，专业化分工会导致劳动者的劳动技巧或熟练程度日益增进。第二，分工可以减少一种工作转换到另一种工作损失的时间。第三，分工能够使劳动简单化专门化，从而为机械的发明和使用创造条件。显然，亚当·斯密是从生产环节界定专业化和分工的效率性问题。事实上，在诸多领域专业化分工对效率提升都具有重要的促进作用。

对城市供水行业而言，专业化分工主要体现在供给端和管制端两个重要环节。其中，政企合一、管理冗余、低效运行的传统管理与运作模式下，产生大量的供给不足与低效率供给，如果生产运行与企业管理领域实现专业化的人员配置，将会带来生产效率与管理效率的提升。从管制端来看，长期以来，中国城市供水行业对供水企业实行行政管理，缺乏专业化的政府管制，其表现在于专业化管制团队非常缺乏、管制内容与管制方式的专业化程度有待提高。通过配置专业化的管制人才，形成高效、合理和具有相对独立性和执法权的管制机构，将有助于城市供水行业中的价格管制、质量管制以及安全管制等领域的有效推进。

四 委托—代理理论与市场化改革

20世纪30年代，美国经济学家伯利和米恩斯发现集所有者和经营者于一身的企业存在较大弊端，于是提出了委托—代理理论，倡导所有权和经营权分离，企业所有者保留剩余索取权，让渡经营权。委托—代理关系是指一个或多个行为主体根据一种明示或隐含的契约，指定、雇用另一个或一些行为主体为其服务，同时授予后者一定的决策权利，并根据后者提供的服务数量和质量对其支付相应报酬。授权者是委托人，被授权者是代理人。传统意义上事业单位或国有企业具有双重目标约束，政府是国有企业或事业单位的实际委托人，政府拥有经济和社会的双目标性，当经济目标与社会目标发生冲突时，经济目标往往让渡于社会目标。

城市供水行业市场化改革后，实现了由传统体制向现代企业制度的转变。目前已基本形成以国有企业为主体、非国有企业（如民营企业、外资企业、港澳台企业等）为补充的良性发展格局。非国有企业的目标具有单一的利润属性，在较低维度下的政府管制具有代理成本链条短、监督成本较低的特征。相比于非国有企业，国有企业的财产是全民所有的。为此，国有企业的财产经营需要通过一系列复杂的委托—代理关系来实现，这将大大提升政府或委托人的监督成本，降低监督效率。同时，事业单位或国有企业的代理人选择的非市场化，或者相对于非国有化而言市场化程度更加弱化。从经济绩效的角度来考虑，城市供水行业的经营主体应该通过市场竞争机制来选择，打破国有企业或传统意义上事业单位的"企业由政府建、领导由政府派、资金政府拨、价格政府定、亏损政府担"的诸多弊端。通过市场化运作机制，完善企业组织治理结构，优化政企之间的委托—代理关系，从而推动城市供水行业市场化改革效果的提升。

五 公共选择理论与市场化改革

公共选择理论是以1938年伯格森的探讨福利函数性质的论文为起点，并在阿罗（1951）的著作推动下发展起来的。已有研究要么着重于如何通过加总个人偏好以实现社会福利的最大化，要么着重于如何在外部性、公共物品以及规模经济场景中实现资源的优化配置。公共选择理论是指人们提供什么样的公共物品、怎样提供与分配公共物品以及设立相应匹配规则的行为与过程。公共选择理论认为，政府也是理性人，政府追求的目标并非完全以社会公众偏好为目标，而是自身利益的最大化。政府在干预市场的过程中，可能存在一定的"寻租""设租"和较强的信息不对称问题，可能造成社会资源的大量浪费，从而在一定程度上出现"政府失灵"，甚至发生"政府失灵"大于"市场失灵"的情况。为此，当政府所追求的目标与社会福利最大化目标之间存在偏差以及事业单位或国有企业的社会目标追求大于效率目标追求的情形下，由以政府为主导的提供方式转向市场化方式，将有助于提升社会福利，从而为城市供水行业市场化改革提供了理论基础。

第四节　城市供水行业市场化改革的现实背景

在中国实施改革开放后的较长时间内，城市供水行业游离在市场经济体制之外，企业由政府建、领导由政府派、价格由政府定、亏损由政府出，这在一定程度上产生了供需矛盾突出、定价与调价机制的非市场化、供水质量堪忧等现实问题。为此，国家从20世纪90年代开始逐步推进并深化城市供水行业的市场化改革，完善城市供水行业发展的政策体系，推动了城市供水行业的快速发展。

一　城市供水行业市场化改革的供需矛盾

城市供水行业市场化改革是在供需矛盾突出的背景下自然选择和主动适应的过程。从狭义上看，城市供水行业的供需矛盾主要是指水量的供给与需求不平衡。从广义上看，城市供水行业的供需矛盾不仅包括水量的供需不平衡，也泛指城市供水供给过程中产生的一系列不平衡问题，如水量供需不平衡、水质供需不平衡、价格机制不合理以及供水效率较低等。为了更加全面系统地分析中国城市供水行业市场化改革的驱动因素，本部分将基于广义视角，对中国城市供水行业市场化改革的供需矛盾进行分析。

(一) 城市水量供需矛盾日益突出

1978年，中国城市供水行业综合生产能力2530.40万立方米，年供水量78.75亿立方米，其中，生活用水量27.59亿立方米，人均日生活用水量仅为120.60立方米，供水普及率为81.60%。随着城镇化进程的加快，城市供水人口数量在不断提升，但短期内城市供水行业基础设施的供给能力无法满足现实需求，从而使中国城市用水普及率从 1978 年的 81.60% 降低到 1989 年的 47.40%。由此可见，20 世纪 80 年代末 90 年代初，中国城市供水行业的水量供需矛盾非常突出。因此，20 世纪 90 年代初，中国开始尝试性地推进城市供水行业的市场化改革。一般来说，学术界将 1992 年作为城市供水行业的市场化改革的起点，这一年城市供水行业综合生产能力 1.60 亿立方米/日，年供水量为 429.84 亿立方米。其中，生活用水量为 117.29 亿立方米，人均日生活用水量为 186 立方米，供水普及率为 56.20%。随着城市供水行业市场化改革的深入，截至 2016 年年底，中国城市供水行业综合生产能力已经达到 3.03 亿立方米/日，年供水量 580.69 亿立方米。其中，生活用水量提高到 303.14 亿立方米，人均日生活用水量为 176.90 立方米，供水普及率大幅提高到 98.42%。

由此可见，20 世纪 90 年代以前，中国城市供水行业水量供需之间是不平衡的，从公益性角度来看，需要迫切改变传统管理体制，通过市场化方式，解决城市供水行业发展中的供需不平衡问题。同时，随着城镇化进程的快速推进，需要不断增加城市供水行业的基础设施供给。综合来看，在市场化改革之前，存量城市供水行业基础设施难以保障城市供水行业的水量需求，同时，随着城镇化进程的快速推进将会进一步加大城市供水行业的供需"剪刀差"。为此，城市供水行业供需的存量与增量矛盾倒逼中国城市供水行业开启市场化改革进程。

（二）城市居民饮水质量亟待提升

新中国成立以来，国家非常重视城市供水安全，20 世纪 50 年代就确定了相应的饮用水水质标准。1956 年出台了《饮用水水质标准》《生活饮用水卫生规程》。后者从物理指标、细菌指标、化学指标和有害金属指标四个方面规定了 17 个项目的具体标准。[1] 随后国家分别于

---

[1] 主要包括：物理指标为浑浊度、色度、嗅和味 3 项；细菌指标为细菌总数、大肠杆菌、总大肠杆菌、肉眼可见物 4 项；化学指标为总硬度、pH 值、氟化物、酚、剩余氯 5 项；有害金属元素指标为砷、铅、铁、铜、锌 5 项。

20世纪70年代和80年代对饮用水水质标准进行修订，并由原来的17项标准增加到34项标准。2007年，新的饮用水水质标准《生活饮用水卫生标准》（GB 5749—2006）正式实施，由原来的24项提高到106项，该标准基本与欧盟、日本、美国的水质标准相当，甚至部分指标要求高于国际组织或发达国家的水质标准。不断提升的水质标准倒逼城市供水企业的技术创新和管理创新。

以增加供给、提升质量、增进效率为目的的城市供水行业市场化改革，是对城市供水行业水质标准提升的一种自适应。同时，随着人民生活水平的提高，对城市供水品质的需求也在越发提升。特别是，当前中国社会的基本矛盾已由生产力和生产关系、经济基础和上层建筑之间的矛盾转变为人民日益增长的美好生活需要和不平衡不充分的发展之间的矛盾，社会基本矛盾的转化需要不断提升城市供水质量，保障城市水质安全。为改善和提高城市供水水质，需要推进与深化城市供水行业的市场化改革。

（三）城市供水价格机制需要完善

中国经历了由计划经济向社会主义市场经济转型的制度变迁过程。21世纪以来，随着社会主义市场经济体制的初步建立和逐步完善，中国经济实现高速增长。当前，中国经济已由高速经济增长阶段转向高质量发展阶段，在此过程中，需要进一步明确政府和市场的关系，要在质量变革、效率变革、动力变革的基础上，建设现代化的经济体系，提高全要素生产率，不断增强经济创新力和竞争力。其中，建立与行业发展特征和社会主义市场经济体制相适应的城市供水等市政公用事业的定价与调价机制，是当前的一项重要战略任务。

中国城市供水行业经过多轮价格改革，已初步建立了定价与调价机制，但无论从全国总体还是从各区域来看，现行供水定价与调价机制仍不完善，供水价格仍未理顺，这使城市供水价格形成机制与市场化改革的目标不相适应，影响了水价调节节约用水功能的有效发挥。因此，如何基于中国城市供水行业的区域异质性特征，结合市场化改革目标，考虑城市供水行业的技术经济属性，建立并完善与市场化改革相适应的城市供水行业定价与调价机制是顺应改革发展之势的重要课题。

（四）城市供水企业效率亟须提升

在新中国成立后较长一段时间内，政府管理体制是建立在传统高度一元化管理模式基础上的，这使政府借助市场机制整合社会资源变得十分困难，以及政府部门和事业单位或中介组织之间关系的错综复杂性导致事业单位和中介组织的行政化倾向，从而限制了社会公益事业和公共服务的健康发展。政府管理手段较为单一，重审批轻监管，影响了社会的治理效果。以强制性行政管理手段为主的政府社会管理模式，缺乏有效的激励性监管手段。传统管理体制的诸多弊端，导致了城市供水行业在发展过程中产生了低效率，从而难以适应城市化和工业化进程的客观要求。

20世纪80年代以来，中国经济进入社会主义市场经济的新时期，随着城市化和工业化进程的快速推进，城市供水行业的低效率问题逐步凸显，这与"资源错配"、管理效率低下以及技术革新动力不足等多个因素密切相关。为此，从提升人民福祉、改善社会治理体系等多个方面考虑，需要提升城市供水行业的运行与管理效率。相对于传统管理体制，厘清政府和市场的关系，充分发挥市场在资源配置中的决定性作用，凸显政府在城市供水行业中的管制职责，迫使中国城市供水行业推进市场化改革进程。当前，中国进入新时代，中国经济发展模式已由高速增长转为高质量发展阶段，效率导向成为城市供水行业发展的必然选择。为此，深化市场化改革成为提升城市供水行业效率的必然选择。

二 城市供水行业市场化改革的政策导向

改革是经济社会变革与发展的重要驱动力。改革中的政策制定过程分为自上而下的强制性制度变迁和自下而上的诱致性制度变迁两类。强制性制度变迁能够更有效率推进全国总体改革，但可能带来"政策失灵"或"落地难"的风险；而诱致性制度变迁具有典型的政策试验性，能够在特定地区试验成功，但无法反映全国普适性。显然，强制性制度变迁与诱致性制度变迁各具特色。在对制度设计体系进行充分论证以及考虑制度设计效果低偏差性的前提下，强制性制度变迁更有助于实现帕累托改进，从而促进社会效率的提升。在综合考量理论与其他国家政策试验效果的基础上，市场化改革能够在较大程度上改善长期以来传统体制的"错配"问题。因此，以自上而下的强制性制度变迁方式推进城市供水行业的市场化改革，能够提升城市供水行业的运行效率。为此，本部分将从国家宏观政策和城市供水市场化改革政策两个维度，对中国城市供水行业推进市场化改革的政策导向进行分析。

（一）国家市场化改革的宏观政策

中国在由传统计划经济体制向中国特色社会主义市场经济体制变迁过程中，势必需要各行各业顺应改革潮流。城市供水行业作为国民经济的基础性行业之一，具有较强的区域垄断性特征，是推进市场化改革较为滞后的行业。进入21世纪以来，随着中国政治经济改革的深化，国家越发重视城市供水等垄断性行业的改革问题，通过一系列制度和政策的出台，进一步明确城市供水行业市场化改革基本取向。

2003年11月，党的十六届三中全会指出："要加快推进和完善垄断性行业改革，大力发展和积极引导非公有制经济，允许非公有资本进入法律法规未禁止的基础设施、公用事业及其他行业和领域。"这为城市供水等垄断性行业进行产权结构改革和发挥竞争优势提供了重要的制度支撑。2004年7月，国务院发布了《关于投资体制改革的决定》，进一步提出，"放宽社会资本的投资领域，允许社会资本进入法律法规未禁入的基础设施、公用事业及其他行业和领域。鼓励和引导社会资本以独资、合资、合作、联营、项目融资等方式，参与经营性的公益事业、基础设施项目建设"，这标志着进一步开放市场。

2005年3月，国务院又颁布了《关于鼓励支持和引导个体私营等非公有制经济发展的若干意见》（以下简称"三十六条"），通过有关条款，强调平等准入、公平待遇原则，允许非公有资本进入法律法规未禁入的行业和领域。特别是2010年5月，为进一步落实并强化原"三十六条"，国务院颁布了《关于鼓励和引导民间投资健康发展的若干意见》（以下简称"新三十六条"），强调进一步拓宽民间投资的领域和范围。其中，第十一条明确规定，鼓励民间资本参与市政公用事业建设。支持民间资本进入城市供水、供气、供热、污水和垃圾处理、公共交通、城市园林绿化等领域。鼓励民间资本积极参与市政公用企事业单位的改组改制，具备条件的市政公用事业项目可以采取市场化的经营方式，向民间资本转让产权或经营权。第十二条又规定，进一步深化市政公用事业体制改革。积极引入市场竞争机制，大力推行市政公用事业的投资主体、运营主体招标制度，建立健全市政公用事业特许经营制度。改进和完善政府采购制度，建立规范的政府监管和财政补贴机制，加快推进市政公用产品和收费制度改革，为鼓励和引导民间资本进入市政公用事业领域创造良好的制度环境。

国务院在《关于加强城市基础设施建设的意见》中明确提出："建立政府与市场合理分工的城市基础设施投融资体制。政府应集中财力建设非经营性基础设施项目，要通过特许经营、投资补助、政府购买服务等多种形式，吸引包括民间资本在内的社会资金参与投资、建设和运营有合理回报或一定投资回收能力的可经营性城市基础设施项目。"

为鼓励和引导社会资本参与基础设施和公用事业的建设和运营，规范特许经营活动，提高公共服务的质量和效率，维护特许经营企业的合法权益，国务院于2015年4月21日通过了《基础设施和公用事业特许经营管理办法》[①]，《基础设施和公用事业特许经营管理办法》的出台标志着国家积极鼓励和吸引社会资本投资基础设施建设，从而有助于盘活社会资本投资，提高资金的使用效率，也为基础设施建设投资提供了重要的筹资渠道，有利于促进基础设施行业的发展。《基础设施和公用事业特许经营管理办法》还明确了境内外法人或其他组织均可以通过公开竞争，在一定期限和范围内参与投资、建设和运营基础设施及公用事业并获得收益。完善特许经营价格或收费机制，政府可根据协议给予必要的财政补贴，并简化规划选址、用地以及项目

---

① 基础设施和公用事业特许经营主要是为了引入社会资本，一方面，拓宽公用事业资金来源；另一方面，也有利于打破现有垄断局面，提高公用事业建设效率和服务意识，运用市场化思维来运营。

核准等手续。政策性、开发性金融机构可给予差异化信贷支持，贷款期限最长可达 30 年。允许对特许经营项目开展预期收益质押贷款，鼓励以设立产业基金等形式入股提供项目资本金，支持项目公司成立私募基金，发行项目收益票据、资产支持票据、企业债、公司债等拓宽融资渠道。这说明《基础设施和公用事业特许经营管理办法》对中国城市供水等城市公用事业的改革与发展具有里程碑式作用，进一步提高了城市供水等城市公用事业特许经营的法律位阶，这对鼓励和引导社会资本进入城市供水行业、吸纳多种渠道投资、激励国有企业创新、提升城市供水行业的运行效率和服务水平具有重要意义，也为未来一段时间内城市供水等城市公用事业市场化改革指明了方向。

同时，2013 年以来，中国推进了新一轮以 PPP 为核心的市场化改革，并通过国家发改委和财政部等部委出台了一系列 PPP 领域的支持政策，这对规范社会资本进入、扩大项目融资渠道、提升项目的运营服务能力具有重要的促进作用。国家发改委和财政部出台的系列 PPP 文件规定的 PPP 项目的适用范围基本一致，即基础设施和公共服务类项目。这标志着中国进入 PPP 快速发展的新时期，从而推动了中国城市供水行业的市场化改革由传统的引资到民营化改革，再到社会资本进入的 PPP 改革的新阶段。

（二）供水行业市场化改革的微观政策

为了推进城市供水等城市公用事业的改革与发展，建立并完善以市场化改革为核心的基本取向，21 世纪以来，国家发改委、建设部等部门相继出台一系列的鼓励和引导社会资本进入城市供水等行业以及推进其政府管制体制改革的系列政策文件。其中，建设部分别于 2002 年、2004 年和 2005 年出台了《关于加快市政公用行业市场化进程的意见》《市政公用事业特许经营管理办法》和《关于加强市政公用事业监管的意见》，明确了包括城市供水行业在内的市政公用事业市场化改革与政府管制的基本内涵。由此可见，建设部出台的上述政策明确了城市供水行业市场化改革主要包括三个方面：一是产权改革或民营化改革，即鼓励更多的社会资本参与城市供水行业的建设和运营，实现产权结构和投资主体的多元化。二是强化市场竞争机制，通过进入阶段的特许经营权竞标实现优化选择城市供水行业建设和运营主体、提升运行效率的目的。三是推进政府管制体制改革，由传统行政管理转为政府管制，通过管制体制机制创新，提高对城市供水行业的管制绩效。单纯的国有经济内部竞争不是真正意义的市场竞争，而单纯的民营化不能从根本上促进效率，竞争与民营化是共同推进城市供水行业市场化改革的两个方面。原因在于国有经济内部的竞争是同一国家所有制下的竞争，不能实现市场经济的高效率竞争。而单纯的民营化只能将城市供水企业的国有垄断经营转为私人垄断经营，无法形成竞争性的市场结构，从而无力提升城市供水企业的运行效率。因此，只有将竞争和民营化有机结合起来，才能实现高效率的竞争，从而提升城市供水企业的运行效率，并使消费者分享效率之利。

城市供水行业市场化改革的基本逻辑是促进一定数量的社会资本进入城市供水行业，促进特许经营权竞标阶段的拟进入企业的竞争以及城市供水企业之间的竞争。在一定地域范围内，应该选择什么样的企业获得城市供水项目的垄断经营权？如何规定这家企业的权力和义务？核心在于推进城市供水行业的特许经营制度。通过招投标方式让潜在进入企业公平竞争城市供水企业的特许经营权，运用竞争机制筛选出最有效率的供水企业，并在特许经营合同中，明确中标企业的权利和义务，规范中标企业的经营行为。

为了贯彻落实国务院《关于鼓励和引导民间投资健康发展的若干意见》的工作要求，住房和城乡建设部于2012年出台了《进一步鼓励和引导民间资本进入市政公用事业领域的实施意见的通知》，明确提出："民间资本参与市政公用事业建设，应与其他投资主体同等对待；鼓励民间资本通过政府购买服务的模式，进入城镇供水、污水处理、中水回用、雨水收集、环卫保洁、垃圾清运、道路、桥梁、园林绿化等市政公用事业领域的运营和养护；完善法规政策体系，确保政府投入，落实政府监管责任，建立预警与应急机制，健全公众参与和社会监督制度。"该通知进一步细化了"新三十六条"，明确了民间资本进入城市供水行业等城市公用事业的主要形式，即是否涉及产权问题。对供水行业而言，需要采取政府购买公共服务的方式，言外之意是需要严格控制BOT和TOT等城市供水行业资产转让项目的推进。

随着市场化改革的深入，需要形成与城市供水行业市场化改革相适应的定价与调价机制。中国城市供水行业价格改革经历了福利水价、单一价和递增阶梯水价的过程。2014年，国家发改委、住房和城乡建设部联合下发了《关于加快建立完善城镇居民用水阶梯价格制度的指导意见》，该意见指出："建立完善居民阶梯水价制度，要以保障居民基本生活用水需求为前提，以改革居民用水计价方式为抓手，通过健全制度、落实责任、加大投入、完善保障等措施，充分发挥阶梯价格机制的调节作用，促进节约用水，提高水资源利用效率。"该意见要求在2015年年底之前，设市城市原则上要全面实行居民阶梯水价制度；具备实施条件的建制镇也要积极推进阶梯水价制度。各地要按照不少于三级设置阶梯水量，第一级水量原则上按覆盖80%居民家庭用户的月均用水量确定，保障居民基本生活用水需求；第二级水量原则上按覆盖95%居民家庭用户的月均用水量确定，体现改善和提高居民生活质量的合理用水需求；第一、第二、第三级阶梯水价按不低于1:1.5:3的比例安排，缺水地区应进一步加大价差。实施居民阶梯水价要全面推行成本公开，严格进行成本监审，依法履行听证程序，主动接受社会监督，不断提高水价制定和调整的科学性和透明度。由此可见，改善与规范城市供水价格制度，建立并完善阶梯水价制度，对全面深化城市供水行业市场化改革，促进城市居民节约用水具有重要的现实意义。

20世纪80年代以来，中国政府为了深化城市供水行业的市场化改革，出台了一系列市场化改革的政策文件，通过鼓励和引导多种所有制企业进入城市供水行业，通过特许经营权竞标机制优化选择建设和（或）运营主体，通过政府管制体制改革与创新逐步形成与城市供水行业市场化改革相适应的体制机制。

三　城市供水行业市场化改革的国际经验

从世界范围来看，城市供水行业已然形成多种运营管理制度和差异化的企业运营管理模式的格局。作为城市供水行业改革的先行者，英国自20世纪70年代末尝试开启了城市供水行业市场化改革，并取得了较好效果。在过去30多年间，许多发达国家和发展中国家都对其城市供水行业进行了改革。然而，改革并非一帆风顺。英国、美国、法国、日本以及澳大利亚等国家获得了良好的效果和丰富的经验，而一些拉美国家的城市供水行业市场化改革则产生了一系列问题。总体而言，发达国家城市供水行业的市场化改革从最初的低效率、高成本的政府投资与运营模式，逐步演化为多元化的投资主体、高效率的运行效率、安全优质的供水产品，并实现了资本的扩张和行业的可持续发展。在过去30多年间，发达国家通过完善和加强政府监管及产业变革，显著提高了经济运行效率，降低了生产成本，提供了多样化服务，提高了产品和服务质量，增进了城市供水企业的创新活力。此外，政府通过出售国有资产增加了财政收入，降低了供水领域的财政支出，缓解了地方政府的财政压力。为此，本部分将对英国、美国、法国以及荷兰等国的市场化改革模式进行分析。

（一）以民营化为特征的英国模式

20世纪初，英国政府对城市供水行业实行分阶段的国有化改革，建立了政府垄断经营的城市供水行业管理体制。随着英国城市供水行业国家垄断经营的不断发展，经营效率低下、财政赤字增加等问题开始暴露出来。为解决国家垄断经营过程中产生的一些问题，1973年，英国发布《水法》，英国国会批准对城市供水行业进行重组改革。英国政府将分散的城市供水企业主体整合成10个水务局，实行按流域分区管理，通过全面的私有化改革取得了成功。总体而言，英国城市供水行业改革经历了行业早期整合、行业重组和私有化三个阶段。1989年是英国城市供水行业全面私有化的元年，将10个水务局的资产与人员转移到有限公司，并通过水务公司在伦敦证券交易所上市筹集资本。同时，政府不仅免除水务公司的主要政府债务，而且还提供必要的资本税收补贴。

20世纪90年代末至今，英国政府进一步完善城市供水行业的管理体制，形成了相对稳定和独立的城市供水行业管制机构体系。1996年，英国政府撤销了国家河流局，将原国家河流局的职能并入新成立的环境署。从此，英国将城市供水行业中三个分离并独立的管制机构整合成一个相对完整的管制体系，即负责环保的环境署、负责质量的饮用水管制局和负责经济性管制的水务管理办公室（OFWAT）。2003年，英国政府修订《水法》和《水工业法》，调整并明确了 OFWAT 的组织结构和权责配置。修订后的 OFWAT 的主要职责包括：①确保水务公司能以公平的价格为用户提供优质、高效的服务；②限制水务公司水价，确保其处于最低水平；③监督水务公司的绩效，并采取必要行动心保护用户利益；④为水务公司设定具有挑战性的效率目标；⑤确保水务公司为用户提供最优水质，并达到环境法规要求；⑥在有利于用户的前提下鼓励竞争。

英国城市供水行业市场化改革采取的主要措施包括：①实施股份制改造，整体或部分出售国有企业资产；②放开供水行业的市场准入；③采用政府出资、私人承包提供产品或服务的方式；④设置专门机构对城市供水价格和供水质量进行有效管制。英国城市供水行业的市场化改革促进了运营效率的提高和经济社会的可持续发展。通过政府的有效管制，能够促使民营供水企业承担社会责任，从而提升城市供水质量和服务水平，并获取合理的经济利润。

（二）以产权公有为基础、以市场监管为导向的美国模式

美国城市供水行业的管理体制主要分为联邦、州和地方政府三个层次。美国是联邦制国家，州政府和联邦政府的关系较为松散，各州拥有较大的自主权，对城市供水行业管理是在联邦政府的领导下，主要以州为主进行，各层级之间的职责明确，既有分工又有合作，既相互配合又相互制约。根据美国宪法，美国联邦政府主要负责水资源的总体政策和规章的制定，由各州负责具体实施。美国并未设立全国性水资源管理的专门机构，而是由环保署、农业部自然资源保护局、水土保持局、鱼类和野生动植物管理局、内务部垦务局和国家地质调查局水资源处等部门共同负责水资源管理工作。其中，国家地质调查局水资源处主要负责收集、检测与分析全国的水文资料，并为水利工程建设和水体开发利用提供政策性建议。农业部自然资源保护局主要负责农业用水资源的开发、利用和保护。内务部垦务局主要负责水资源管理、水质保护以及其他环境计划及提高现有设施效益。环保署主要

负责制定环境规划的国家标准，全面贯彻并强制执行国会颁布的环境法案，如《安全饮用水法案》和《清洁水法案》，授权各州发放取水许可证，管理饮用水水质、水源水质和水环境，制裁未达到国家环境标准的州并负责采取相应措施使其达到具体要求。地方水务管理委员会是地方城市供水的管理机构，该委员会是由居民选举产生的委员与地方政府指派的委员共同组成委员会，具有相对的独立性，主要负责制订城市供水工程建设和改造方案、筹集资金以及建设和管理城市供水工程。

美国城市供水行业的产权结构经历了"私有—私有与公有共存—公有主导"的发展历程。美国政府对城市供水企业私有化的态度极为慎重。从总体上看，第二次世界大战以来，私人部门占美国城市供水行业的比例约为15%，这说明整体上美国城市供水行业采取以公有为主导的模式，多数城市供水企业的资产属于城市政府所有，但有些城市供水企业资产由政府和私人部门共同管理，如美国亚特兰大市采取民营化方式，将城市供水系统交给法国苏伊士里昂水务公司管理，从而实现了政企"双赢"。此外，美国地方政府主要由地方政府或其授权代理机构发行市政债券的方式筹集城市水务基础设施的建设资金。

虽然美国多数城市供水基础设施由政府资助和修建，属于公有设施，产权归政府所有，但运营方式是多元的。其中，有些自来水厂由城市水区直接管理，经营管理人员属于政府职员，实行企业化运作。有些城市水区实行特许经营，将供水设施的经营权委托给民营企业，在保留供水设施公有属性的前提下，通过承包形式运行和维护城市供水系统。目前，美国部分地区的城市供水行业实行政府与民营企业联合管理模式。无论哪种运营管理方式，城市供水企业的生产和服务，都需要符合联邦和地方的相关法律法规规定，接受有关部门的执法和监督。

（三）以委托运营为特征的法国模式

在保留产权公有的前提下，通过签订委托运营合同的方式引入私营公司参与城市供水基础设施的建设和运营，是法国城市供水行业运行与管理模式的基本特征，本质上是将城市供水行业基础设施的运营权外包给私营企业，但不涉及产权或所有权转让问题。从法国城市供水行业市场化改革的历程来看，吸引私营部门进入城市供水行业的净水处理、配送、管网保护等环节是在 1982 年《分权法案》和 1992 年《水法》颁布之后，多数城市的供水行业依然维持所有权的公有模式。

法国城市供水行业运营管理模式主要分为四种情形：一是直接管理模式。即市政当局城市供水企业的投资、建设和运营等环节，负责支付城市供水服务运行的全部费用，具有产权和经营权统一的特征，其企业性质具有完全的公有性，受托企业为公共部门服务，不直接从用户处获取营业收入，而是从地方财政预算中支出报酬。目前，除个别大中城市因历史原因仍沿用该模式外，一般只有小型的乡镇采用直接管理模式。二是委托运营。城市供水基础设施由市政当局负责投资、建设并拥有设施设备的财产所有权，由私人经营者负责供水基础设施的运营，并向使用者收取自来水费，委托运营合同一般在 5—20 年。委托运营模式下的城市供水项目并未实现产权与经营权的分离，但经营权交由受托企业代为管理。从法国城市供水行业运营管理模式的发展现状来看，委托运营模式占公用事业运营管理模式的 75%，并在城市供水行业中得到普遍应用。三是特许经营。市政当局批准立项，并与项目公司签订合同，委托私人公司进行城市供水工程的投资、建设和经营，并由项目公司收取水费偿还投资并获得相应利润，特许经营期满后，将供水设施和管网资产移交给市政当局。与委托运营模式不同，特许经营模式要求受托企业承担投资费用，一般合作期限较长。四是混合管理。该模式介于委托经营模式和直接管理模式之间。例如，水厂和配水干管由市政府自主管理，将配水支管和引入管（又称进户管）交由企业管理，面向用户的商业行为（如开账单和征水费）交由私营水务公司办理。此外，还存在一些新型模式，如私营水务公司代理市政水务服务，由政府给予报酬或者两者间进行利润分红。①

---

① 李佳：《我国城市供排水行业市场化改革研究》，博士学位论文，复旦大学，2012 年。

（四）以公有私营为特征的荷兰模式

荷兰城市供水行业的管理体制主要分为四个层级，即中央政府、省政府、地方政府和自来水厂协会（VEWIN）。其中，前三个层级是政府机构，主要职能是协调和监管，制定供水有关政策，如限制地下水的使用与对使用地下水的行为进行征税等。第四个层级是行业协会，代表整个供水行业，供水公司通过 VEWIN 形成一个整体。第一级为中央政府，住房、空间规划和环境部是重要的管理部门之一，主要负责全国范围主要水体的管理工作。该部下设水务管理局，主要负责制定城市供水的全国性标准和战略政策，通过框架性法案驾驭公共政策导向，对省政府进行监督，指导市政府和水管会的工作。第二级为省级政府，省级水务管理局是主要管理机构。省级政府在国家战略政策的框架下，负责制定本省战略性和实施性的供水相关政策，而且有权组建水务委员会，并规定水务委员会的具体任务、运营区域，以及水务委员会机构设置、委员会委员选举以及必要时废除水务委员会等事项。其中，由各省负责地下水管制，由水务委员会负责地表水管制，省政府和水务委员会授权供水公司从地下水和地表水水体中取水，大型自来水用户经省政府许可后，可直接从地下水中取水。第三级为市政府，主要负责供水系统的建设和维护、制定实施性的供水规划和颁布供水方面的地方规章制度。第四级为自来水厂协会（VEWIN），主要负责管理整个供水行业，制定行业规则和制度，对全国供水公司绩效进行标杆管理并及时向社会公开。

荷兰城市供水行业采用公有股份有限公司的运营模式实现公司化运作，提升了运行效率和服务质量。第一，荷兰利用《公司法》保护从而避免政治干预，公有水务公司总经理比公用事业单位或法人化公用事业单位的同行享有更多自主权。第二，公有水务公司成本回收与运营方式显著优于公有事业单位。第三，公有水务公司虽然坚持全成本回收，但不以利益最大化为目的。荷兰模式证明，即使是国有企业，如果以政企分开为基础，坚持企业化运作，并在有效监督下，能够实现效率优化目标。荷兰公有水务公司模式在西欧和北欧较为普遍，如德国、比利时等。但是，公有水务公司模式在发展中国家并不常见。其中，菲律宾的"水务区"和智利的"公有股份公司"是公有水务公司模式。

为提高城市供水行业运行绩效，1993年，荷兰供水行业非正式地开始实施标杆管理，并由VEWIN负责实施。1997年，VEWIN从供水水质、服务水平、环境影响以及资金和效率四个方面，每三年对所有供水企业成本进行深度比较。由于引进了完善的绩效平台进行区域间比较竞争和成本管制，荷兰城市供水行业的运行效率和服务质量均保持在较高水平。

总体而言，发达国家推行了城市供水行业的市场化改革，提升了企业运行效率，减轻了政府财政负担，增强了供水企业创新动力。共性特征主要表现在两个方面：一是政企分离。政府从供水企业的垄断经营者，转变为竞争经营的组织者和管理者，通过特许经营、国有股权出让等方式让供水企业根据特许经营协议，按照市场经济原则进行生产经营活动。二是加强管制。由政企合一转为政企分离，这并不意味着政府可以放任不管，而是需要强化政府管制，从而保证民营化或政企分开后对城市供水产品和服务的有效管制。中国在城市供水产品和服务供需不平衡、相关市场化改革政策导向以及市场化改革国际经验的驱动下，开启了城市供水行业市场化改革，这在城市供水行业发展过程中发挥了重要作用，但也产生了一定问题。为此，亟须评价城市供水行业市场化改革效果，并提出有助于市场化改革的创新性的政府管制政策。

第二章　城市供水行业市场化改革的实施成效

长期以来，中国城市供水行业被视为公益性事业并由政府统一管理。政府既是政策的制定者和监督者，又是具体业务的经营者，具有典型的行政垄断性。在市场化改革之前，城市供水行业是政企不分、政事不分和政监不分的局面，企业缺乏自主权和积极性，从而导致城市供水企业缺乏竞争激励机制、生产效率低下、服务质量较低等现实问题。为适应城市化进程的客观需求，需要投入大量资金用于城市供水行业基础设施建设。因此，仅仅依靠政府财政投资的模式难以为继，在供需矛盾突出的背景下，城市供水行业开启了市场化改革进程。

第一节　城市供水行业市场化改革的基本历程

城市供水行业是国民经济中最重要的基础设施产业之一，既是维系经济社会可持续发展以及协调生产、生活和生态三者之间动态平衡的重要保证，也是平衡城市化进程与基础设施供需矛盾以及加快城市化整体规划体系的重要组成部分。长期以来，城市供水企业由政府主管部门或指定机构运营，由此产生投资不足、效率较低等弊端，为解决上述问题，城市供水行业开启了渐进式的市场化改革历程。与其他领域的改革相类似，城市供水行业改革可以追溯到1978年，但早期尽管在经营方式和融资体制上做了改革尝试，但真正意义的市场化改革始于20世纪90年代初。从城市供水行业市场化改革的历程和特点来看，城市供水行业具有渐进性特征。事实上，20世纪90年代以来，城市供水行业开始尝试性地引入外国资本解决投资不足问题，这在产权和竞争两个方面体现了市场化改革的特征，但该阶段的管理体制依然是政监合一，缺乏相对独立的管理体制和有效的、高位阶的管理法规。基于此，本书将1992年作为城市供水行业市场化改革元年，并根据非国有资本进入的企业性质、企业数量以及法规制度的完善程度等特征，将城市供水行业市场化改革历程分为三个阶段。

一 外资进入与现代企业制度建立阶段

1992—2001年，国际大型供水企业开始尝试性地进入中国市场，确立现代企业制度，政府管理体制由政监合一逐步转为政监分离。1992年党的十四大提出了建立社会主义市场经济体制的改革目标，城市供水行业以贯彻执行《全民所有制工业企业转换经营机制条例》为主线，积极推进供水企业改革，沿着建立现代企业制度的方向，一大批城市供水企业按照《中华人民共和国公司法》规定进行改组改制，成立国有独资公司。政府开始改革过去直接参与城市供水企业投资和运营的体制，推进政企分开。在新的"政企分开"体制下，政府减少了对城市供水行业的直接投资和行政干预；国有城市供水企业则在很大程度上代替了原来政府的部分职能，负责企业的投资、运营和管理。这一阶段，一方面是政企分开，另一方面是政府仍然控制着企业运营。随着经济的快速发展，在中央禁止城市政府参与银行贷款担保等融资行为之后，企业遭遇融资难题。为解决企业融资问题，20世纪90年代以来，我国政府先后实施了一系列有关促进城市供水行业市场化改革的政府法规和指导文件，确定了城市供水行业市场化改革方向，以建设—运营—移交（Built – Operate – Transfer，BOT）[①] 模式

[①] BOT是20世纪80年代以来提出的一种新的项目融资模式。根据世界银行《1994年世界发展报告》的定义，BOT至少包括三种形式：一是BOT（Built – Operate – Transfer），即建设—运营—移交，企业自己融资，建设某项基础设施，并在一定时期内经营该设施，然后将设施无偿移交给政府，政府给予某些企业新项目建设的特许权时，一般采用该模式；二是BOOT（Built – Own – Operate – Transfer），即建设—拥有—运营—转让，基础设施项目由企业融资建设完工后，在规定的期限内拥有并运营，期满后将项目移交给当地政府部门；三是BOO（Built – Own – Operate），即建设—拥有—运营，企业根据政府赋予的特许权，建设并运营某项基础设施，但是并不将其移交给政府部门。

和合作公司方式为主，通过固定回报形式，投资城市供水厂（不包含管网）。

该阶段的主要特征是：坚持市场化的基本方向，通过招商引资的模式，实现国际大型供水企业运营城市供水项目，政监合一的管理体制逐步转为政监分离。在国内资本相对不足、外国资本较为充裕的客观条件下，通过招商引资，吸引国际水务巨头进入中国市场，成为市场化改革初期快速提升我国城市供水行业能力与效率的必由之路。该时期通常以项目融资为载体，通过项目招商引资吸引外国资本进入城市供水行业，但总体来看，该时期城市供水行业依然是国有或国有资本控股处于绝对地位，外国资本所占比例依然较小，国际水务巨头主要处于对中国法规政策与供水市场的探索阶段。该时期的主要特征如下：

（一）国际金融组织和发达国家贷款成为扩宽供水行业融资渠道的主要方式

长期以来，城市供水行业一直以国有资本投资为主，国家和地方政府几乎成为城市供水行业的唯一投资者。由于政府投资难以满足城市供水行业所需的全部资金需求，因此，城市供水企业需要通过银行贷款缓解融资难题，但是，由于多数企业长期处于保本微利甚至亏损状态，难以按期归还贷款，这种困境极大地制约了城市供水企业的贷款或融资能力。

为改变单纯依靠政府投资城市供水行业的被动局面，扩宽融资渠道，20世纪80年代初以来，随着中国整体改革开放的深入，政府开始越发重视通过引进外资发展城市供水行业基础设施的重要性，并将其作为改革现行投融资体制的重要内容之一。到1998年年底，中国先后利用世界银行、亚洲开发银行等国际金融组织和日本、奥地利、法国、德国等西方主要国家政府提供的中长期优惠贷款，吸引外商直接投资建设城市供水项目140多项，利用外资金额18亿美元。

由此可见，在扩宽城市供水行业投融资渠道初期，主要以政府担保的直接融资为主的形式，吸引世界银行、亚洲开发银行以及主要发达国家的贷款，从而促进城市供水行业综合生产能力的提升。

(二) 相关政策引导外国资本尝试性进入中国城市供水行业

1992年,第一家由外资运营的中山坦洲供水BOT项目的正式实施,开了外资进入中国城市供水市场的先河。在该时期,政府部门逐步出台相关政策,旨在规范外资企业进入城市供水行业市场秩序,如对外贸易经济合作部于1994年发布了《关于以BOT方式吸收外商投资有关问题的通知》,该通知提出,外商可以以合作、合资或独资的方式建立BOT项目公司,以BOT投资方式吸引外资应符合国家关于基础设施领域利用外资的行业政策和有关法律,政府机构一般不应对项目做任何形式的担保或承诺。1995年,国家计委、电力部以及交通部联合发布了《关于试办外商投资特许权项目审批管理有关问题的通知》,该通知规定,政府部门通过特许权协议,在规定时间内,将项目授予外商为特许权项目成立的项目公司,由项目公司负责项目的投融资、建设、运营和维护。在特许经营期内,项目公司拥有特许经营项目设施的所有权,以及为特许经营项目进行投融资、工程设计、施工建设、设备采购、运营管理和合理收费的权利,并承担对特许经营项目的设施进行维修保养的义务。政府部门具有对特许经营项目监督、检查、审计以及如发现项目公司存在不符合特许经营协议的行为,予以纠正并依法处罚的权力。在该时期,法国威立雅集团(以下简称威立雅)、英国泰晤士水务公司(以下简称泰晤士水务)以及德国柏林水务国际股份有限公司(以下简称柏林水务)等国际水务巨头开始进入中国城市供水市场(见表2-1)。

在该阶段,外国资本以BOT方式进入国内少数城市的供水市场,地方政府给予国际水务巨头以固定的投资回报,从而解决了长期以来困扰城市供水行业的融资难题。

(三) 逐步确立现代企业制度,一些供水企业发展为大型水务集团

长期以来,城市供水企业多以政府部门下属的事业单位形式存在,资金由政府拨,企业人员是事业单位员工,并不具有真正意义的企业特征,从而带来人员机构臃肿、运行效率和服务水平低下的局面。1993年,党的十四届三中全会出台《关于建立社会主义市场经济体制若干问题的决定》,提出要"进一步转换国有企业经营机制,建

表 2-1   1995—2001 年城市供水行业市场化改革事件

年份	主要事件
1995	中法水务投资有限公司（以下简称中法水务）与沈阳水务公司合资经营沈阳第八水厂
1997	威立雅控股 55%，与天津市有关部门成立合资企业天津通用水务公司，负责经营天津凌庄水厂
1998	美国通用水务集团（以下简称通用水务）和成都自来水公司采用 BOT 方式进行融资
2000	中法水务公司与保定自来水公司组成合资水厂，合作期 20 年
2001	日本昭和水务公司（以下简称昭和水务）与上海奉贤自来水公司第三水厂合作成立昭和自来水公司

资料来源：朱晓林：《中国自来水业规制改革研究》，东北大学出版社 2009 年版。

建立适应市场经济要求，产权清晰、权责明确、政企分开、管理科学的现代企业制度"。同年，建设部下发《全民所有制城市供水、供气、供热、公交企业转换经营机制实施办法》，提出企业转换经营机制的目标是：使企业适应市场需求，逐步成为依法自主经营、自负盈亏、自我发展、自我约束的公用产品生产和经营单位，成为独立享有民事权利和承担民事义务的法人。城市供水行业按照国家规定的资产经营形式，依法行使经营权。1995 年，建设部下发《市政公用企业建立现代企业制度试点指导意见》，该意见的主要内容是：在部分市政公用企业进行公司制改革的试点，要求市政公用企业改为有限责任公司或改组为国有独资公司。该时期一些城市供水行业建立了现代企业制度，发展成为大型企业集团，其中深圳水务集团最具典型性。为解决深圳特区发展过程中人口需求与自来水供需之间的矛盾，提高行业集中度成为深圳市政府的重要举措。1996 年 10 月，自来水企业为深圳市国有大型独资有限责任公司。1998 年，深圳市政府决定，市自来水建设投资体制由过去的政府投资为主改为企业投资为主，积极实施跨区域经营战略。2001 年，深圳市以自来水公司为基础，牵头组建总资产约为 60 亿元的大型水务集团，从而提高了城市供水行业的供给能力，提升了企业的运行效率和服务水平。

总体上看，该时期中国城市供水企业逐步建立现代企业制度，但在产权改革和经营方式上并未取得突破性进展。该时期通过吸引外资逐渐打破城市供水企业国有垄断经营的格局，但外资比例依然较低。通过建立现代企业制度和吸引外资，促进了城市供水行业供给能力的提升，促进了城市供水企业技术水平升级与运行效率提升。该阶段无论是城市供水企业建立现代企业制度，还是采取 BOT 等方式筹集资金建设城市供水设施都是在政府推动与控制下进行的。

二 政策引导下特许经营制度完善阶段

政策引导下特许经营制度完善阶段主要发生在 2002—2005 年，该阶段的主要特点是：以中央政府政策为主导，以完善特许经营制度为核心，以国际大型供水企业和国内民营企业大量进入为特征。2002 年 12 月，建设部出台《关于加快市政公用行业市场化改革进程的意见》，明确了城市供水行业改革以推进市场化为方向，通过引入竞争机制，建立特许经营制度，逐步规范市场准入，鼓励社会资本采取独资、合资以及合作等形式，参与市政公用事业建设，形成多元的投资结构，真正打破了区域行政垄断。2003 年 10 月，党的十六届三中全会明确提出"放宽市场准入，允许非公有资本进入法律法规未禁入的基础设施、公用事业及其他行业和领域"。2004 年 4 月，建设部出台《市政公用事业特许经营管理办法》，这标志着城市供水等城市公用事业将推行特许经营制度。2005 年 2 月，国务院颁布《关于鼓励支持和引导个体私营等非公有制经济发展的若干意见》，指出"在规范转让行为的前提下，具备条件的公用事业和基础设施项目，可向非公有制企业转让产权或经营权"。市场化改革政策的出台掀开了国际大型水务企业和国内民营资本进入城市供水行业的新篇章。该阶段城市供水行业市场化改革是以中央政策为主导，通过特许经营制度，为城市供水行业的市场化改革提供制度保障，从而形成国际水务巨头和国内民营企业大量进入城市供水行业的局面。与第一阶段相比，该阶段的显著特点是城市供水行业进入管网市场开放的新阶段。

（一）民营企业和外资企业进入城市供水行业的步伐在加快

在相关政策的引导下，民营企业和国际水务企业加快了进入城市供水行业的步伐。如2002年，法国威立雅集团赢得上海浦东供水运营和管理合同，该项目是第一个允许国外企业提供供水生产、管网配送和客户服务等完整供水服务合同的项目。随着经济社会的快速发展，新昌县原有4万吨/日的供水规模已无法满足要求。为改善这一状况，2002年3月，新昌县通过引进资金和技术，组建企业化的供水公司，解决生产和生活用水紧张问题。新昌县通过多方招商，将世界上规模最大的水务集团之一——法国里昂水务集团（以下简称里昂水务）下属子公司中法水务投资有限公司引来作为合作伙伴，并与新昌水务发展有限公司（以下简称新昌水务）共同组建了新昌中法供水有限公司，负责开发建设投资1亿多美元的引水供水工程项目。该项目投产后，新昌县城市供水能力达到16万吨，这是该县乃至浙江省首次引进外资开发引水工程项目和经营供水市场，打破了长期以来国有企业独家垄断城市供水行业的格局。[1] 此外，民营企业也开始进入城市供水行业，如2003年成立的山东第一家民营股份制供水企业——邹平黄河供水有限公司。2001年以来，滨州市邹平县GDP获得快速增长，用水供水矛盾逐步突出，面对水资源危机，邹平县政府决定向社会融资，组建股份制供水企业，并于2003年1月成立邹平黄河供水有限公司。从此，山东走上了打破城市供水行业国有企业垄断经营的第一步。[2] 此外，还有一些国际水务巨头和民营企业进入城市供水行业，这里不再列举。

（二）城市供水行业广泛应用特许经营制度，特许经营模式由单一走向多元

为缓解城市供水行业的供需矛盾，规范城市供水市场运营，2004年，建设部出台了《市政公用行业特许经营管理办法》。通过特许经营权竞标选择城市供水企业运营主体的特许经营模式主要有BOT（建设—运营—移交）和TOT（转让—运营—转让）模式。此外，还有

---

[1] 佚名：《打破城市供水国有单位独家经营局面——"洋水务"进入新昌水市场》，《浙江日报》2002年3月22日。

[2] 佚名：《打破水老大垄断 山东成立首家民营供水企业》，《中广新闻》2005年8月30日。

MBO（管理层收购）、BT（建设—移交）、BOO（建设—经营—拥有）、ROO（改造—运营—拥有）等模式。随着市场化改革的深入以及相关政策的引导，城市供水行业特许经营模式已由单一走向多元。具体来说，2002年以前，城市供水企业为了吸引外资，多采用BOT模式。自2003年以来，城市供水行业特许经营呈现出两种特征。经济发达地区城市供水项目要么由国有企业垄断经营，不进行特许经营；要么只对经营权进行特许经营，如委托运营和作业外包。经济较为发达以及经济不发达地区，迫于城市供水短缺压力以及提升运营效率的激励，大多采取BOT、TOT、ROT、BT等模式。综合来看，自2003年以来，城市供水项目特许经营开始考虑城市特征、项目性质与特许经营模式的匹配问题，更有助于特许经营模式的优化选择。

该时期城市供水行业市场化改革的发展十分迅速，国际水务巨头和国内民营资本进入城市供水行业的数量在逐步增加。同时，特许经营模式也由单一的BOT模式，逐步扩展到BOT、TOT、ROT、BT等多种模式。该阶段推动了城市供水行业的发展，缓解了城市化进程中城市供水行业的供需矛盾，在较大程度上提升了城市供水企业的运行效率和服务水平。

三 规范运作与强化政府管制职能阶段

自2006年至今，城市供水特许经营项目进入规范运作的新阶段，进一步强化了政府管制职能，并越发吸引社会资本参与城市供水行业的建设和运营。自2002年以来，在中央政府的推动下，城市供水行业加快了市场化改革进程，外资、民营等多种所有制企业相继进入，在这一过程中，由于城市供水行业市场化改革的相关法规制度的不健全以及城市政府缺乏市场化改革的运作经验，从而导致城市供水行业市场化改革初期出现了特许经营项目的运作不规范和"管制失灵"问题。为规范城市供水项目的特许经营，提高项目的运行效率和服务水平，减轻地方政府压力，2005年9月，建设部出台了《关于加强市政公用事业监管的意见》，明确提出，要规范市场进入，完善特许经营制度，加强产品和服务质量的监督检查，落实安全防范措施，强化成本监管，转变管理方式，落实监管职责，完善法律法规，依法实施监管，健全监管机构，加强能力建设，统筹监管，稳步推进产权制度改革等重要内容。这标志着城市供水行业进入了规范特许经营制度的新时期与强化城市供水行业政府监管的新阶段。

近年来，国家相继出台多项鼓励社会资本进入城市供水等市政公用事业的政策，这促进了城市供水行业的规范发展。2012年6月，住房和城乡建设部印发《关于进一步鼓励和引导民间资本进入市政公用事业领域的实施意见》，明确提出，"鼓励民间资本通过政府购买服务的模式，进入城市供水等市政公用事业领域的运营和养护"，以及"落实政府监管责任，切实加强对市政公用事业的投资、建设、生产、运营及其相关活动的管理和监督，确保市政公用产品与服务质量"。2013年11月，党的十八届三中全会指出，"允许社会资本通过特许经营方式参与城市基础设施建设和运营"，同时要求"制定非公有制企业进入特许经营领域具体办法"。2015年2月，财政部与住房和城乡建设部联合发布《关于市政公用领域开展政府和社会资本合作项目推介工作的通知》，提出"PPP项目推介工作应注重强化监管，避免资产一卖了之，明确市政公用产品和服务主体责任，提高质量，优化价格，关注百姓切身利益"，明确城市供水项目要坚持规范运作、实行厂网一体以及规范PPP项目操作流程，以及需要住房和城乡建设部门进一步完善和落实市政公用领域特许经营管理制度，拓宽社会资本的进入渠道。中国城市供水行业经过20余年的市场化改革，已确立特许经营或政府和社会资本合作的市场化改革方向，并逐步强化政府监管在城市供水行业市场化改革中的重要作用。

第二节 市场化改革下城市供水行业的投资与建设

投资与建设是城市供水行业持续发展的重要保障。衡量城市供水行业的投资与建设主要涉及三个维度，一是总量维度，即用总体指标来反映中国城市供水行业发展过程中的投资规模与建设规模；二是增量维度,即运用比较思维来反映城市供水行业的发展速度;三是区域差异维度,即通过区域比较的方式反映区域之间城市供水行业的投资与建设差异。为此,本节将从总量维度、增量维度和区域差异维度出发,对城市供水行业的投资与建设情况进行分析。

一 城市供水行业投资的基本现状

自1978年以来,为改变城市供水行业建设能力的落后局面,全面提升城市供水行业的运营能力,我国各级政府以及城市供水企业纷纷采取增加固定资产投资的方式,缓解城市供水行业投资的供需矛盾。为此,本部分将对市场化改革以来我国城市供水行业投资的变化趋势进行分析。

(一)市场化改革推动了城市供水行业固定资产投资的快速增长

根据《中国城市建设统计年鉴》的有关数据,改革开放以来,城市供水行业的固定资产投资总额发生了巨大变化,如图2-1所示。1978年城市供水行业固定资产投资总额为4.70亿元,到2015年投资额已增长到619.93亿元,总体增长了131倍。从市场化改革的阶段性特点来看,1978—1983年,是市场化改革的起步阶段,城市供水行业固定资产投资速度增长缓慢。1984—1991年,随着市场化改革的不断深化,市政设施建设固定资产投资总额增长了3.10倍,而供水行业固定资产投资总额增长了3.79倍。1992—2001年是市场化改革的全面推进阶段,此时市政设施建设固定资产投资增长迅速,2001年已达到169.4亿元,是1992年投资额的7.31倍。相对而言,城市供水行业固定资产投资总额增长较慢,增长速度仅达到3.55倍。2002—2015年是市场化改革深化阶段,市政设施建设固定资产投资增长了4.19倍,而供水行业固定资产投资仅增长了2.62倍。总体来看,城市供水行业固定资产投资与市政设施投资的增长趋势基本一致,随着市场化改革的逐步推进,多元化投融资手段推动了城市供水行业的固定资产投资,缓解了我国城市供水行业发展中的供需矛盾。

由图2-2中可知,尽管城市供水行业固定资产投资增速明显,但相对于市政设施建设投资额以及其他行业的固定资产投资增速而言,城市供水行业固定资产投资增速依然滞后。1978—2015年,我国

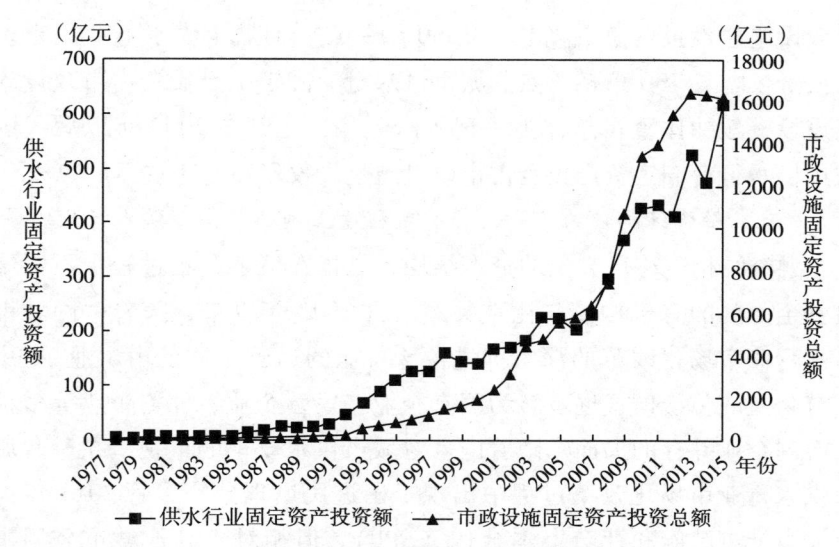

图 2-1　供水行业固定资产投资额与市政设施建设固定资产投资总额比较

资料来源：《中国城市建设统计年鉴（2016）》，中国统计出版社 2016 年版。

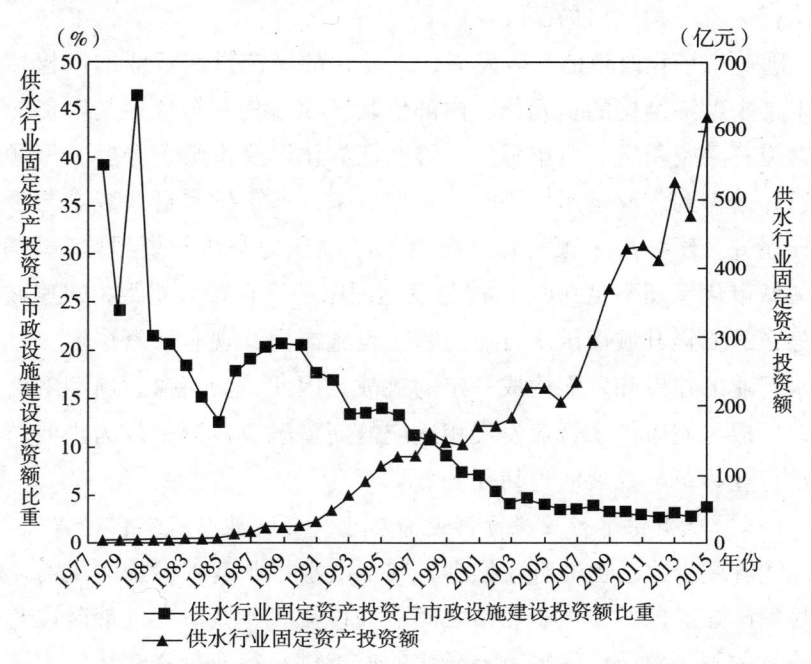

图 2-2　供水行业固定资产投资占市政设施建设投资额比例

资料来源：《中国城市建设统计年鉴（2016）》，中国统计出版社 2016 年版。

市政设施建设投资总额增长了 1350 倍一点，而城市供水行业固定资产投资仅增长 130 倍多一点。城市供水行业固定资产投资占市政设施建设投资额的比重在总体上呈现下降趋势，尤其在 2002 年以后我国城市供水行业固定资产投资占市政设施建设投资额的比重不足 5%。

（二）融资结构较为单一，在一定程度上制约了城市供水行业发展

融资结构也称广义上的资本结构，是指在资金筹集过程中不同渠道资金之间的有机构成与比重关系。自 2002 年以来，随着中国城市供水行业市场化改革的深入推进，该行业的运营主体已由事业单位、国有企业的传统模式逐步转为国有企业、民营企业、外资企业等多种所有制企业并存的局面。随着国家对城市供水安全的重视，在一些城市供水行业市场化改革过程中出现了国进民退现象。尽管 2013 年国家大力推进政府和社会资本合作（PPP），但相对于其他城市公用事业而言，社会资本参与城市供水行业 PPP 项目的热情并不高涨。目前，以国有企业为主、国际大型水务巨头与国内民营企业为辅的城市供水行业资本构成格局已经形成。

随着市场化改革的深入发展，多元化的城市供水行业的产权结构并未带来融资结构的多元化，内部借款、项目贷款等依然是融资的主要渠道，融资租赁、股市融资、资产证券化以及市政债券等新型融资渠道并未得到广泛运用。同时，长期以来，城市供水行业成本与价格倒挂还进一步增加了银行贷款融资的还款压力与再投资风险。目前，中国城市化率还不足 60%，这与发达国家还存在较大差距，快速城市化势必需要提升城市供水行业的基础设施能力，现有融资渠道对城市供水行业的建设和发展构成一定的挑战。因此，如何探索新型融资渠道，形成与城市供水行业发展相适应的新型融资体制，成为当前城市供水行业改革与发展的迫切任务。

（三）城市供水行业投资增速滞后于经济发展与城市化进程

随着城市化进程的有序推进，城市供水行业基础设施的供需矛盾将越发凸显。同时，由于城市之间在人口流入、城市化发展阶段与发展特征的不一致，往往形成差异化的城市供水行业投资趋势。本部分从宏观上分析中国城市供水行业投资增速是否与当前中国城市化和经

济增度相匹配。

城市供水行业发展的本质是为了解决人民日益增长的美好生活需要和不平衡不充分的发展之间的矛盾，满足城镇化进程的客观需求。快速城市化势必增加对自然资源、能源以及生态环境的需求，增加了城市承载力。本书选择国际上通用的供水行业投资占 GDP 比重来反映城市供水行业投资增速与 GDP 增长之间关系，从而对城市供水行业投资增速有效性进行客观判断。

从图 2-3 可知，1978—1993 年，我国经济增长较为缓慢，但该时期城市供水行业投资占 GDP 比重增长较快。1993 年，城市供水行业投资占 GDP 比重达到最高值的 0.2%，是 1978 年的 1.5 倍。1993 年以后，我国经济增长迅速升温，2007 年 GDP 达到 265810 亿元，比 1993 年增长了 7.5 倍。然而，在该时期，城市供水行业投资占 GDP 比重却呈现出下降趋势，到 2007 年城市供水行业投资占比已下降到了 0.09%，总体下降了 55.69%。由此可见，在该时期，我国城市供水行业固定资产投资增速远低于经济增长速度，城市供水行业发展进程缓慢且严重滞后于经济发展与城市化进程。2007 年以后，我国 GDP 增速继续加快，到 2015 年年底，GDP 已增长到 676708 亿元；而该段时期，城市供水行业固定资产投资占 GDP 比重呈缓慢下降趋势，且 2010 年以后城市供水行业固定资产投资占 GDP 的平均比重不足 0.09%。总体而言，1978—2015 年，我国经济发展经历了一个快速增长阶段，但在该时期，我国城市供水行业发展速度并未跟上经济发展步伐，城市供水行业固定资产投资增速相对缓慢。

（四）多元的内外投资主体结构已经形成

与发达国家相比，中国城市供水行业市场化改革始于外资进入，随后形成国内民营企业逐渐进入的局面。市场化改革初期，城市供水行业的供需矛盾导致早期对外资的依赖，早在 1992 年法国苏伊士水务投资广东省中山市坦洲自来水公司，随后法国威望迪通用水务、英国泰晤士水务以及苏伊士水务、汇津公司、柏林水务、金州水务等纷纷进入中国城市供水市场。外资进入依靠雄厚的资本、先进的生产技术和管理经验，市场化改革初期，在中国城市供水市场竞争中占据较

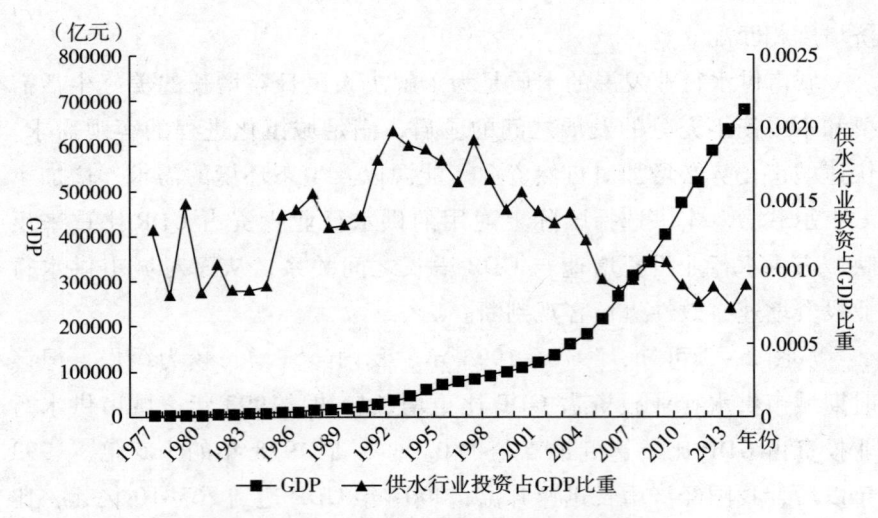

图 2-3　供水行业固定资产投资占 GDP 比重

资料来源:《中国城市建设统计年鉴(2016)》,中国统计出版社 2016 年版。

大优势。除了外资对中国城市供水行业的推动作用,国内资本的进入也促进了投资结构的变化。目前活跃于国内供水市场的内资企业主要分为新建或改组的供水公司、上市公司和民营企业三类。其中,上市公司通过对原有主营水务的上市公司采取扩张战略,实现做大做强,以及将一些非供水主业的上市公司以并购水厂或组建合资公司等方式向水务产业渗透,不断推进城市供水行业发展,如锦龙股份、国中水务、桑德环境、重庆水务、洪城水务、兴蓉投资、钱江水利、瀚蓝环境、创业环保、武汉控股、中山水务、江南水务等上市公司。目前来看,只有少数城市供水企业进行了混合所有制股权改革,如常熟中法水务、长沙水业集团、珠海水务、江南水务等。民营资本利用其机制灵活的优势进入中国城市供水市场,如北京桑德集团、邹平黄河供水有限责任公司、济南鹊华制水有限公司、乐山沙湾中阳水务有限公司等。中国中小城镇数量较多且城市供水行业市场需求巨大,从而为民营企业提供了广阔发展空间,但是,由于民营企业资信和实力等问题,增加了进入中国城市供水市场的难度。

二　城市供水行业投资的典型问题

市场化改革推动了中国城市供水行业的快速发展,形成了多元化的产权结构，扩展了投融资渠道，减轻了政府的财政负担，引进了先进的管理理念，提高了城市供水企业的运营效率和管理效能，但是，在中国城市供水行业投资过程中依然存在一些问题，并在一定程度上制约了该行业的快速发展。

（一）以资产为核心的长期投资成为市场化的主流

从理论上看，社会资本参与城市供水行业市场化改革存在多种方式，既有涉及资产的 BOT、TOT 等模式，也有不涉及资产转让或资产新建的合资合作、委托运营等模式。是否涉及资产环节的市场化模式决定了社会资本方与政府的权责分配与利益归属，直接决定项目的风险与收益。从城市供水行业市场化改革历程来看，各种投资主体参与城市供水行业的方式主要以 BOT 模式和 TOT 模式为主的长期合约，投资数额或资产转让数额较大，特许经营期较长，在项目运营期内可能出现一系列的标准更迭等问题，从而增加了特许经营期内城市供水市场化改革项目的运作风险。因此，随着中国地方政府财力的提升以及现代治理体系的应用，应分类设计城市供水行业市场化改革模式，从而实现城市供水行业市场化改革项目的有序推进与模式优化。

（二）国有资本为主体的投资结构并未得到根本转变

以 BOT 模式为主，以国际水务资本通过建设水厂、购买外国设备的方式进入城市供水行业成为中国城市供水行业市场化改革初期的典型特征。在这一过程中，出现了固定回报或变相固定回报以及保底服务量问题，即以 8%—12% 作为项目的投资回报率，从而使城市供水市场化项目成为稳赚不赔的买卖，最终增加政府负担。随后，一些民营企业开始进入中国城市供水市场，形成国有、民营、外资等多元化的投资结构。但是，从城市供水行业产权结构来看，国有独资和国有控股为主、非国有资本对国有资本形成必要补充是当前的主要特征。原因在于：一旦民营和外资企业占有控制权后，政府将难以控制或有效监管外资或民营资本，从而对生产生活用水的安全性构成一定的威胁，进而增加民营企业、外资企业进入中国城市供水行业的风险。为此，在充分考虑城市供水产品的安全属性的基础上，地方政府对城市供水产品实行以国有企业投资为主体的模式，将有助于保护中国城市供水安全，有利于供水调度和保障人民福祉。

（三）城市供水行业投资呈现出供给过度与供给不足的双重特征

总体而言，中国城市供水行业投资呈现出逐年增加的趋势，但在区域上和投资结构上呈现出发展不平衡的特点，即一些地区的投资热度较高、一些地区的投资热度较低，以及国有资本的参与热情较高、民营资本和外国资本的参与热情不高。随着中国经济实力的增强，以及地方政府城市供水行业市场化改革可能带来的不可控风险，为此，21世纪以来特别是2010年以后，国进民退以及慎重市场化改革成为城市供水行业发展的重要内容。与其他行业类似，在一些省市出现了城市供水行业过度投资问题，推进了城市供水行业基础设施的快速建设。但在一些西部地区和经济欠发达地区，由于地方政府财力受限以及吸引民营资本和外国资本的动力不足，从而制约了城市供水行业基础设施的投资布局。

三 城市供水行业建设的基本现状

城市供水行业建设的目的主要有两个：一是提高城市供水行业的综合生产能力，即提高供水设施取水、净化、送水、出厂输水干管等环节的能力；二是通过加大供水管网设施建设提高管网的运输能力。本部分将从城市供水综合生产能力和城市供水管道长度两个方面对城市供水行业现状进行分析，并对比不同时期、不同地区城市供水行业建设现状差异。

（一）城市供水综合生产能力

由图2-4所知，1978—2015年，总体上看，中国城市供水综合生产能力逐步递增，但不同时期，增长速度略有差异。由于1986年统计口径发生变化，本书以1986年作为基期对我国城市供水综合生产能力的变化情况进行分析。1986年，我国城市供水行业供水综合生产能力为10407.90万立方米/日，2015年增长到29678.26万立方米/日，城市供水行业综合生产能力日均增加664.50万立方米。1986—2000年，中国城市供水行业综合生产能力增长速度最快，增长率达到了109.86%。而2001—2005年，城市供水行业综合生产能力增速放缓，增长率仅达到7.95%，到2005—2010年，城市供水行业综合生产能力增长率下降到了 2.36%。2011—2015 年，我国城市供水行业综合生产能力增长率出现了短时期的上升，增长率回升到 11.28%，比"十一五"期间增长了 8.93%。

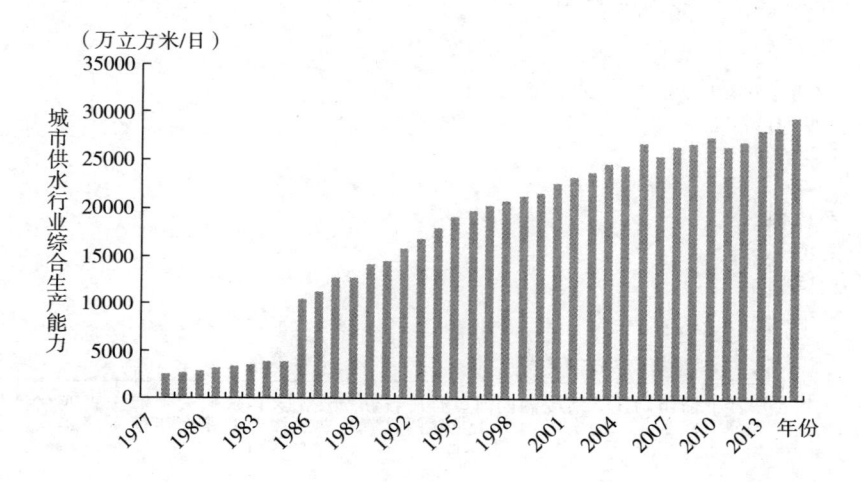

图 2-4 1978—2015 年城市供水行业综合生产能力变化情况

资料来源：《中国城市建设统计年鉴（2016）》，中国统计出版社 2016 年版。

2015 年，城市供水行业综合生产能力为 29678.26 万立方米/日，省际均值为 957.36 万立方米/日，如图 2-5 所示。广东、江苏、北京、浙江以及山东的城市供水行业综合生产能力较强，排在全国前 5 位；广东最高，达到了 3913.77 万立方米/日；江苏次之，为 3104.12 万立方米/日；排名第三的是北京，为 2496.71 万立方米/日。另外，共有 11 个省份的城市供水行业综合生产能力超过了 1000 万立方米/日。相对而言，贵州、海南、宁夏、青海以及西藏的城市供水行业综合生产能力排名后五位。其中，西藏最低，仅为 56.5 万立方米/日，只有排名第一的广东省综合生产能力的 1.44%，而排名后五位的城市综合生产能力总和也仅为 1631.17 万立方米/日。由此可见，我国城市供水行业综合生产能力在区域上存在显著差异。总体来看，东部地区城市供水行业综合生产能力最强，中部地区次之，西部地区最弱。

未来一段时间内,应结合城市供水设施需求、经济发展水平、省际人口等,在保障东部地区城市供水行业综合生产能力的同时,加大对中西部地区城市供水设施的投入,缩小中西部地区与东部地区城市供水行业综合生产能力的差距。

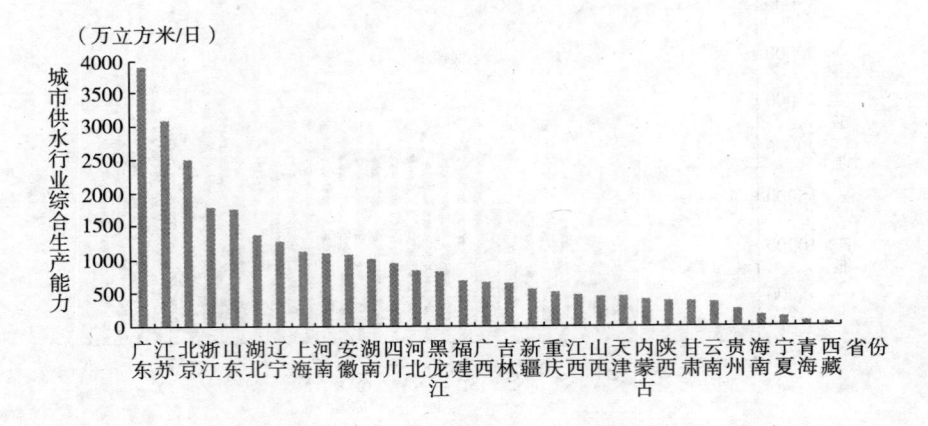

图 2-5　2015 年中国省际城市供水行业综合生产能力变化情况

资料来源:《中国城市建设统计年鉴(2016)》,中国统计出版社 2016 年版。

(二) 城市供水管道长度

由图 2-6 可知,1978—2015 年,随着我国城市供水行业固定资产投资额的增加,城市供水管道长度呈现出逐年增长趋势,由 1978 年的 3.60 万千米,增加到 2015 年的 71.02 万千米,增长近 19 倍,不断增加的城市供水管道长度,推动了中国城市供水行业的快速发展。

由于 1995 年供水管道长度统计口径出现变化,本书以 1995 年为基期,对近 20 年城市供水管道增长速度与城市供水行业固定资产投资额增长速度进行比较,整体来看,城市供水管道长度增长速度较为平稳,且与供水行业固定资产投资额增长速度基本一致。

从 2015 年中国各省份城市供水管道长度来看,在东部、中部和西部三大区域范围内呈现出一定的异质性特征。从各省份城市供水管道长度来看(见图 2-7),超过 3 万千米的省份主要有广东、江苏、浙江、山东、辽宁、上海、湖北、四川。其中,广东的城市供水管道最长，约10万千米；江苏次之，约7.9万千米。另外，多数西部省份的供水管道长度高于1万千米，仅有贵州、新疆、内蒙古、陕西、甘肃、海南等省份的供水管道长度低于1万千米。其中，海南、青海、宁夏、西藏的供水管道长度甚至低于5000千米。整体来看，东部沿海城市供水管道长度较长，而西北地区供水管道长度相对较低。

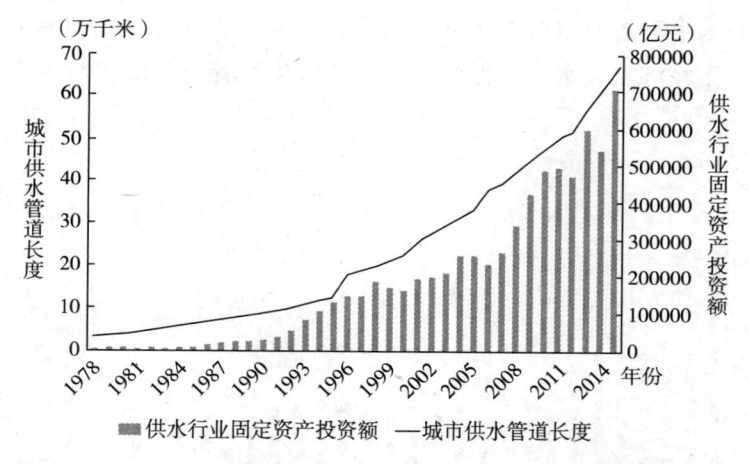

图 2-6　1978—2015 年城市供水管道长度与供水行业固定资产投资额

资料来源：《中国城市建设统计年鉴（2016）》，中国统计出版社2016年版。

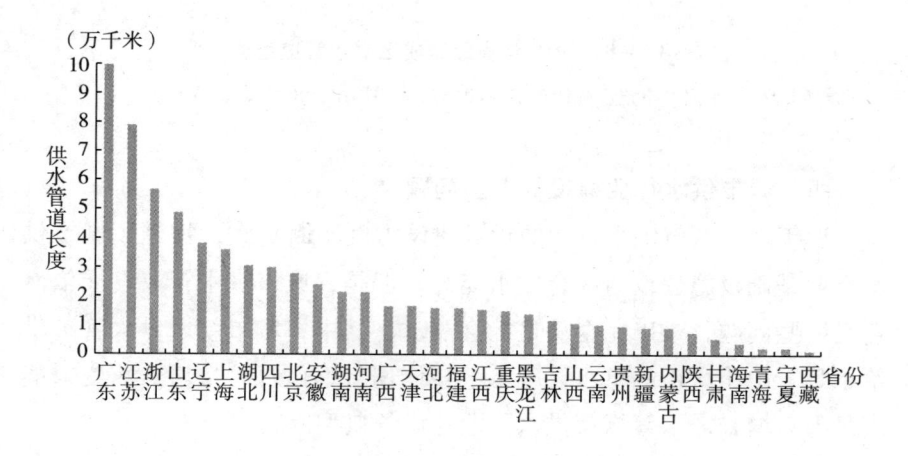

图 2-7　2015 年省际城市供水管道长度

资料来源：《中国城市建设统计年鉴（2016）》，中国统计出版社2016年版。

进一步地,从省际建成区城市供水管道密度来看,上海的供水管道密度最高,达到36.43千米/平方千米,比排名第二的浙江供水管道密度高67.19%（见图2-8）。北京、天津、江苏的供水管道密度排在第3—5位。多数地区供水管道密度在10—20千米/平方千米。河北、黑龙江、新疆、内蒙古、陕西、甘肃、宁夏等12个省份建成区供水管道密度相对较低,均低于10千米/平方千米。总体来看,经济发展水平高的城市对供水管道的投资较高。因此,城市供水管道密度高,而经济发展水平较低的西北部地区供水管道密度相对较低。

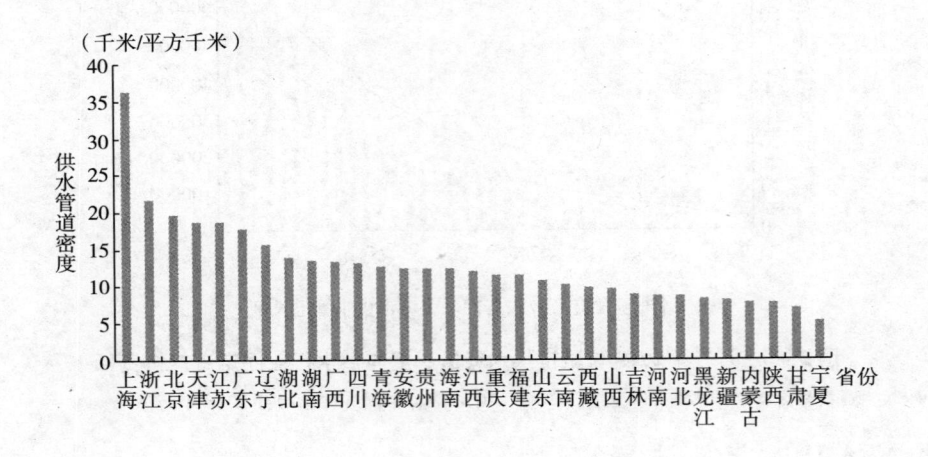

图2-8 2015年省际建成区供水管道密度

资料来源：《中国城市建设统计年鉴（2016）》,中国统计出版社2016年版。

四 城市供水行业建设的典型问题

近年来,城市供水行业的投资建设力度不断加大,提升了城市供水行业基础设施建设与综合供水能力,但是,城市供水行业发展依然存在一些问题,难以完全满足社会需求。其中,城市新增供水管道供给不足、中小城市的供水设施水平整体偏低、供水总量增长速度未能满足人口增长需求等城市供水行业建设的典型问题。

（一）城市新增供水管道供给不足

随着城市化进程的快速推进,城市规模在不断扩大,从而进一步催生了城市居民的供水需求。在城市化进程不断加快的背景下，城市供水行业出现了供水管道供给不足问题，影响了居民生活质量。如图2-9所示，1978—2015年，我国城市新增管道长度占管道总长度比重呈现出周期性变化趋势，且新增管道长度占比总体上呈现出先增后降趋势。具体来说，1978—1994年，我国城市平均新增管道长度占管道总长度比重为1.36%；1995—2005年，新管道长度占比升高到4.69%；2006—2015年，新增管道长度占比下降到1.24%。2006年至今是中国城市化进程快速发展时期，且随着房地产行业的快速发展，居民对新增管道需求不断扩大，因此，未来一段时期内需要进一步提升新增管道占比。

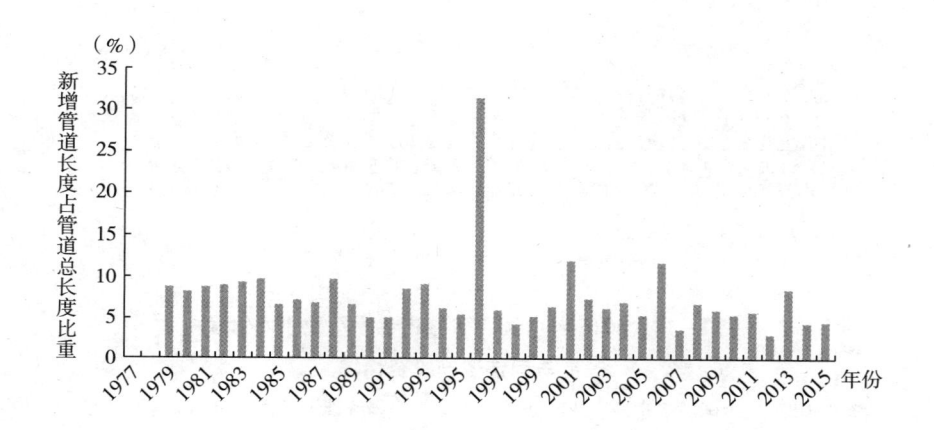

图2-9　城市新增管道长度占管道总长度比重

资料来源：《中国城市建设统计年鉴（2016）》，中国统计出版社2016年版。

（二）供水设施水平区域间不平衡

中国城市供水设施水平呈现出区域发展不平衡特征。东部地区城市供水管道长度占全国供水管道长度的64%，是中部地区（23%）的2.78倍，是西部地区（13%）的4.92倍。东部、中部、西部地区供水设施水平发展不平衡下，我国不断加大西部地区城市供水行业投资，西部地区城市供水行业固定资产投资额由2010年的426.8亿元增长到2015年的619.9亿元。但城市供水行业固定资产投资额的增加并未提高该地区供水设施水平。如图2-10所示,新疆、内蒙古、甘肃、吉林、安徽等地区固定资产投资额排名相对靠前,尽管投资额有所增加,但西部地区供水设施水平依然落后。由此可见,城市供水投资额的增加并未带来供水设施水平的提升,现阶段中国应关注城市供水行业固定资产投资效果,多渠道缩小东部、中部、西部三大区域城市供水行业基础设施的差距。

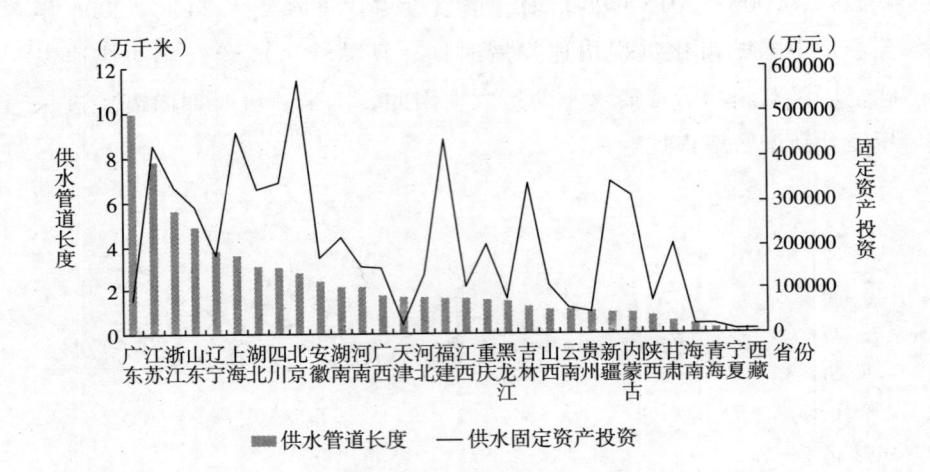

图2-10 2015年中国各省城市供水行业供水管道长度与固定资产投资情况

资料来源:《中国城市建设统计年鉴(2016)》,中国统计出版社2016年版。

(三)供水总量增长不足

城市化进程的不断推进,加大了城市居民对城市供水总量的需求,当前城市供水增长滞后与城市人口增加,因此,需要提高城市供水总量,以满足城市居民需求。如图2-11所示,1980—1990年,供水总量增长率略高于城市用水人口增长率。1990—1997年,我国开始出现供水总量增长率低于用水人口增长率情况,该时期水资源稀缺程度较轻,供水基本满足城市居民需求。1997—2017年,供水总量增加难以满足人口增长,城市出现一定程度的水资源短缺现象。因此,需要适时调整用水制度,培养居民节约用水意识。

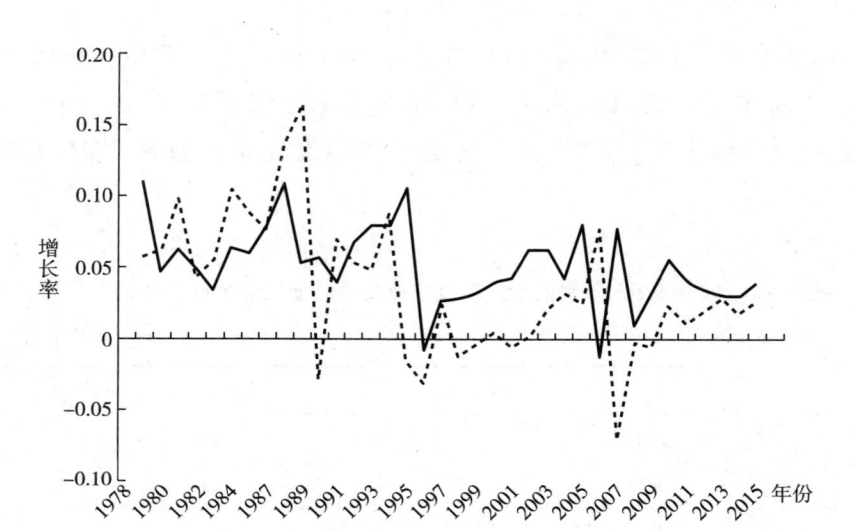

图 2-11 2015 年中国各省份供水总量增长率与用水人口增长率

资料来源：《中国城市建设统计年鉴（2016）》，中国统计出版社 2016 年版。

第三节 市场化改革下城市供水行业的生产与供应

随着经济社会的快速发展和城市化进程的快速推进，我国城市供水行业的供水量、用水普及率等反映城市供水行业生产与供应能力的指标获得了大幅提升。因此，本部分将从城市供水企业生产的基本情况、供水企业供应的基本情况资金运营情况和城市供水量三个方面对供水行业生产与供应进行分析。

一 供水企业生产的基本情况

（一）供水企业数量情况

2004—2015 年，由于产业结构的战略调整，水的生产和供应行业的企业数量呈现出波动变化趋势。2004—2006 年，企业数量保持在 2400 家以上，随后于 2007 年下降至 1735 家；2008—2010 年，我国水生产和供应行业的企业数量维持在2000家以上。其中，2010年超过2100家，2011年水生产和供应企业数下降到1110家，随后企业数量缓慢上升；2015年，水的生产和供应企业数达到1621家（见表2-2）。

表2-2 2004—2015年水的生产和供应业规模以上工业企业单位数

单位：个

年份	企业单位数
2004	2416
2005	2492
2006	2476
2007	1735
2008	2052
2009	2064
2010	2109
2011	1110
2012	1259
2013	1376
2014	1495
2015	1621

资料来源：《中国统计年鉴》（2005—2016），中国统计出版社。

（二）供水企业盈利与亏损情况

2004—2006年，我国城市供水企业亏损企业数基本在1100家左右。2006年以来，亏损企业显著降低，这一方面是因为行业内企业数量在不断下降，另一方面可能来源于企业自身效益的增加。同时，城市供水行业在2005年出现负利润后，2006年大幅增长，此后除2009年和2012年略有下降外，整体呈现稳定增长趋势，这说明近年来城市供水行业总体经营状况在不断增强（见表2-3）。

表2-3　2004—2015年规模及以上城市供水企业盈利与亏损情况

单位：个、亿元

年份	亏损企业单位数	亏损企业亏损总额	利润总额
2004	1131	21.42	5.09
2005	1204	32.00	-1.46
2006	1164	28.68	24.24
2007	681	30.90	30.89
2008	740	47.73	27.07
2009	759	51.13	25.35
2010	698	57.53	60.25
2011	317	46.69	74.80
2012	358	53.95	72.55
2013	370	53.67	104.13
2014	383	55.41	151.22
2015	396	55.86	187.69

资料来源：《中国统计年鉴》（2005—2016），中国统计出版社。

（三）供水企业资产总量

由于城市供水行业的战略重组，整个城市供水行业的总资产以及流动资产呈现出逐年上升的趋势。2015年，我国城市供水企业资产总额是2004年的4.28倍；2015年城市供水企业流动资产是2005年的4.82倍。与此同时，城市供水行业的总负债也呈现出稳步增长趋势，但资产负债率基本维持在50%左右（见表2-4）。

表2-4　2004—2015年规模及以上城市供水企业资产总量情况

单位：亿元、%

年份	总资产	流动资产总额	总负债	资产负债率
2004	2495.96	—	1128.78	45.22
2005	2896.75	692.5	1385.71	47.84
2006	3596.52	859.69	1814.95	50.46
2007	3849.09	958.8	1980.70	51.46
2008	4394.16	1006.59	2279.61	51.88

续表

年份	总资产	流动资产总额	总负债	资产负债率
2009	4962.00	1171.23	2644.04	53.29
2010	5539.15	1348.86	2998.25	54.13
2011	5558.20	1371.30	2982.10	53.65
2012	6484.49	1819.04	3615.80	55.76
2013	7520.36	2250.60	4232.24	56.28
2014	8717.14	2717.86	5018.65	57.57
2015	10691.94	3333.77	6013.36	56.24

资料来源：《中国统计年鉴》（2005—2016），中国统计出版社。

（四）各省份供水企业资产情况分析

由表2-5中2015年我国各省份城市供水资产情况可知，江苏城市供水行业固定资产净值全国最高，达到了297.67亿元；广东、浙江、上海和山东的城市供水行业固定资产净值位居全国第2—5位，均超过100亿元。相对而言，贵州、内蒙古、海南、宁夏、陕西五省份的城市供水企业固定资产净值排在全国后5位。其中，陕西的城市供水企业固定资产净值仅为13.38亿元。同时，从固定资产原值来看，全国总体为3906.52亿元。其中，广东最高，达到了526.93亿元。浙江、江苏、辽宁、上海、北京、山东分列第2—7位，且固定资产原值超过了200亿元。贵州、海南、内蒙古、陕西、宁夏的供水企业固定资产原值排在全国后5位，且均低于50亿元。其中，宁夏供水企业固定资产原值最低，仅为28.32亿元。

表2-5　　　　**2015年我国各省份供水企业资产情况**　　　　单位：亿元

地区	固定资产原值	固定资产净值
全国	3906.52	2608.81
北京	217.77	101.55
天津	131.38	80.75
河北	71.63	36.45

续表

地区	固定资产原值	固定资产净值
山西	56.70	33.88
内蒙古	36.12	26.07
辽宁	252.95	118.61
吉林	87.64	50.78
黑龙江	109.36	56.89
上海	246.39	131.51
江苏	399.49	297.67
浙江	412.82	249.95
安徽	106.89	64.04
福建	134.40	81.32
江西	56.62	33.45
山东	201.99	128.81
河南	102.12	35.03
湖北	120.69	70.74
湖南	56.63	37.89
广东	526.93	277.77
广西	64.44	36.25
海南	36.71	26.04
重庆	64.93	41.62
四川	155.00	103.04
贵州	41.64	29.92
云南	139.75	104.91
陕西	35.37	13.38
宁夏	28.32	18.42

资料来源：中国城市供水排水协会：《中国城市供水统计年鉴（2016）》。说明，由于西藏、甘肃、青海、新疆4省份中该指标数据缺失，为此，该表中不包括上述4省份。

（五）各省份供水企业利润情况分析

由表2-6可知，2015年我国各省份供水企业净利润排在前5位的分别是广东、四川、江苏、浙江、江西，吉林、山西、内蒙古、辽宁年净利润在 1000 万元以下，排在后 4 位。其中，排名最后 1 位的辽宁供水企业年净利润仅为排名第 1 的四川的 0.09%，由此可见，省际城市供水企业盈利能力存在显著差别。同时，从省份供水企业利润总额来看，全国总体为 622140.39 万元。其中，广东、四川两省的供水企业利润较高，位列全国前两位，且均超过 10 亿元。江苏、浙江、江西分列第 3—5 位。相对而言，吉林、山西、内蒙古、辽宁的供水企业利润总额相对较低，均低于 1000 万元。其中，山西为 173.72 万元，内蒙古为 83.53 万元，辽宁仅为 56.60 万元。

表 2-6　　　　2015 年我国各省份供水企业利润情况　　　单位：万元

地区	利润总额	净利润
全国	622140.39	489701.72
北京	10117.36	8923.46
天津	7050.27	7031.36
河北	5781.33	4535.89
山西	183.72	137.79
内蒙古	83.53	83.53
辽宁	56.60	79.60
吉林	949.00	911.00
黑龙江	6371.20	5195.32
上海	24634.00	18641.00
江苏	90567.28	69557.95
浙江	56405.71	46857.05
安徽	15769.84	10763.37
福建	12079.43	9471.63
江西	39321.78	30827.65
山东	14667.21	12480.49
河南	2705.87	1854.18
湖北	12360.43	11485.43
湖南	7187.41	5644.36
广东	104424.81	85861.66
广西	27219.77	23196.55

续表

地区	利润总额	净利润
海南	11946.04	9035.73
重庆	13361.98	11659.34
四川	105484.25	69923.44
贵州	11696.04	9782.78
云南	24742.90	20993.57
陕西	5104.22	4300.46
宁夏	4531.92	4234.13

资料来源：中国城市供水排水协会：《中国城市供水统计年鉴（2016）》。说明，由于西藏、甘肃、青海、新疆4省份中该指标数据缺失，为此，该表中不包括上述4省份。

（六）各省份供水企业销售收入情况分析

由表2-7可知，2015年我国各省份供水企业销售收入总和为840.13亿元。广东、江苏、浙江、上海、四川的供水企业销售收入排在全国前5位。其中，广东城市供水行业销售收入最高，为118.91亿元。相比较而言，贵州、内蒙古、海南、宁夏的供水企业销售收入较低，排在全国后5位。其中，贵州城市供水企业销售收入为10.65亿元，内蒙古为9.94亿元，海南为9.67亿元，宁夏仅为3.97亿元。

表2-7　　　2015年我国各省供水企业销售收入情况　　　单位：亿元

地区	销售收入
全国	840.13
北京	36.44
天津	33.35
河北	23.96
山西	16.13
内蒙古	9.94
辽宁	37.19
吉林	17.14
黑龙江	28.28

续表

地区	销售收入
上海	52.00
江苏	76.05
浙江	75.53
安徽	24.56
福建	25.70
江西	32.60
山东	40.10
河南	22.31
湖北	17.05
湖南	15.13
广东	118.91
广西	18.03
海南	9.67
重庆	16.63
四川	44.40
贵州	10.65
云南	16.80
陕西	14.74
宁夏	3.97

资料来源：中国城市供水排水协会：《中国城市供水统计年鉴（2016）》。说明，由于西藏、甘肃、青海、新疆4省份中该指标数据缺失，为此，该表中不包括上述4省份。

（七）各省份供水企业工资情况分析

由表2-8可知，2015年我国各省份供水企业工资总额为166.21亿元，从业人员数量为28.71万人，人均工资5.79万元。上海、天津、江苏、北京、河北的供水企业人均工资较高，排在全国前5位。其中，上海供水企业的人均工资最高，达到了12.01万元。相对而言，城市供水企业人均工资低于5万元的省份有9个，分别是广西、安徽、海南、内蒙古、山西、辽宁、吉林、河南和湖北。其中，吉林、河南、湖北均低于4万元。

表2-8　　2015年我国各省份供水企业工资及从业人员情况

单位：万元、人

地区	工资总额	从业人员	人均工资
全国	1662051.32	287076	5.79
北京	85519.00	9354	9.14
天津	52513.14	5352	9.81
河北	100010.73	12691	7.88
山西	50457.92	11148	4.53
内蒙古	28799.85	6007	4.79
辽宁	124507.98	28482	4.37
吉林	48414.00	12149	3.99
黑龙江	89340.27	17733	5.04
上海	56115.00	4674	12.01
江苏	152215.12	15858	9.60
浙江	108325.22	14750	7.34
安徽	43728.20	8796	4.97
福建	39916.85	7352	5.43
江西	60826.18	7913	7.69
山东	103049.10	19755	5.22
河南	76968.90	20438	3.77
湖北	45187.72	13972	3.23
湖南	27550.47	3798	7.25
广东	169271.30	26308	6.43
广西	34912.64	7010	4.98
海南	18935.17	3899	4.86
四川	69706.92	10149	6.87
贵州	25495.84	4127	6.18
陕西	36110.74	6527	5.53
宁夏	11105.06	1889	5.88

资料来源：中国城市供水排水协会：《中国城市供水统计年鉴（2016）》。说明，由于重庆、云南、西藏、甘肃、青海、新疆6省份中该指标数据缺失，为此，该表中不包括上述6省份。

二 供水企业供应的基本情况

(一) 供水量总体情况

如图2-12所示，中国供水量的变化趋势与城市供水行业固定资产投资的变化趋势基本一致。其变化趋势可以分为三个阶段，第一阶段为1978—1985年，该阶段供水量增长幅度较慢，仅由1978年的787507万立方米/日增长到1985年的1280238万立方米/日，总体增长1.63倍。第二阶段为1986—1994年，供水量增长最快，到1994年供水量已增长到4894620万立方米/日，是1985年的3.82倍。第三阶段是1995—2015年，该阶段供水总量增长速度放缓，且大体维持在比较均衡的供水水平，2015年的供水量为5604729万立方米/日，比1995年增长了16.39%。由此可见，我国供水量呈现一个"S"形的增长趋势，在改革开放之初，由于技术设备限制供水量增长速度缓慢；随着经济发展、技术进步以及对水资源需求量的提升，供水量进入快速增长阶段。而1995年以后随着居民文化素质的提高、水资源稀缺性的特点显现以及节水意识的提升，城市供水量的增长速度开始放缓。

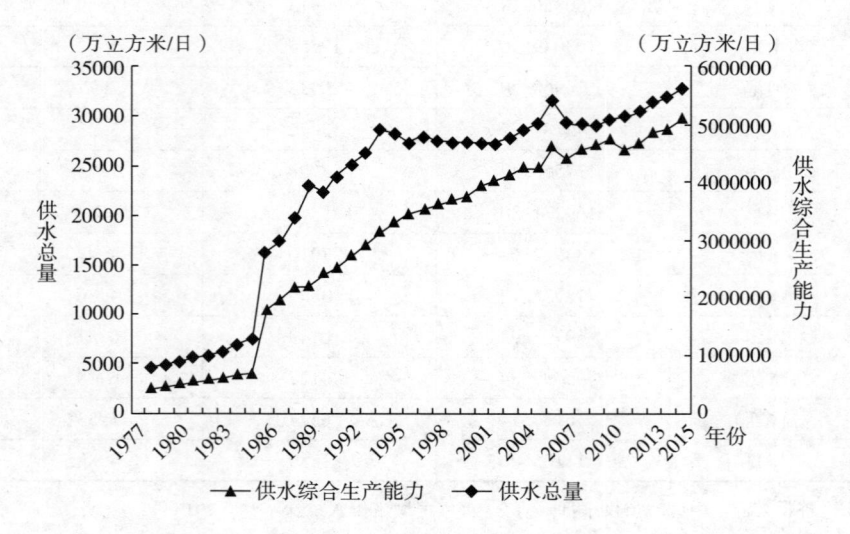

图2-12 1978—2015年中国城市供水行业供水量情况

资料来源：《中国城市建设统计年鉴（2015）》，中国统计出版社2015年版。

如图 2-13 所示，总体上看，我国供水总量增长率、GDP 增长率和城市化程度增长率三者变化趋势基本一致，这说明随着经济的增长、城市化进程的增快，供水量的需求也在不断加快。进一步地，1995 年以前，我国供水总量平均增速为 7.36%，略低于 GDP 的增长速率，但总体高于城市化率的增长水平。然而 1995 年以后，我国城市化率的增长速率开始放缓，平均增速仅为 0.69%。因此，1995 年以来，尽管我国城市供水总量不断提升，但相对供给明显不足，供水总量增长速度滞后于城市化和经济发展的基本需求。随着我国经济总量的扩大和城市化进程的不断加快，城市供水总量仍有进一步增长空间。

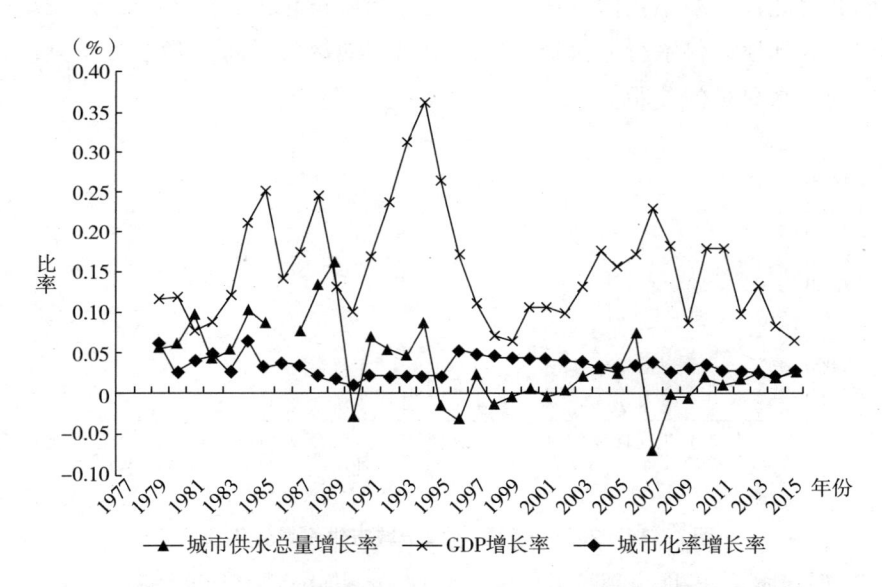

图 2-13 城市供水总量增长率、GDP 增长率和城市化率增长速度对比

资料来源：《中国城市建设统计年鉴（2016）》《中国统计年鉴（2016）》。

（二）供水量省际差异情况

如图 2-14 所示，2015 年，我国各省份城市供水总量呈现出明显的地区差异，总体来看，东部沿海地区的供水总量最高，其次是经济较为发达的中部地区，而经济相对落后、城市化水平相对较低的西北部地区的供水总量相比于其他地区呈现出明显的供水不足。具体来说，2015年，我国各省份平均供水总量为180797.7万立方米，供水总量排名前5地区有广东、江苏、山东、浙江以及上海，其中，广东供水总量为852512.28万立方米，是各省份平均供水总量的4.72倍；江苏供水总量达到506719.39万立方米，是各省份平均供水总量的2.80倍。另外，贵州、甘肃、海南、宁夏、青海5个省份供水总量较低，排在全国后5位，5个省份的供水总量合计仅为172648.45万立方米，比供水总量均值低8149万立方米。由此可见，我国城市供水总量存在显著的区域差异，与城市经济发展水平和城市化进程相类似，东部地区城市供水总量较高，中西部地区城市供水总量相对较低。因此，为缩小我国各地区经济发展和城市化进程的差距，需要增加中西部地区供水行业投资，提高中西部地区的供水总量，缩小其与平均供水总量的差距。

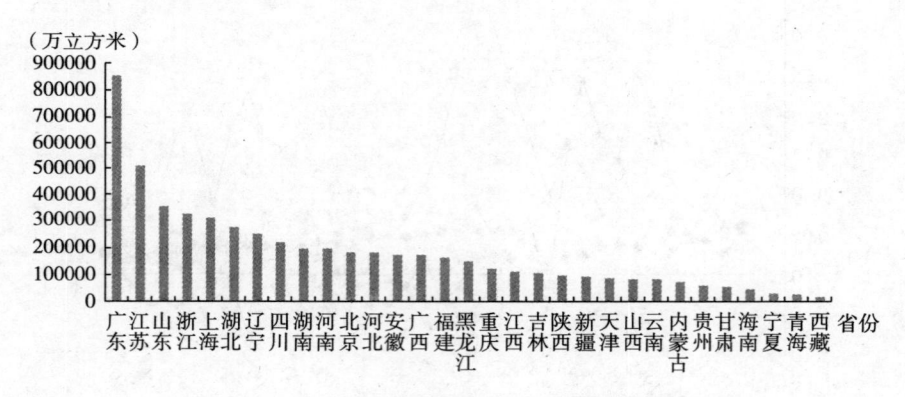

图2-14 2015年我国各省份城市供水量变化情况

资料来源：《中国城市建设统计年鉴（2016）》，中国统计出版社2016年版。

（三）供水量基本构成及使用情况

城市供水量由公共供水量和自建供水量两部分构成。其中，公共供水在城市供水中占据主导地位，2015年，全国城市公共供水综合生产能力2.15亿立方米/日，比2014年下降了2.71%，年供水总量455.33亿立方米，环比下降3.08%，用水人口4.28亿。2015年，自建设施供水综合生产能力0.69亿立方米/日，相比2014年上升了4.54%，年供水总量81.97亿立方米，环比上升6.62%，用水人口

2268.08万。由此可见,在中国城市供水行业中,相比自建供水设施而言,公共供水设施占据较大比重(见图2-15),且2015年的公共供水设施占比低于2014年,而自建供水设施占比略有上升。

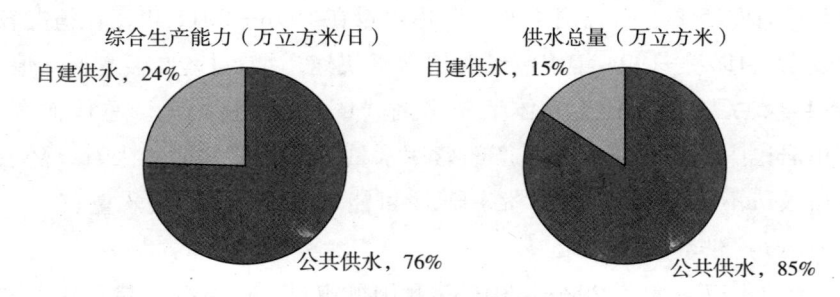

图2-15 2015年城市公共供水与自建设施供水

资料来源:《中国城市建设统计年鉴(2016)》,中国统计出版社2016年版。

城市居民生活用水和生产经营用水是城市用水的重要组成部分。本部分将分析1978—2015年城市生活用水量和生产经营用水量的变化趋势,从而探讨近年来我国城市供水量急剧上升的主要原因。如图2-16所示,从生活用水量的变化趋势来看,1978—2015年,我国城

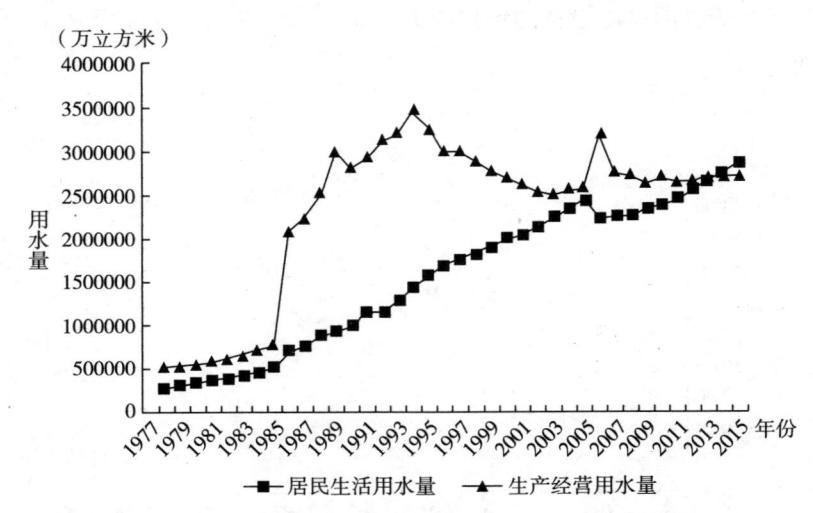

图2-16 城市供水中的居民生活用量与生产经营用水量的变化情况

注:生活用水量约等于公共服务用水量和居民家庭用水量之和。

资料来源:《中国城市建设统计年鉴(2016)》,中国统计出版社2016年版。

市生活用水总量平稳上升，平均增长量达到70184.89万立方米，在2006年生活用水量出现了短暂降低，随后仍然保持之前的增长水平，到2015年我国城市生活用水总量上升到287.2695亿立方米，占用水总量的51.25%。而我国生产经营用水量在1978—2015年变化情况较为复杂，1978—1994年生产经营用水量快速递增，1994年达到峰值，1994年之后出现回落，整体呈现出倒"U"形变化趋势。总体而言，城市居民生活用水量低于生产经营用水量，但从变化趋势来看，随着城市人口不断增加，城市生活用水量可能赶超城市生产用水量。

（四）供水漏损情况

图2-17显示了2006—2015年我国城市供水中漏损水量占供水总量的百分比。总体来看，我国城市供水漏损水量占比不断增加，2006年漏损水量占比为9.79%，到2015年漏损水量占比增长到15.21%，年均增长0.60%。2006—2012年，我国城市供水漏损水量占比逐年增加，总体增长了3.46%；2012—2014年出现了轻微回落，城市供水行业漏损水量占比降低了0.16%；到2015年漏损水量占比短时期剧增到15.21%。由此可见，尽管我国城市供水总量不断增加，但是，在一定程度上由于管网设施设备的维护能力较弱，从而导致管网漏损率在不断增加。

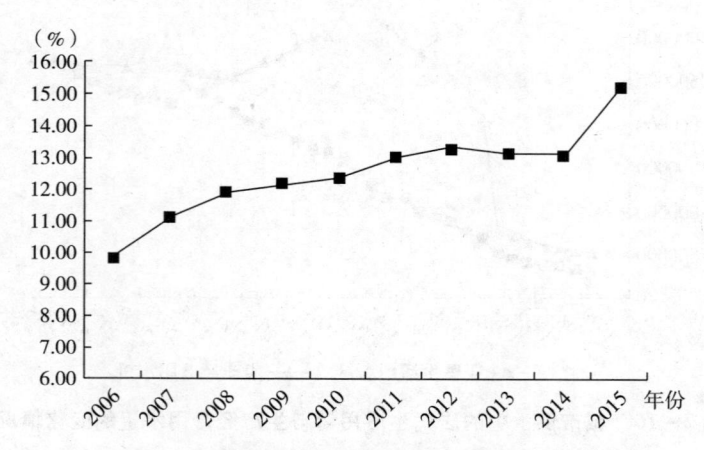

图2-17 我国城市供水中漏损水量占供水总量百分比

资料来源：《中国城市建设统计年鉴（2016）》，中国统计出版社2016年版。

根据《中国城市建设统计年鉴（2016）》，2015年，全国城市供水漏损水量占供水总量比重为15.21%。其中，仅有山西和甘肃的漏损水量占供水总量比重低于10%，而辽宁、吉林、黑龙江、福建的漏损水量占比超过了20%，吉林漏损水量占比最大，达到了30.81%。在全国659个城市中，漏损水量占比超过10%的有563个城市，约占我国城市总数的85.43%，相比于2014年增长了23.43%。漏损水量占比超过20%的城市共149个，占我国城市总数的22.61%，相比于2014年增长了6.11%。

（五）供水普及情况

图2-18显示了1978—2015年我国城市供水中的居民人均日生活供水量和用水普及率的基本情况。从图中可以看出，居民人均日生活用水量和用水普及率呈现出相反变化趋势，人均日生活用水量呈现出先增后降的倒"U"形变化结构，而用水普及率则呈现出先降后升的"U"形变化趋势。具体来看，1978—2000年，居民人均日生活用水量逐年递增，共增长了99.6升，年均增长4.53升，而2001—2015年，居民人均日生活用水量开始下降，到2015年下降到174.46升。

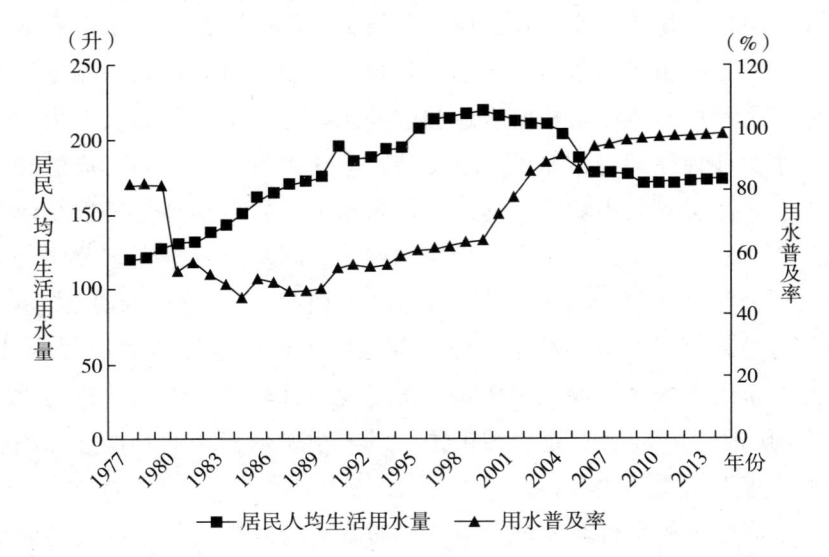

图2-18 我国城市供水中的居民人均日生活用水量和用水普及率的基本情况

资料来源：《中国城市建设统计年鉴（2015）》，中国统计出版社2016年版。

从用水普及率来看，1978—1985年，我国用水普及率快速下降，1978年城市居民用水普及率为81.6%，1985年降至最低的45.1%，此后逐年上升，到2015年，中国城市居民用水普及率达到98.07%。由此可见，随着我国城市化进程的推进，我国城市居民用水普及率得到了全面改善，各地区居民的生活质量得到了基本保证。

第四节 市场化改革下城市供水行业的产权结构

随着城市供水行业市场化改革的深入，传统上由事业单位或国有企业垄断经营的城市供水行业的格局发生了根本性变化，目前已形成国有企业为主体，外国资本、民营资本在内的各类资本纷纷进入中国城市供水行业的局面。在这些企业中，国外水务巨头、大型水业专业投资公司、综合性投资公司、水务上市企业和地方性的水务公司逐渐成为中国城市供水行业运营主体。总体来看，依据企业规模和所有制类型，可以将城市供水企业的格局归结为：第一类是核心城市和地区的供水项目，由于供水行业市场开放较早以及经济基础较为雄厚，拥有吸引大型国有或国有控股企业和国外水务巨头进入的强大动力，该类供水企业往往拥有雄厚的资金支持、丰富的管理经验和先进的技术支撑。第二类是大中城市和地区的供水项目，主要特点是要求企业具有筹资、建设和运营城市供水行业的能力，多数以水务上市公司、大型投资公司（包括国有和民营）以及小规模的外资和（或）港澳台企业为主；第三类是小城市和中西部地区等地中等城市的供水项目，这些城市由于制度建设相对薄弱、市场规范性较差，供水项目的投资回报面临着不确定性，这些城市往往以中小型民营企业和地方性国有企业或事业单位形式存在。

中国城市供水行业经过二十余年的改革与发展，已由成长走向成熟，从公司管理到公司治理，从市场换技术到自主创新，从市场开拓到经营管理体系建立，中国城市供水行业进入产业时代，城市供水行业的专业化程度在加强，以产业链为核心的产业格局即将形成。根据2014年第十二届水业企业评选结果①，32强企业中有经营供水业务的企业12家，即北京首创股份有限公司、长沙水业集团有限公司、成都市兴蓉投资股份有限公司、重庆水务集团有限公司、广东粤海水务股份有限公司、黑龙江国中水务股份有限公司、青岛水务集团有限公司、上海城投水务（集团）有限公司、深圳水务（集团）有限公司、中法水务投资有限公司、中山公用事业集团股份有限公司、珠海水务集团有限公司。这些专业化的水业企业既有大型国有控股企业，也有国外水务巨头，还有新兴的民营企业，它们在企业家与团队、品牌感知、市场能力、投融资能力、管理能力和大众感知6个维度上展现出比较优势，积极参与和推动了中国城市供水行业的改革与发展，促进了城市供水行业服务能力与运行效率的提升。

一 国有及国有控股供水企业

在传统计划经济体制下，国有及国有控股企业以及事业单位是中国城市供水行业的主体，随着改革的深入，传统国有及国有控股企业以及事业单位通过建立现代企业制度，一些城市还通过整合区域内外的供排水企业，形成大型的国有企业集团。具体来说，为实现事业单位和传统国有城市供水行业改革，城市政府多以划转或并购的方式建立国有企业，通过多家城市供水或排水企业整合，形成大型的、具有较大影响力的城市供水或供排水集团②，如北京、杭州等地。有些城市为实现供排水统一管理，也形成了一批供排水一体化的大型水务集团，如深圳水务集团、沈阳水务集团、厦门水务集团等。综合来看，随着市场化改革的深入，在国有及国有控股供水企业中，事业单位的数量已非常少见，区域性的小型国有供水公司较为常见，大型供水集团以及供排水一体化的集团已成为中国城市供水行业发展的中坚力量。

---

① 需要说明的是，这里的水业企业包含供水企业和污水处理企业，有些企业同时经营供水和污水处理业务，有些则只经营供水业务或污水处理业务。

② 有些大型城市水务集团主要经营城市自来水业务，有些水务集团集城市供水、排水与污水处理等业务于一体。

事业单位负责建设、运营的城市供水企业数量极少，规模较小，一般分布在县级以下城市。事业单位具有行政性、效率低以及缺乏激励性等弊端，经过市场化改革后，一些城市实现了事业单位转企业，建立了现代企业制度，创新了企业经营理念，实现了供水能力的提高以及运营效率和服务水平的提升。但是，一些地区由于城市公用行业整体的市场化程度较低，以及经济较为落后地区缺乏吸引多种所有制企业运营城市供水行业的激励，使所在城市供水企业具有事业单位属性，整体上服务能力较低、运营效率和服务水平不高。如内蒙古巴彦淖尔市五原县自来水公司、辽宁省绥中县自来水有限公司、太原市古交供水公司、吕梁市供水服务中心、阿拉善阿左旗城市给排水公司等企业目前仍为事业单位性质。

在国有及国有控股企业中呈现出中小型分散化及与改制后的大型企业集团并存的局面。国有及国有控股企业运营城市供水行业已成为中国城市供水行业的主要方式，多数国有及国有控股企业的规模表现为中小型特征，而一些重点城市的供水企业或供排水一体化企业已形成专业化的大型供水（供排水）集团。其中，如辽宁省盘锦市大洼县自来水公司为国有企业，主要负责县域内的城市供水服务，浙江省丽水市供排水公司实现了供排水一体化，主要对丽水市区32万人口进行供排水服务。而深圳、沈阳、厦门、武汉、重庆、济南、南京、长春等地已拥有专业化的大型供排水一体化的水务集团。这些水务集团主要依赖政府背景、水务资产规模和地理优势，在管理体制上引进符合市场竞争的机制，改革重组，逐步发展成为国内水务行业的优势企业，并积极突破地域限制、对外并购扩张，成为城市供水市场上主力军之一。如深圳水务集团项目覆盖了广东、江西、江苏、河南、安徽、浙江、山东等地，主要通过股权收购、合资的方式获得供水项目，目前已经在全国7个省运作了18个城市水务项目。

综上所述，国有及国有控股企业是中国城市供水行业产权结构的主体，事业单位运营的城市供水企业数量很少。国有及国有控股企业多以城市为单位，成立相对分散的、中小型供水（或供排水一体化）公司，少数城市已成立大型供水（水务）集团。由此可见，在逐步深化城市供水行业改革的过程中，尽快实现事业单位转企业，完善城市供水企业各项管理制度，通过政府主导、行业竞争等多种方式，实现城市供水企业的规模化与专业化，成立或通过兼并重组的方式，成立具有国际竞争力的大型城市供水集团是未来国有供水企业改革的基本方向。

二 民营供水企业

相对而言，民营企业进入中国城市供水市场的规模相对较小，长期以来，民营企业主要集中在给排水设备领域，21世纪以来，随着鼓励和引导民间资本进入城市供水行业的政策的出台，以及城市供水行业市场化改革的逐步深入，一些民营企业开始进入中国城市供水市场。2000年，武汉就出现了民营供水企业——武汉海达企业集团，由该集团运营武汉市新洲区供水业务。自2001年以来，滨州市邹平县GDP每年以25.3%的速度增长，用水供需矛盾逐渐凸显。邹平县城区水资源耗竭矛盾突出，地下水埋深已经由1976年的4.13米下降到最大68.7米，如继续开采，地下水源将枯竭，水已经成了制约邹平经济发展的"瓶颈"。面对水资源危机，邹平县委、县政府决定向社会融资，组建股份制供水企业，在县城近郊的大型引黄灌区韩店镇建设引黄调蓄平原水库向城区供水，水库设计年供水能力为7000万立方米，总投资1.7亿元，其中一期工程投资9800万元。2003年1月成立山东省第一家民营股份制供水企业——邹平黄河供水有限公司，并于2004年8月正式供水，日供水量达到11万立方米。又如，清远市自来水公司是广东锦龙发展股份有限公司的民营控股企业，主营业务是自来水的生产和供应，公司改制后通过更新理念、锐意改革、大胆创新和引入全新的管理和激励机制，企业的综合实力得以迅速壮大。综上所述，民营企业进入城市供水市场后，既弥补了城市供水市场资金不足的缺陷，又激发了城市供水行业的竞争活力。

总体来看，民营企业参与城市供水行业运营大多集中在规模较小的三线城市，二线城市、一线城市十分少见。民营企业在促进城市供水行业竞争与服务能力提升的同时，一些地区由于缺乏对民营企业进入资质的合理界定，使一些不具备或能力较差的民营企业进入城市供水行业，不熟悉城市供水企业业务或管理不善，出现了供水安全事故，严重影响社会稳定和公众健康。2009年5月，湖北省南漳县自来水水质浑浊度达到5200度，大大高于国家标准的不高于3度，原因在于经营该水厂是以生产水泥为主的浙江浦峰集团有限公司；2009年7月发生在赤峰市新市区的水污染事件，导致4300多名居民出现腹泻、呕吐、头昏、发热等症状，原因是经营水厂的赤峰九龙供水有限公司管理不善，将已污染的自来水输送给用户饮用。

民营企业进入城市供水行业，通过特许经营合同、联合投资、控股以及独立经营等方式确立合作关系，利用民营企业特有的机制灵活性、管理效率高以及成本控制好等优势，实现降低供水企业成本的目的。但是，民营企业存在逐利性强、诚信度低以及公益性差等特点，这对民营企业进入具有民生属性的城市供水行业需要加强政府监管。针对当前政府监管法规不完善、市场准入机制不健全、政府监管不到位、部门间互相推诿、价格形成机制不健全以及现代化监管手段较为缺乏等弊端，需要进一步从法律法规、监管机构、监管监督、监管手段现代化以及监管效果评估等方面，强化对民营企业进入中国城市供水行业的政府监管。同时，在城市供水企业特许经营的准入机制、特许经营期的选择上，需要依据项目特征进行合理确定，避免"一刀切"的做法。

三 外资和港澳台资供水企业

以1986年日元贷款支持长春市中日友好水厂建设为标志，外资开始成为中国供水企业筹资的渠道之一。1992年，中法水务与坦洲镇经济发展总公司合资成立中国首家中外合资供水企业，主要为坦洲镇的工商企业和居民提供全方位供水服务，包括饮用水的生产、销售、供水管网的建设、维护以及相关的客户服务。合资公司的成立不仅为坦洲镇的居民提供达到欧盟标准的饮用水服务，从此，外资水务开始进入中国城市供水市场。随后，以威立雅和中法水务为代表的外资水务，依靠雄厚的资本、先进的技术和管理经验相继进入中国城市供水市场。截至2015年年底，包括威立雅水务、中法水务、柏林水务、金州水务、中华煤气、西部水务、联合水务、韩国可隆集团等公司在内近20家外资企业进入中国城市供水市场，其中，威立雅水务、中法水务、中华煤气、金州环境、柏林水务和西部水务这6大外资企业共运营包括成都、天津、上海、宝鸡、深圳等80个城市供水项目。外资水务率先进入沿海地区的一线城市，随后向东西部二、三线城市扩张。6大外资水务巨头在中国城市供水市场的分布情况如表2-9所示。

表2-9　　　　外资水务企业在华供水项目分布情况

外资企业	供水项目分布
威立雅水务	成都、上海、天津、昆明、呼和浩特、宝鸡、常州、深圳、柳州、兰州、大连、海口、长乐
中法水务	四平、昌图、盘锦、天津、保定、青岛、郑州、常熟、新昌、南昌、重庆、中山、三亚
柏林水务	西安、福州、沈阳、盐城、驻马店、合肥、大同、南昌
金州环境	北京、泰州、镇江、扬中、南通、宁波、杭州、绍兴、临沂、东莞、常州、郑州、盱眙
中华煤气	吴江、芜湖、苏州、天津
西部水务	贵州的织金、纳雍、黔西、赫章4县、南靖

资料来源：根据各公司网站披露资料整理。

（一）法国威立雅在华供水行业发展情况

威立雅环境集团是提供全方位环境服务的企业集团。威立雅环境集团提供的服务主要包括水资源管理（威立雅水务）、废弃物管理（威立雅环境服务）、公共交通（威立雅交通）以及能源服务（威立雅能源）。公司为市政和工业客户提供服务，以协助他们应对水利基础设施日益增加的需求。这包括建造、运营供水和污水处理的水厂及管网，以及更新现有设施以提高效率和增加处理能力。早在20世纪80年代初，威立雅水务即通过其工程分公司OTV—KRUGER进入中国，1997年6月，威立雅水务获得了天津凌庄水处理厂的改造项目和20年的经营权。威立雅水务在中国城市供水行业主要有三种模式：其一，与当地市政企业合作，企业由中方控股；其二，BOT模式；其三，DBO（设计、建设、运营）模式。

近年来，威立雅水务进军中国城市供水市场的模式呈现出三大特征：其一，以高出竞争对手的价格进行报价，实行高溢价收购；其二，倾向与金融资本合作；其三，投资与运营相分离。其中，"高出竞争对手报价、以高溢价收购供水公司"是近年来威立雅水务扩张中国供水版图的基本表现，如2006年9月15日，兰州供水集团发布针对45%的股权进行公开招标。包括威立雅水务、中法水务、首创股份均进行现场调查，并递交投标文件，苏伊士水务和首创股份的报价分别为4.5亿元和2.8亿元，而威立雅水务以远高于首创股份6倍的投标价17.1亿元中标，净资产溢价达到280%。2007年1月，海口水务集团通过海南产权交易所公开发布招商信息，转让净资产为6.3亿元海口第一水务有限公司50%股权，拟转让价格为3.15亿元，首创股份、中法水务、香港中华煤气和威立雅水务均对海口项目提交了报价。最后，威立雅水务以超过标底价3倍的价格竞得该部分股权，拿到项目合营公司49%股权；2007年9月，威立雅水务又以21.8亿元夺得天津市北水业49%的股权转让项目，出价高出净资产的3倍之多。

与金融资本的合作始于2002年威立雅水务同首创股份签署的战略合作协议，该协议约定双方在资源、资金、管理和技术等方面进行合作，共同经营城市基础设施项目，并于2003年双方成立首创威水投资有限公司。首创股份提供投资资金、威立雅水务负责运营管理的模式在双方合作的宝鸡、渭南等项目中也是存在的。而正是其娴熟运作金融资本的能力对其频繁开展的高溢价收购提供支撑。类似地，威立雅在中国的合作伙伴还有很多，包括平安信托、中信泰富、光大国际等。比如平安信托参与的柳州自来水信托项目、中信泰富参与的昆明、常州的供水项目以及光大国际参与的青岛供水项目。

威立雅水务进军中国城市供水市场增强了竞争活力，对原有国有供水企业造成一定的冲击，有利于大型国有企业发展。但威立雅水务所运营的城市供水项目并非一片好评，有些项目也存在一定的问题，甚至造成社会恐慌。其中，污染是困扰威立雅水务中国供水行业发展的关键问题,近年来,"污染门"频繁发生,主要发生在城市污水处理行业,但2014年4月11日中午,兰州市威立雅水务集团公司被曝其出厂水及自流沟水样中苯含量严重超标,当地政府称24小时内不可饮用该市自来水,并切断了该市部分地区的自来水供应,引发当地民众争相抢购矿泉水,这为外资进入城市供水市场形成供水安全隐患敲响了警钟。

(二) 中法水务在华供水行业发展情况

中法水务是由法国苏伊士里昂水务集团投资有限公司(简称中法水务)和香港新创建集团有限公司合资组成。自1992年创建以来,中法水务积极参与中国城市水务事业的发展建设,业务遍布中国18个省市,北源昌图、南至三亚、东起上海、西达成都,足迹遍布大江南北,供水人口2000万,在中国拥有5000名员工,拥有强大的国内外专家队伍及全球性的技术和科学网络。公司核心业务涵盖饮用水处理、全方位供水服务、工业水处理、市政污水处理、污泥处理以及O&M服务六大范畴。[1]

1995年,中法水务以1.25亿元收购沈阳第八水厂50%的股权,与沈阳市自来水总公司合作成立沈阳中法供水有限公司,成为中国第一个引进外资的供水公司,后来因为固定回报问题,1999年,沈阳市政府以1.5亿元回购中法水务的50%股权,从而该项目终止。2002年,中法水务与重庆市水务控股集团有限公司共同投资成立重庆中法供水有限公司,总投资12.3亿元人民币,中法水务占60%,中方占40%。该公司主要负责重庆市江北区、渝北区两路镇以及横跨江北区和渝北区的北部新区的饮用水的生产及销售、相关水厂和配套设施的建设经营及管理以及与供水相关的业务,并取得了重庆市政府授予的供水项目特许经营权。合作公司日生产能力为72万立方米,管网总长度为768千米,供水面积377平方千米,供水人口达到100万人。2007年中法水务以8.95亿元的投标价格,溢价4倍收购扬州自来水公司49%的股权。

---

[1] 中法水务官网(http://www.sinofrench.com/default.htm)。

表 2-10　　　　　　　中法水务在华主要城市供水项目一览

城市	年份	合作单位	备注
南昌	1996	南昌双港供水有限公司	中法水务持股50%，合同期限28年，日供水能力10万立方米
中山	1998	中山市供水有限公司	中法水务持股50%，合同期限28年，日供水能力100万立方米，服务人口达到120万
昌图	2000	昌图县自来水公司	中法水务持股70%，合同期限30年，日供水能力5万立方米，服务人口10万
保定	2000	保定市供水总公司	中法水务持股55%，合同期限20年，日供水能力26万立方米，服务人口90万
郑州	2001	郑州自来水公司	中法水务持股50%，合同期限30年，日供水能力40万立方米，服务人口140万
新昌	2002	新昌县水务集团有限公司	中法水务持股50%，合同期限30年，日供水能力12万立方米，服务人口14.6万
盘锦	2002	盘锦市自来水总公司	中法水务持股60%，合同期限30年，日供水能力11万立方米，服务人口35万
青岛	2002	青岛海润自来水集团有限公司	中法水务持股50%，合同期限25年，日供水能力72.6万立方米，服务人口250万
天津芥园	2009	天津市自来水集团有限公司	中法水务持股52.06%，合同期限14年，日供水能力50万立方米，服务人口150万
中山	1992	中山市坦洲镇经济发展总公司	中法水务持股58%，合同期限35年，日供水能力15万立方米，服务人口20万
重庆	2009	重庆水务集团股份有限公司	中法水务持股50%，合同期限50年，日供水能力74万立方米，服务人口120万
三亚	2003	海南天涯水业（集团）公司	中法水务持股50%，合同期限30年，日供水能力23.5万立方米，服务人口29万
天津塘沽	2004	天津自来水集团有限公司	中法水务持股50%，合同期限30年，日供水能力32万立方米，服务人口60万
常熟	2006	常熟市城建公有资产经营有限公司	中法水务持股49%，合同期限30年，日供水能力87.5万立方米，服务人口180万

资料来源：中法水务官网（http://www.sinofrench.com/default.htm）。

中国城市供水企业通过出售的方式吸引外资能够有效地调整自来水公司的资产结构，优化资产负债率，通过较为廉价的资金改善供水企业的生产作业条件，而且能够支付员工经济补偿和解决历史遗留问题的资金。此外，通过引进外资能够获得国际上先进的经营管理经验，通过对改制后供水企业的优化整合，提高了企业的经营效率。但外资进入中国城市供水行业后也存在一些问题。主要问题是：第一，外资并购打破了原有的市场结构，外资通过扩张城市供水行业的市场占有率，对国内供水企业的发展具有一定的抑制作用；第二，外资企业攫取重要资源，控制产业与关键技术，为国家经济安全留下隐患；第三，国内企业的自主开发能力有限，形成对外资的高度依赖，从而导致中国城市供水行业发展后劲不足。为此，需要转变引入外资的传统观念，规范外资企业进入行为，合理引导外资，推进公平竞争、平等合作。在现有法律法规缺失和法律位阶不高的情况下，需要加快对供水企业合资、兼并及重组细则实施的立法，增强外资进入中国城市供水市场的可操作性和进入程序的规范性和透明度。此外，需要严厉惩罚部分外资水务恶意收购国内供水企业，给供水安全带来潜在影响的行为进行严厉惩罚。

四 上市供水企业

目前国内上市的城市供水行业企业较少，主要企业还是以国有企业垄断的形式存在，多为单独的自来水厂、污水处理厂或者是水务集团。上市的城市供水企业主要有万邦达、碧水源、重庆水务、南海发展、兴蓉投资等9家上市公司。从上市公司整体表现来看，行业内企业发展差异较大，行业内主要的利润还是由几家大型水务企业创造，除前十名的水务企业外，其他企业盈利能力较差。这反映出城市供水企业尚未形成规模化、产业化，行业整合将成为未来较长时间内城市供水行业发展的重要路径。本书将以首创股份、重庆水务、兴蓉投资、洪城水业、南海发展为例进行分析。其中，首创股份是城市供水行业上市公司的龙头企业，另外四家公司的共性在于都是区域性公司。具体而言，重庆水务完全垄断重庆市场，兴蓉投资成立时间较晚，但在成都市供水市场占据垄断地位，洪城水业在江西南昌供水领域一枝独秀。通过对上述五家上市供水企业的分析，将有助于厘清城市供水上市企业的发展趋势。

（一）首创股份

公司发展方向定位于中国水务市场，专注于城市供水和污水处理两大领域，主要业务涵盖城市自来水生产、供水、排水等各个生产和供给领域，公司经过五年的发展，已经在北京、深圳、马鞍山、余姚、青岛等城市进行了水务投资，目前已初步完成了对国内重点城市的战略布局，参股控股的水务项目遍及国内8个省份和13个城市，服务人口超过1500万，具有较强的发展潜力。2002年，首创股份公司通过积极扩展水务业务，试图实现专业化、规模化运营，公司出资1530万美元与法国威立雅公司合资设立首创威水投资有限公司，其中，首创公司股权比例为51%。首创股份凭借清晰的战略规划和灵活的经营理念，短短十余年时间，潜心培育出资本运作、投资、运营、人力等方面竞争优势，具备了工程设计、总承包、咨询服务等完整的产业价值链，成为中国水务行业中知名的领军企业。2011年8月以来，首创股份开始积极扩张城市供水市场。同年8月，首创股份签约盘锦辽滨沿海经济区供水特许经营项目。该项目供水总规模18万吨/日，包括现有供水能力3万吨/日和新建供水项目规模15万吨/日。本项目为首创股份在东北地区第一个水务投资项目。随后首创股份相继在内蒙古呼和浩特、包头等地获得城市水务项目的运营权。综上所述，首创股份凭借着强大的政府背景和雄厚的资金实力，提升了运营企业的服务质量。

（二）重庆水务

重庆水务的前身为重庆市水务控股（集团）有限公司，成立于2001年，系由重庆市人民政府以其全资持有的国有企业重庆市自来水公司、重庆市排水有限公司、重庆市公用事业基建工程处、重庆公用事业工程建设承包公司、重庆公用事业投资开发公司等国有企业的权益出资设立的国有独资有限责任公司。重庆水务目前供水企业拥有27套制水系统（水厂），生产能力147.7万立方米/日，目前投入运行的污水处理厂有38个，污水处理业务日处理能力为170.55万立方米。

重庆水务具有稳定的经营业绩，财务结构及资产状况保持良好态势。同时，重庆水务生产工艺成熟，供水和污水处理能力持续增长，供排水水质均达到要求标准；主要设备完好率达100%，设备可靠性和利用率均有效提高。同时，重庆水务拥有海外战略投资者及战略投资伙伴，拥有设备技术后备支持，可以较好地和国际同业沟通，获取先进技术设备。

（三）兴蓉投资

成都市兴蓉投资股份有限公司即兴蓉投资，是一家西部领先的水务环境综合服务商。兴蓉投资主营城市供排水和环保业务，现已获得特许经营权的供排水规模超500万吨/日，居西部地区首位。兴蓉投资业务区域已覆盖成都、西安、兰州、银川、深圳、海南等地。兴蓉投资下辖4家全资子公司和1家分公司，分别为成都市自来水有限责任公司、成都市排水有限责任公司、成都市兴蓉再生能源有限公司、成都市兴蓉安科建设工程有限公司和成都市兴蓉投资股份有限公司中水分公司。兴蓉投资具有西部领先的规模优势，在技术上具有创新优势，兴蓉投资下属自来水公司拥有"市政工程设计"甲级资质，具有开展供水项目规划、设计及咨询服务等业务的能力，自主研发了国内领先的生产数据采集与监控（SCADA）系统、供水管网地理信息系统（GIS）、管网水力模型系统，率先在西南地区具备《生活饮用水卫生标准》全部106项水质指标的检测能力。此外，兴蓉投资具有国有资产背景，在企业资金注入、整合四川省城市供水行业上具有一定的优势，具有明显的区域垄断特征。但兴蓉投资不断加强异地业务拓展，业务区域除成都之外，逐渐拓展到兰州、银川、西安、深圳和海南等地。随着兴蓉投资业务区域和业务领域的不断扩大，需要注意公司的管理难度和管控风险。

（四）洪城水业

江西洪城水业股份有限公司即洪城水业是一家集自来水生产销售、供水管网安装维护、城市生活污水处理、供水工程设计施工、供水管网探测、给排水管理项目软件开发和给排水技术咨询等业务为一体的大型现代化水务上市公司。洪城水业于2004年6月1日成功在上海证券交易所挂牌上市。控股股东为南昌水业集团有限责任公司。洪城水业采用自来水厂网合一模式，供排水产业链完善，政府保障有力，具有区域垄断性质，由于收购78家建设相对落后、技术工艺较低的县级污水处理厂管网，导致运营成本较高。洪城水业具有70多年的供水历史，技术力量雄厚，经验丰富并有较强的供水行业经营管理能力。洪城水业属于国家大型一类供水企业，在南昌供水市场则处于绝对领先地位，具有较强的供水区域垄断性。不过，随着江西省城市化进程的不断加快、水价存在进一步的上涨空间，以及税收优惠政策等将使其直接受益。同时，洪城水业以建设"四位一体"大型水业航母为主线，以深化改革创新为动力，以推进依法治企为保障，以项目发展、产业扩张为总抓手，以社会效益、经济效益协调发展为目标，依法经营，规范运作，依托资本市场，壮大企业实力，致力打造诚信企业、责任企业、百年企业，使公司逐步成为社会效益和经济效益显著、具有强劲竞争力的上市公司。

（五）南海发展

南海发展股份有限公司即南海发展是一家专注于环境服务产业的上市公司，业务领域涵盖自来水供应、污水处理、固体废弃物处理、燃气供应，致力为各大城市提供系统化环境服务与解决方案。南海发展在城市供水领域目前拥有3座水厂，供水设计能力126万立方米/日，供水范围覆盖南海区700多平方千米，服务人口100多万，供水水质一直达到并超过国家规定的水质标准。南海发展具有完整的环境服务产业链以及高标准的示范项目。南海发展已形成包括供水、污水处理、固体废弃物处理的循环相扣的完整环境服务产业链，具备为城市提供环境服务可持续发展规划、提供系统化环境服务的能力。南海发展专注于环境服务产业，秉持"城市好管家、行业好典范、社区好邻居"的社会责任理念，以规范自律的建设和运营管理提供高品质的产品和服务，以示范项目的带动来促进行业的可持续发展和合作伙伴的"共赢"，以改善美化社区环境、推动多方监管赢得社区的信任，实现人与自然和谐相处的目标，体现了富有社会责任感的企业精神和较高水平的运营管理能力，获得社会的认同，在对外拓展中形成了独特竞争优势。南海发展目前供水范围集中在佛山市南海区，形成了自然垄断的市场，未遇到较大挑战；但在对外拓展方面，水务、固体废弃物领域竞争异常激烈，并购成本较高，存在一定的不确定性。

总体来看，中国城市供水行业主要竞争主体按企业性质可以将上述四类归结为两类，即国有企业和非国有企业。国有企业是在原事业单位通过改制而形成的公司，将在一定的阶段内拥有其原有的资源优势和垄断优势，与政府部门有天然的公共关系优势，对其当地的区域市场有其他企业不可比拟的优势。但是，在跨地域经营、规模经济方面，与全国性的集团相比，仍存在一定的差距。非国有企业包括外资企业、投资型水务公司和民营企业。这些公司凭借雄厚的实力、多年的运营经验，正在通过合资经营、收购兼并等手段积极进入国内供水市场，并逐渐成为城市供水项目建设的中坚力量。各类城市供水企业竞争状况如表2-11所示。

表2-11　　　　　各类城市供水企业竞争状况

	国有区域供水公司	外资水务公司	国内上市公司	民营企业
企业定位	当地水务项目	大型自来水厂，跨区经营	大中型供水企业，本地为主	新建供水项目为主，全国范围
市场营销	当地资源优势	外资、政府投资	竞标、谈判	竞标、谈判
技术水平	通用型	领先型	主流技术通用型	通用型改良型
管理	国有企业改制	领先	裁减冗员控制成本	裁减冗员控制成本
资金	融资	渠道较多	投融资	投融资
品牌	当地知名	外企形象	上市公司	多年积累
综合实力	较强	最强	强	强弱不均

资料来源：笔者整理。

第三章 城市供水行业市场化改革的困境与形成机理

20世纪90年代以来，中国城市供水行业推进了以产权改革、竞争改革和管制改革为特征的市场化改革。市场化改革以来，城市供水行业综合生产能力和用水普及率大幅增长，运行效率和服务水平大幅提高，企业管理和政府管制绩效大幅提升，但在城市供水行业市场化改革过程中，也产生了一系列问题，这些局部或部分负面效应对全面深化城市供水行业市场化改革，推进城市供水行业适应城市化发展要求构成了一定的挑战。在中国城市供水行业由以特许经营为核心、以政府管制为重点的市场化初期，转向以政府和社会资本合作（PPP）为核心的新阶段，为了规避PPP过程中可能或即将出现的新问题，亟须厘清城市供水行业市场改革困境，并逻辑求索产生这些困境的主要原因。

第一节 城市供水行业市场化改革的典型问题

1978年中国开启了改革开放的崭新时代，但城市供水行业市场化改革时间相对较晚，市场化改革快速发展始于2002年建设部出台的《关于加快市政公用行业市场化进程的意见》。随后多种所有制企业开始进入中国城市供水行业，供水企业逐步建立了现代企业制度，政府对供水企业的管理模式也由传统的直接管理转向间接管制。由此可见，中国城市供水行业的市场化改革快速发展的时间较短，许多城市政府还缺乏相应的管制经验，这使城市供水行业在市场化改革过程中产生了一些局部问题甚至是负面效应。在国家鼓励和引导社会资本进入城市供水行业、深化城市供水行业市场化改革的背景下，这些局部问题值得关注和总结。主要表现在以下五个方面。

一　国有资产流失和腐败问题

国有资产流失是指具有管理或经营国有资产责任的单位或个人，以低于真实价值的价格出售国有资产，从而使国有资产受到一定程度的损失。国有资产流失主要有两种表现形式：一是对国有资产负有管理或经营责任的单位或个人低估国有资产价值，并且以这一被低估的价值作为出售国有资产的实际价格；二是对国有资产负有管理或经营责任的单位或个人在事先知晓国有资产真实价值的情形下，由于某种目的以低于真实价值的价格出售国有资产。随着城市化进程的快速推进，社会资本特别是民间资本进入城市供水行业的规模和范围也在不断扩大。在这一过程中，一些城市为了缓解财政资金短缺所造成的投资不足问题，在对已建项目缺乏科学有效的评估机制时，就急于出售国有资产，从而在一定程度上造成了城市供水行业国有资产的流失。

此外，腐败常常与国有资产流失相伴而生，这表现在社会资本进入以及运营城市供水企业的过程中所产生的"寻租"问题，为了获得国有资产转让项目的特许经营权而实施的"寻租"行为、为获得区域性垄断高价而采取的"寻租"行为以及为争取更宽松的政府管制环境而实施的"寻租"行为等。同时，腐败不仅存在于"寻租"过程中，由于国有企业的管理松散，国有企业的管理者往往不直接以企业经营业绩作为衡量标准。因此，铺张浪费甚至腐败现象时有发生。

因此，在城市供水行业市场化改革的过程中，应该制定国有资产评估的程序，科学地评估国有资产价值，运用科学的国有资产转让程序，通过对国有资产转让项目进行充分监督，从而降低国有资产转让过程中可能产生的资产流失风险。同时，应该避免和严惩国有企业转让、垄断高价和管制宽松情形下的管制俘虏行为以及国有企业运营过程中的腐败问题，维护城市供水行业市场化改革的正常竞争环境，保障特许经营企业的有序进入。

二 溢价收购和固定回报问题

伴随着中国政府逐步放开城市供水市场，外资水务凭借资金、技术和管理等方面的诸多优势，在中国获得了大量的城市供水和污水处理项目，尤其是 2002 年以来随着城市供水市场开放力度的加大，外资水务开始通过并购的方式进入中国城市供水市场。外资企业进入中国城市供水行业后，逐步产生了内资和外资供水企业回报不均衡问题，以及外资企业所签署协议中存在固定回报或变相固定回报问题。① 在现实中，外国资本为了快速获得中国城市供水项目的特许经营权，在项目竞标中往往以高于实际价值数倍的价格竞标，实现溢价收购。同时，一些地方政府为了增加资产变现所得，片面地追求盘活国有资产，也以溢价方式转让，从而附加了许多不合理，甚至背离中国法律的商务条款，违背了利益共享、风险共担的商业合作原则，部分民间资本采取垄断并购、恶意并购的方式，这种模式虽然实现了投资主体的多元化，但并未改善资金的实力和流动性，也给下任政府的工作埋下了诸多隐患。更为重要的是，在城市供水市场化改革项目的溢价收购过程中，往往伴随着固定回报和变相固定回报问题。

外国资本进入中国城市供水行业的溢价收购和固定回报问题主要经历三个阶段：第一个阶段是高额固定回报。如沈阳市自来水公司和中法水务 1995 年合资经营的第八水厂项目，第 1 年外方不计投资回报；第 2—3 年，外方的投资回报率为 12%；第 4—5 年，外方的投资回报率为 15%；第 6—12 年外方的投资回报率不低于 18%；第 13—30 年，外方的投资回报率为 18%。② 第二个阶段，在国家明确规定禁止高额固定回报以后，外国资本又开始采取变相高额回报的方式进入中国城市供水市场，主要存在按照一定比例上调水价和保底水量两种形式。如辽宁某市采取保底水量的形式，根据协议当该市消耗的自来水量低于保底水量时，政府需要对其进行补贴，仅 2006 年该市就补

---

① 王燕：《国家两度调研，外资"溢价收购"水务企业或将叫停》，搜狐财经，2008 年 2 月 19 日。
② 傅涛、常杪、钟丽锦：《中国城市水业改革实践与案例》，中国建筑工业出版社 2006 年版。

贴了1539万元，这大大提高了地方政府的财政负担。① 第三个阶段是2006年开始的溢价收购，表现突出的是威立雅水务在兰州、海口、昆明、天津的收购价格数倍高于标底。如2007年3月威立雅水务溢价206.45%收购海口水务集团50%的股权。② 尽管溢价收购获得了大量的资金，但地方政府并未将溢价中的大部分变现所得资金用于城市供水行业的发展，而被挪作他用。此外，在变卖国有股权之后，一些水厂成为资本逐利的工具，同时供水规划难以落实、供水安全无法保障。由此可见，外国资本进入中国城市供水行业的过程中出现的溢价收购和固定回报问题，给地方政府和社会公众带来了较大的负担甚至高额经济损失。

在外资溢价收购中国供水企业并造成严重后果的事件中，以威立雅水务溢价收购兰州水权的"兰州模式"最为严重。下面本书将对"兰州模式"进行分析。威立雅水务与兰州供水集团于2006年12月30日签订《股权转让及增资合同》和《合资经营合同》，并于2007年7月25日通过商务部审批，2007年8月10日完成"兰州威立雅水务（集团）有限责任公司"注册登记，投资方为兰州市国资委占55%的股权，威立雅水务—通用水务公司占45%股权。2007年11月15日，兰州市建委代表市政府同兰州威立雅水务集团公司正式签订《特许经营协议》。其中，威立雅水务出资17.1亿元入股45%，其构成分为三个部分：①受让36.9%股权（受让价款7亿元，其中，购买国有股30.5%，价值5.786亿元；购买职工股6.4%，价值1.214亿元）；②增资扩股8.1%，出资1.4亿元；③注入企业发展资金8.71亿元，归合资企业共有，企业发展资金将用于企业固定资产投入。兰州供水股权转让项目存在诸多问题，主要表现在：①兰州市政府将股权出让的5.786亿元挪作他用，将城市供水资产变现，基本不利于城市供水行业的发展，又给未来政府管理带来负面影响；②兰州市城市

---

① 中国社会科学院经济研究所《国内外经济动态》课题组：《由水价上涨引发的公用事业定价机制改革探讨》，《经济走势跟踪》2009年第67期。

② 张春红：《水务市场整合演绎变奏曲》，《辽宁日报》2008年7月31日。

供水企业通过高溢价的方式出让股权，企业为追逐投资回报势必加大对政府调控水价的压力；③合资经营合同中对合同到期后约定了股权回购，即由甲方或其指定机构回购股权，回购价格为乙方届时的股权比例与项目公司评估的净资产值的乘积，而不是无偿移交。约定合同期满后甲方回购股权，可能是溢价收购的动力之一，但股权回购可能会增加地方政府的隐性负债风险。

外资企业在中国城市供水行业的溢价收购的原因主要有三个方面：第一，地方政府过度追求资产变现是导致资产溢价收购的主要原因。随着城市化的快速发展，地方政府在资金需求的压力下，往往看重资产变现的短期效应，忽视了供水价格提升与服务需求提高的潜在压力，甚至少数城市还规定供水项目的最低溢价幅度，这也是直接导致外资溢价收购的直接原因。第二，国有资产管理部门在资产保值增值的压力下，助推了国有供水企业资产转让过程中的溢价收购。第三，外资在预期供水项目稳定收益的前提下拥有短期高额获得项目、较长时间内回收投资成本并获得利润的动力。外资企业对中国城市供水企业溢价收购的影响主要有溢价收购增加了外资企业在运营服务期内提高水价的压力；溢价收购转移政府责任，溢价程度过高是国有资产部门处置国有资产责任的严重缺位。

在外资企业运营的中国城市供水项目过程中，实行固定回报的原因主要有：通过固定回报降低外国投资者的经营风险，更有利于吸引外资企业进入中国的城市供水市场，但国际市场并未禁止项目所在国政府给予 BOT 项目的投资者固定收益的保证。由于城市供水企业在经营过程中与初始签订经营合同的时期相比利率是逐步下降的，同时，在实际运营过程中，外资企业往往利用固定回报来要挟政府提高水价，从而保证固定回报收益。在此背景下，2002 年 9 月 10 日，国务院办公厅下发了《关于妥善处理现有保证外方投资固定回报项目有关问题的通知》，该通知明确指出，对于违反利益共享、风险共担的原则给予外方固定回报的，要修改合同或采取"改""购""转""撤"等方式进行清理。

由此可见，在城市供水行业市场化改革初期，为吸引外国资本进入中国城市供水行业，在外国资本进入的过程中出现了固定资产回报、变相固定回报和溢价收购等问题，带来外资水务企业要挟水价上涨或降低供水以及服务质量，从而提高企业利润的目的，这增加了城市供水服务的不确定性，潜在地降低了在位政府官员业绩损失的风险。为此，对正在或即将推进市场化改革的城市供水项目而言，需要规范程序，避免城市供水项目的溢价收购、固定回报或变相固定回报的出现，从而促进外资企业进入中国城市供水行业的运行效率和服务水平的提升。

三 政府承诺缺失和责任缺失问题

在不确定的制度禀赋条件下，管制制度尚未进入法制化、程序化和规范化轨道，被管制行业的定价规则仍需优化，因此，各地政府无法承诺城市供水行业市场化程度。在这种情况下，依靠固定投资回报来吸引外资进入就几乎成为唯一的策略。但是，当地政府并未围绕投资回报率采取制度性安排，使其纳入规则化的管制体制中，也没有专门安排管制机构独立处理争端，这会产生一定的甚至较大的经营风险。

有限承诺确立了政府的行为边界，防止了权利滥用，减少了管制机构被收买可能性。但是，我国目前各地政府表现出来的问题主要体现在承诺缺失，而非有限承诺上。所谓政府承诺缺失，是指对政府缺乏长期有效的制度性监管，政府代理人可以利用这一缺陷，在自身效用最大化目标的驱动下盲目承诺或不承诺，从而形成制度性承诺缺失。政府承诺缺失主要存在三种表现形式：第一，政府管制者滥用承诺或前任与下任政府之间的政策存在一定的不连续性。由于中国政府对政府官员的考核是自上而下的，尽管当地政府的绩效是考核的重要部分，但最终裁决权仍然保留在组织部、人事部等上层部门。当地政府完全可以不必要对当地消费者利益、当地的在位企业利益负责而滥用自己的承诺。第二，缺乏实施政府监管职能的相对独立的监管机构，从而造成各项监管职责缺位、错位和不到位。当地政府在实施城市供水行业市场化改革的过程中，往往只考虑招商引资问题，而没有进一步考虑管制机构角色，将导致在城市供水行业运营过程中，如果出现各种问题,完全通过政府行政手段来维护,这大大削弱了管制机构的制衡能力。第三,社会资本进入城市供水行业的法规政策体系还不完善,从而在城市供水行业特许经营权竞标与特许经营项目运营过程中缺乏必要的制度保障。在没有法律法规政策依据的条件下,各地方政府制定的各种政策都可以被推翻或者修正。承诺缺乏法律依据,以合同为基础的特许经营机制就失去了赖以生存的条件,从而造成了政府承诺缺失。上述三种情况在城市供水行业市场化改革过程中同时存在,有时甚至交互作用。此外,在快速城镇化过程中,随着社会资本的进入,一些地方政府不但表现为承诺缺失,责任缺失问题也十分突出。主要表现在一些社会资本进入城市供水行业后,与之相适应的准入制度、特许经营合同、监管评估机制等制度相对缺失或不健全,政府仍然按照管理国有企业的方式管理由社会资本运营的企业,从而造成政府监管责任缺失。此外,一些本该由政府投资的领域或环节,政府不投资或少投资,从而导致了政府投资责任缺失。在实践中,政府承诺缺失和责任缺失并存,往往难以保障城市供水行业特许经营项目的规范性与效率性。

没有承诺或者难以存在长期承诺,成为目前中国城市供水行业市场化改革面临的最大困境之一。近年来,随着市场化改革的深入,地方政府在其中发挥着重要的作用。但在政府承诺缺失的条件下,严重的信息不对称和巨大的投资风险加剧了政府、企业和管制机构之间的行为扭曲。由于缺乏承诺,管制的长期合约被一系列短期合约所替代。因此大幅增加合约重新谈判、签订以及合约执行过程中的交易成本。从动态的角度来看,尽管长期承诺有利于激励性合约的实施。但由于政府承诺缺失,政府可以利用其强制地位,不断地修改合同,对被管制企业采取累进的刺激方式;被管制企业可以利用其信息优势,压榨管制者,减少被管制企业的投资风险。由此可见,在城市供水行业市场化改革中,政府承诺缺失和责任缺失制约着中国城市供水行业市场化改革效果的提升和城市供水行业的发展。[①]

四 产品低质问题

综合来看，随着中国城市供水行业市场化改革的深入，整体上看，城市供水水质合格率不容乐观，住房和城乡建设部供水水质监测中心主任邵益生指出："2008年、2009年住房和城乡建设部城市供水水质监测中心组织对全国4457家城镇自来水厂的普查结果表明，城市自来水厂出厂水质达标率仅为58.2%。"2012年，中国城市供水水质标准由原有的34项提高到106项，可见，2008年、2009年出厂水水质情况与新的106项标准的要求还存在较大距离。2011年住房和城乡建设部城市供水水质监测中心再次会同有关单位、组织国家认可的专业水质检测机构，对占全国城市公共供水能力80%的自来水厂出厂水进行抽样检测。按照新的《生活饮用水卫生标准》评价，自来水厂出厂水质达标率为83%。2014年11月至2015年1月，中华社会救助基金会中国水安全公益基金历时3个月对全国29个大中城市的居民饮用水水质进行取样检测，检测结果显示，29个城市中15个城市的20项饮用水指标全部合格，约占抽检城市总数的52%；14个城市存在一项或多项指标不合格的情况，约占抽检城市总数的48%。由此可见，随着中国城市供水行业市场化改革的深入，城市供水质量在逐步提升，但距离水质合格率100%的目标仍有一定的距离。

同时，从微观层面来看，在城市化快速发展中，一些城市为急于解决城市供水行业的投资难题，在缺乏科学评估特许经营企业资质的前提下，片面地招商引资，引入了一些不具备城市公用产品生产和运营能力的企业，影响了政府声誉，甚至扰乱了居民正常的生产和生活，严重的还造成了社会公众恐慌和群体性事件的发生。如2009年5月湖北省南漳县自来水水质浑浊度高达5200度，远远高于国家规定的生活饮用水浑浊度不大于3度的标准，而且该自来水厂还存在细菌总数和一些菌群总量超标问题。原因在于该水厂管网老化，没有蓄凝

[①] 周耀东、余晖：《政府承诺缺失下的城市水务特许经营——成都、沈阳、上海等城市水务市场化案例研究》，《管理世界》2005年第8期。

沉淀池，而且该公司运营企业浙江浦峰集团有限公司主要生产水泥、喷浆棉，缺乏自来水生产经验，很大程度上讲就是一个投资公司，而且在浙江浦峰集团有限公司运营南漳县自来水公司之前政府并未对其资质进行审核。① 又如2009年7月发生在赤峰市新市区的水污染事件，导致4200余人出现腹泻、呕吐、头晕、发热等症状，经调查雨污水是本次事件的主要原因，但这也与九龙供水有限公司缺乏经验、补救措施不及时有一定关系。② 由此可见，在城市供水行业市场化改革过程中，由于准入机制缺失或不健全以及管理不规范，在一些城市产生了供水产品低质问题，这严重影响了政府的形象和社会公众的正常生产和生活。

此外，城市供水行业的溢价收购可能带来企业要挟政府上调水价，在未能实现上调水价目的前提下，一些"无良"企业可能通过减少供水成本、降低供水质量以及出现问题隐瞒原因的方式达到稳定市场、获取利润的目的。如2014年4月11日的供水"苯污染事件"③，该事件主要在于自流沟超期服役、地下含油污水渗入导致自来水苯超标。间接原因在于兰州威立雅水务公司对自流沟维修保养不到位，运行管理存在缺陷，信息迟报延报，4月2日公司检测中心采样后未及时进行深入分析，4月10日在检测出龙头水苯指标严重超标的情况下，未及时报告相关部门，直到4月11日凌晨才向有关部门报告；兰州石化公司的环境风险和隐患排查治理不彻底，存在涉油生产装置跑冒滴漏时有发生，如1978年原油输送管线铸铁阀门破裂，出现原油泄漏，1984年原蒸馏车间试车发生原油泄漏，安全事故渣油泄漏入渗污染土壤，未采取有效措施清除地下水污染物；市建设局、市环保局、市卫生局、市政府国资委等相关职能部门履行职责不到位；相关政府履行职责不到位。兰州自来水苯污染事件的产生是由多方面原因共同导致的，但是，兰州威立雅水务公司未履行企业责任是导致供水

---

① 敬一丹：《自来水何以浑浊》，《焦点访谈》2009年6月15日。
② 李松涛：《一场暴雨如何引发千人患病　赤峰水污染事件折射公用事业改革困境》，《中国青年报》2009年8月3日。
③ 《"4·11"事件为供水安全责任事件》，《兰州晨报》2014年6月13日。

水质未能实现快速缓解的主要原因。

由此可见，在城市供水行业市场化改革的过程中，由于缺乏完备的、较为科学的市场准入程序，缺乏在运行过程中对运营企业进行有效管制以及民营企业和外资企业自身的逐利目的常常促使其背离社会责任，这些原因是作为安全产品供给的城市供水行业市场化改革过程中出现多起产品低质事件的主要原因，也是目前各级政府在吸引社会资本进入城市供水行业过程中持谨慎态度的主要原因。

五 政府高价回购问题

近年来，随着中国城市化进程的快速推进，国家对低碳经济、水质、污水、垃圾处理和大气污染等与环境息息相关的标准要求有所提高，而一些地方政府在引入民间资本的过程中缺乏科学评估与合理预见，从而在国家提高城市供水行业标准后，地方政府难以有效地约束特许经营企业。如2007年7月1日公布的《生活饮用水卫生标准》将原有的35项提高到106项，在生活饮用水卫生标准提高的条件下，一些城市自来水厂的生产工艺无法达标，需要进行更新改造，但在特许经营合同中没有明确规定企业的更新改造条件。因此，在利益驱动与投资资金有限的情况下，社会资本缺乏通过投资提高生活饮用水质量的动力，地方政府为了保护社会公众的饮水安全，被迫高价回购城市自来水厂，从而增加了政府负担。如2003年5月10日民营企业淮阴东方自来水公司获得江苏省淮阴自来水公司的经营权，此后虽然淮阴东方自来水公司的水质经过一、二、三期工程后有所提高，但由于特许经营合同对投资的约定不够清晰，使该企业仅对供水设备进行简单的更新改造，改造后的水质没有达到106项标准要求，而且居民区水压较低等问题也降低了居民的满意度，最终政府被迫回购。[①] 2006年由于沈阳第九水厂涉及固定回报问题，为解决固定回报给沈阳城市供水行业带来的负担，经过沈阳供水总公司与英国汇津公司近五年的谈判达成回购协议，沈阳市回购第九水厂需要支付2414万美元，给

[①] 杨丹丹、陈华中：《从公到私再从私到公淮阴自来水公司九年两改制》，中国江苏网，2012年8月15日。

沈阳市带来较大的经济负担，不得不从开发行贷款解决。2011年1月南漳县政府与浙江浦峰集团有限公司达成正式协议，县政府成功回购自来水公司，浙江浦峰集团有限公司正式退出。此外，沈阳市在回购沈阳第八水厂的过程中，中法水务获得溢价收入2500万元，以及上海大场水厂被上海自来水公司市北公司回购，这些项目的主要原因在于项目片面追求成功，没有实行规范运作，缺乏国际商业项目的运作经验，忽视融资条件以及项目运作过程中的风险，导致政府被迫高价回购。由此可见，由于固定回报或变相固定回报、低效率企业进入城市供水行业等，大大增加城市供水行业压力，最后政府不得不实施高价回购策略。

一般而言，为弥补城市供水特许经营项目经营主体在退出过程中所造成的损失，城市供水企业在特许经营期内的回购事件大多表现为高价回购。城市供水项目的高价回购增加了地方政府的财政负担，提高了供水质量波动与停水断水的风险，降低了供水项目的普遍服务能力。政府回购或高价回购城市供水项目的根源在于供水项目经营权转让过程中缺乏规范的程序和必要的法律法规政策和合理的程序安排。为此，在城市供水行业市场化改革项目的企业选择与企业运营的具体实践过程中，应该建立并完善法规制度，规范城市供水企业的进入程序，明确进入与退出规则，从而实现优质的城市供水企业运营城市供水行业的目的。

第二节 城市供水行业特许经营权竞标的典型问题

特许经营权竞标机制的规范性和有效性是城市供水特许经营项目运营主体优化选择的关键因素。随着中国城市供水行业特许经营的规范和发展，城市供水行业的规范度在逐步提升，但是，在特许经营权竞标实践中依然存在一定的竞标难题。其中，招投标运行机制与平台建设不健全、招标代理机构行为不规范、一些项目由于投标企业较少往往导致竞标不充分以及不合理的竞标机制等是当前城市供水项目特许经营权竞标过程中存在的主要问题。因此，需要有效地规避竞标难题，才能优化城市供水项目特许经营权的竞标行为。

一 招投标运行机制与平台建设不健全

在城市供水项目特许经营权竞标过程中，招投标运行机构与监管机构职能交叉造成招标行为混乱，多头管制导致管制失灵。由于对城市供水市场化改革项目进行管制的法律法规不健全或位阶不高，增加了城市供水行业特许经营项目政府管制的随意性。同时，缺乏对行政监督部门在招标、评标中的监督缺位、错位和不到位现象的追责机制，影响了城市供水行业特许经营项目招投标的公开性、公平性和公正性。此外，多数省份尚未建立以省份为单位的综合评标专家库，以及对评标专家的选择呈现出地方封锁和行业分割等特征，降低了评标专家的选择范围，甚至存在利益相关者进入评标专家组的情况，从而降低了评标专家选择的科学性，也增加了科学评标的难度以及特许经营企业低效运营的风险。

二 一些招标代理机构的行为有失规范

在城市供水行业特许经营项目招投标过程中，政府或行业主管部门为实现有效选择特许经营企业的目标，往往委托招标代理机构对项目进行招投标。但是，在特许经营项目招投标过程中，依然存在招标代理机构行为不规范现象。由于招标代理机构具有项目的运作经验，熟悉城市供水行业以及招投标的法律法规，善于利用规则漏洞，从而产生不规范行为。这主要表现在：①在招标文件中，增加与选择有效率的特许经营企业无关的限制性条款。如某市为了完成政绩考核目标，要求特许经营项目投标人以美元形式打入保证金，并将保证金的高低作为评标机制中的一个重要指标，从而导致相对低效率的企业获得项目的特许经营权，这显然背离了通过招投标选择高效特许经营企业的目标。②招标代理机构的越位行为增加了特许经营项目建设或（和）运营主体的选择风险。在城市供水行业特许经营项目中，招标代理机构与投标人之间的串谋、招标代理机构主观选择评标专家等行为是其中存在的突出问题。③对投标企业缺乏规范的收费机制。在城市供水行业特许经营项目中，收费名目繁多、收费标准缺乏制约了特许经营项目建设或（和）运营主体的优化选择。

三 一些项目的投标企业无法有效竞争

有效竞争是城市供水行业选择特许经营企业的关键，但在实践中竞争不充分现象时有发生，从而无法实现通过招投标方式遴选高效特许经营企业的目的。主要表现为：①信息不对称造成只有少数几家企业参与竞标，从而造成竞标的不充分甚至流标。由于招标文件中包含信息的不全面、不准确、招标文件发布的媒介范围狭窄以及招标文件公告时间较短等限制了潜在竞标者的投标数量。此外，对存量城市供水项目而言，在位企业拥有信息优势，这往往形成阻碍潜在进入者进入的壁垒。②投标企业之间的串谋行为间接地减少了有效投标的企业数量。在一些城市供水项目的特许经营权竞标过程中，依然存在投标企业间串谋现象。特别地，对缺乏潜在进入动力的项目而言，为满足投标企业数量不小于3家的硬性约束条件，寻找陪标企业成为惯例，最终将推高服务价格、降低服务质量，从而损害消费者福利。③一些项目所在城市的社会环境和经济环境较差，影响了潜在企业参与投标。上述三方面原因中的一种或多种原因叠加，都将无法保障城市供水特许经营项目的特许经营权竞标的充分性。

四 竞标机制不合理限制企业优化选择

无论是从理论上还是从实践来看，由于项目特征、城市差异以及优化目标的不一致，形成多种城市供水市场化改革项目的特许经营权竞标机制。如果实践中选择的竞标机制偏离项目特征、城市差异以及特定的优化目标，将难以选择出最有效率的特许经营企业。主要表现在：①溢价收购成为将资产收购价格作为特许经营权竞标机制项目的普遍现象，这在竞标主体为外资的特许经营项目中更为普遍。一些地方政府为了增加资产变现所得，片面地追求国有资产盘活，并通过溢价方式进行资产转让，从而附加了许多不合理甚至违反我国法律的商务条款，违背了利益共享、风险共担的商业合作原则，部分民间资本采取垄断并购、恶意并购的方式，这种模式虽然实现了投资主体的多元化，但并未改善资金的实力和流动性，也给下任政府工作埋下了诸多隐患。最为典型的是，威立雅水务在中国水务市场的溢价收购模式。②将保底服务量作为城市供水项目特许经营权竞标机制的外生变量，若实际服务量远低于保底服务量将大大增加政府的财政负担。对一些低负荷率的城市供水特许经营项目而言，政府往往采用保底服务量的方式来降低特许经营企业的运营风险。目前已签订保底服务量且负荷率较低的特许经营项目日益增加政府财政负担，最终结果可能导致政府高价回购。③一些项目将服务价格高低作为特许经营企业选择的唯一变量或最重要变量，忽视了对特许经营企业的运营资质和提供产品和服务质量的考量。

第三节 城市供水行业市场化改革负面效应的形成机理

从中国城市供水行业市场化改革的历程来看，一些城市供水项目在市场化改革过程中存在一些问题，产生了一定的负面效应，影响了城市供水水质安全、定价与调价机制的合理化以及地方政府的声誉，这些问题的存在往往是多种因素共同作用的结果。

一 对市场化改革目标的认识仍不够清晰

城市供水行业市场化改革的初衷是形成国有、民营和外资等多种所有制企业独立经营或合作经营，建立多种所有制企业间平等竞争的制度环境，实现资源的优化配置，转变政府管理与管制理念，提高政府管制效率。更为具体的目标是缓解快速城市化进程中城市供水基础设施的投资矛盾，增加城市供水行业的供给能力，从而满足城市化进程的客观需求。此外，社会资本进入城市供水行业能够发挥竞争活力和创新动力，从而有助于缓解国有企业垄断经营的低效率问题。但在城市供水行业市场化改革过程中，一些城市政府对社会资本进入目标的认识还不清晰，这主要表现在以下三个方面。

（一）参照"土地财政"的做法转让供水项目的特许经营权

在国家推行分税制改革的背景下，增加财政收入、减少财政补贴是一些城市政府引进社会资本追求的主要目标，因此，大多参照"土地财政"的做法转移城市供水特许经营项目的产权或经营权，将"招商引资、变卖国有资产"作为城市供水项目市场化改革的主要目的，这也是城市供水行业市场化改革初期出现固定回报和变相固定回报的根本原因。此外，如果将吸引社会资本额度作为城市供水行业市场化改革项目的基本目标，忽视了企业高效运行的重要性，将会大大增加低效率企业进入城市供水行业的风险。

（二）通过变卖国有供水企业实现转嫁政府责任的目的

对国有城市供水企业而言，投资和管制是地方政府的两个主要责任，长期以来，由于政府财政投资有限、融资渠道不畅、相关政策限制过于死板等问题，使市供水等城市公用行业成为政府财政负担较重的行业。为降低政府投资额度，激励社会资本进入城市供水行业，一些地区推进了以市场化为特征的城市供水行业改革进程，出现了对城市供水项目"一卖了之"、推卸政府责任等现实问题。"卖"本身并无错误，关键在于政府应在国有城市供水企业市场化后承担起对城市供水项目的管制责任，对城市供水基础设施的投资责任，以及对供水普遍服务的监督责任，避免在城市供水行业市场化改革中将政府责任转嫁给城市供水企业。

（三）以出资额度高低作为企业获得运营权的重要标准

一般而言，城市供水项目特许经营企业应具有较好的经济基础、财务能力和技术实力。但是，在城市供水行业市场化改革过程中，有些城市政府盲目招商引资，搞"政绩工程"，表现为融资冲动，只要能圈到钱，政府就给企业特许经营权；只要某个企业给的钱比其他企业多，政府就给这个企业特许经营权。在实际过程中，往往增加了城市供水企业的融资成本，削弱了政府对城市供水企业的控制力，将一些低效率甚至不具备城市供水企业生产能力的企业吸引到城市供水行业，这势必影响到城市供水行业的正常和安全运行，也给人民群众的生命安全与企业发展带来一定隐患。

二　市场化改革的制度体系依然较为滞后

社会资本进入城市供水行业，改变了传统国有企业或事业单位垄断经营的局面，这必然要求不断细化和完善传统计划经济时期以及市场化改革时期出台的城市供水行业相关法规政策与实施细则。2002年以来，中国城市供水行业市场化改革逐步加快，特别是2013年以来，城市供水等城市公用事业市场化改革文件的出台数量和覆盖范围大幅提升，不仅包含住房和城乡建设部及各省份的条例、办法和指导意见，国务院于2015年还专门针对基础设施和公用事业特许经营出台了管理办法。但特许经营与市场化改革是子集与全集的关系，单纯的特许经营管理办法不能完全涵盖城市供水行业市场化改革的全部内容。现有城市供水行业市场化改革的相关法规政策和实施细则存在法律位阶较低、涉及范围宽泛以及实施细则滞后等多个方面的问题，这制约着城市供水行业市场化改革进程和有效甄选城市供水企业的运营主体，从而限制了中国城市供水行业的持续健康发展。

（一）缺乏高位阶的指导城市供水行业市场化改革的法律法规

按照法律法规的发行主体和执行效力，可以将法律法规分为全国人大颁布的法律、国务院颁布的行政法规、省级人大颁布的地方性法规、省级政府和国家部委颁布的部门规章和管理办法。对于既具有共同特征又具有省际差异的行业法律法规，只有在全国人大或国务院层面上颁发的法律，才具有更高的法律效力。而国家部委颁发的规章和管理办法的法律效力相对较低，难以实现对城市供水企业的有效管制，一般只具有指导意义和较弱的约束力，同时省级层面的规章和管理办法有时与国家部委的规章和办法相冲突，以及缺乏全国人大、国务院以及国家部委的相关法律法规制度常常造成省际规章和管理办法存在较大差异，甚至在一些省际的某些特定领域缺乏必要的规章和管理办法，这使城市供水行业的市场化改革常常面临无法可依、混乱实施的情况，往往产生不必要的法律纠纷、损失国有资产，甚至危害社会公共安全。目前，中国城市供水行业最高层级的法律法规是2002年颁布的《中华人民共和国水法》，《中华人民共和国水法》中缺乏城市供水行业市场化改革的相关法条。2015年，国家发改委、财政部、住房和城乡建设部、交通运输部、水利部和中国人民银行联合印发《基础设施和公用事业特许经营管理办法》，并于2015年6月1日起施行，该管理办法明确指出，应根据行业特点、所提供公共产品或服务需求、项目生命周期、投资回收期等因素综合确定特许经营期（最长不超过30年），以及特许经营项目实施方案的内容、可行性评估方案、特许经营协议内容等方面，这是目前城市供水市场化改革最具参照性的管理办法，该管理办法的出台改变了长期以来原建设部出台的《关于加快市政公用事业市场化进程的意见》《市政公用事业特许经营管理办法》等法律位阶较低问题。同时，在民间资本进入问题上，国务院相继出台了《鼓励支持非公有制经济发展的若干意见》和《关于鼓励和引导民间投资健康发展的若干意见》，由此可见，目前关于城市供水行业市场化改革的法律法规已由原建设部出台的部门规章转化为多个国务院直属部门联合下发的管理办法，法规制度的执行力和法律效力在一定程度上得到有效提升。但现行《中华人民共和国水法》出台于2002年，距今已有十余年的历史，随着市场化改革的深入，城市供水行业中出现了一系列问题，迫切需要针对城市供水行业市场化改革中存在的诸多问题，及时修订《中华人民共和国水法》，使其涵盖城市供水行业市场化改革的相关内容，从而提升城市供水行业市场化改革制度体系的法律位阶，有序推进城市供水行业的市场化改革。

（二）供水行业市场化改革的城市级别法规政策差异与缺失并存

目前，城市政府或行业主管部门大多参照全国人大、国务院、国务院直属机构以及省级人大和行业主管部门的法律、法规和配套政策，出台具有较强同质性的城市供水行业市场化改革的法规政策，缺乏考虑项目特征和城市特点并制定与之相匹配的城市供水行业市场化改革实施细则，从而使一些城市片面追求城市供水行业国有资产变现，选择一些低效甚至无效企业运营城市供水项目，从而降低了城市供水行业市场化改革项目的运行绩效，提高了城市供水企业低质供应或低效供给的风险。为此，针对当前城市一级城市供水行业市场化改革法律法规文件的基本现状，需要充分考虑上级的法律法规，结合城市异质性特征，在不违背上位法的情况下，出台城市供水行业市场化改革的配套政策和实施细则，从而提高城市一级城市供水行业市场化改革法规政策的适用性。

三　市场化改革的准入及运行机制不健全

健全的准入机制是选择高效特许经营企业的关键。社会资本竞标城市供水行业的特许经营权，是一项系统性、综合性的工作，涉及组织、规划、建设以及运营等多方面内容。同时，不同城市供水项目在是否新建设施以及是否涉及资产转让等方面存在一定的差异，而且不同城市之间也存在一定的差别。因此，需要结合城市供水行业的技术经济特征、具体项目特点以及城市特性，分类确定不同城市供水项目的特许经营期。此外，还需要制定适宜的社会资本准入程序、准入标准、定价与调价机制以及特许经营期满后的退出机制等。但从实践来看，一些城市政府还缺乏较为健全的社会资本进入城市供水行业的准入机制与运行机制。

（一）市场化的准入条件"错配"或缺失问题

通过对城市供水行业市场化改革项目进行调研后发现，一些城市在选择特许经营企业时往往缺乏特许经营企业的准入标准或设置了不合理的准入条件，如将特许经营期内较低的运营服务费和较高的特许权转让价格作为社会资本进入城市供水行业的准入规则。而缺乏科学的评估、充分的准入竞争以及科学的准入程序，往往导致低效率甚至不具备供水经营能力的企业进入城市供水行业，从而给城市供水行业的市场化改革、行业发展以及人民群众的生命安全带来诸多隐患。

（二）对特许经营期的长短缺乏足够重视

一般而言，特许经营期越短，特许经营期内规避或控制风险的能力越强；反之则越弱。因此，在保证资产预期收益的情况下，越短的特许经营期，越有利于降低城市供水特许经营项目的运营风险。但从实践来看，政府部门对特许经营期与特许经营项目风险及其收益问题的认识还不全面，对城市供水项目特许经营期的选择还不科学。其中，对城市供水特许经营项目特许经营期的确定往往基于经验，主观选择20年、30年或20—30年的某一年份作为特许经营期，难以实现对城市供水行业市场化改革项目特许经营期的合理选择，从而增加了城市供水行业市场化改革项目的运行风险。

（三）特许经营项目的合同条款还不完备

特许经营项目合同条款的完备性直接影响企业利益、政府声誉以及人民的身体健康和生命安全。对涉及建设环节的新建项目或资产转让环节的存量项目而言，回收初始建设投资或资产转让费用的时间往往较长。因此，在合理确定城市供水行业市场化改革项目特许经营期的基础上，需要依据项目特点，合理设置特许经营项目的合同条款，但在实际操作过程中，不签订特许经营协议，或签订的特许经营协议不规范的现象（如缺乏约定水价上涨条件、水质标准与保障机制等）时有发生，在特许经营期内，往往发生特许经营企业要挟水价上涨、政府高价回购等问题，从而增加了城市供水行业特许经营项目的运营风险。

四 市场化改革的特许权竞标机制不完善

特许经营权竞标机制对优化选择城市供水行业市场化改革项目的运营主体具有重要意义。在城市供水项目特许经营权竞标过程中，特许经营权竞标机制的不完善往往会产生无效甚至低效企业中标现象。其原因主要表现在特许经营权竞标的管理体制不健全、特许经营权竞标的监督体系滞后以及特许经营权竞标的后评估机制缺失三个方面。

（一）特许经营权竞标的管理体制仍不健全

在城市供水行业特许经营权竞标过程中，政府、招标人、投标人、招标代理机构以及评标专家等利益主体形成多重委托—代理关系，不同利益主体之间存在较强的信息不对称性，这主要表现在监管法律法规不完善和监管机构设置不合理两个方面。其中，由一个部门负责招投标、多个部门协同监管招投标过程与运营，这导致了缺乏透明、规范的招投标管理机构或招投标平台，从而造成部门之间监管职能交叉和监管不力。同时，不健全的城市供水行业特许经营项目的特许经营权竞标法律法规体系也制约着城市供水行业的规范和发展。现有城市供水行业特许经营项目招投标主要参照《中华人民共和国招投标法》，该招投标法主要针对建筑项目，忽视了城市供水行业特许经营项目的异质性特征，从而难以有效地约束城市供水特许经营项目的特许经营权竞标行为。

（二）特许经营权竞标的监督体系较为滞后

在城市供水项目特许经营权竞标过程中，依然面临着监督滞后、处罚力量薄弱等现实问题。其中，监督内容存在明显的缺位现象，监督重点主要是对招投标程序和中标结果的监督，而缺乏对招投标内容、标底以及特许经营合同等的监督，从而导致城市供水特许经营项目在竞标阶段存在监督缺位现象，投标企业拆借资质、中标后非法转包以及擅自变更合同等现象依然存在。由于监督人员数量限制和监督职能分散，从而导致监督缺位和不到位现象普遍存在。同时，审计监督过程中，多头管理、职能交叉与职能不清等往往导致城市供水行业特许经营项目审计监督严重滞后，这增加了项目审计整改难度。此外，目前普遍采用警告、限期整改、罚款、没收违法所得或取消一定时期的投标、评标资格等方式来处理违规行为，缺乏更为严厉的惩罚机制，难以有效地约束投标者的违规违法行为。

（三）特许经营权竞标的后评估机制依然缺失

从理论上看，城市供水行业特许经营项目都存在唯一或少数几个与其相适应的最优特许经营权竞标机制。但事实上，由于政府与招标代理公司的主观偏好，往往导致实际特许经营权竞标机制偏离最优机制，采取不合理或不规范的评标程序，从而造成低效率特许经营企业获得城市供水项目的特许经营权。为此，非常有必要对城市供水行业特许经营项目的特许经营权竞标机制、评标与定标程序等进行后评估，但实际上政府或行业主管部门往往缺乏对特许经营权竞标机制、评标环节与定标结果进行有效评估，从而难以纠偏不合理的竞标、评标以及低效运营机制。从城市供水项目特许经营实践来看，后评估机制缺失主要表现在拥有后评估机制但合理性有待检验和后评估机制缺失两类。在实践中，多数城市供水特许经营项目往往缺乏后评估机制，少数项目的后评估机制往往体现政府特殊偏好或招标代理机构偏好，从而难以通过后评估的方式来实现优化城市供水行业特许经营项目的目的。

五 市场化改革的政府管制体系仍需改进

在城市供水行业市场化改革过程中，社会资本的进入逐步打破了国有企业垄断经营的格局，因此，需要转变政府观念，建立与市场化改革相适应的城市供水行业现代政府管制体系。尽管我国自20世纪80年代在城市供水领域尝试性地进行了市场化改革，并于2005年出台了市政公用事业市场化改革的管制政策，但总体来看，依然缺乏与我国城市供水行业改革和发展相适应的现代政府管制体系，因此，在深化市场化改革的背景下，需要强化城市供水行业的有效管制。当前城市供水行业政府管制存在的问题主要有以下四个方面。

（一）缺乏适应社会资本进入的现代政府管制理念

城市供水行业的公益性特征以及社会资本的逐利动机，决定了不同社会资本之间存在一定的差异，即由国有资本运营的城市供水企业社会责任明显高于其他类型的城市供水企业。因此，在社会资本进入城市供水行业的过程中，要不断强化城市供水行业的政府管制，并从管制内容和管制手段现代化等多个方面建立现代政府管制理念。但是，目前不少地方政府依然沿用传统管理国有企业的思路来管制由社会资本运营的城市供水企业，从而产生了管理低效率问题。因此，亟须建立与社会资本进入相适应的现代政府管制理念。

（二）缺乏具有相对独立的、专业化的政府管制机构

随着城市化进程的快速推进以及社会资本的不断进入，城市供水行业市场化改革过程中面临的问题越发复杂，现行政府管制机构及其权责配置难以适应城市供水行业市场化改革的客观需求。因此，需要建立相对独立的、专业化且具有相应执法职能的政府管制机构。现行中国城市供水行业政府管制机构设置与权责配置依然具有多部门协同管制特征。其中，城市一级多由建设、水利、发改、环保、物价等多部门协同管制，这增加了部门之间的协调成本，从而降低了城市供水行业市场化改革项目政府管制的效率。

（三）缺乏健全的城市供水行业现代政府管制监督体系

随着中国城市供水行业市场化改革的推进，社会资本特别是民营资本进入城市供水行业的比重在逐步增加。从目标驱动的角度来看，除国有企业外的其他社会主体在利润最大化的驱动下，往往做出降低城市供水产品质量和服务水平的行为。由于城市供水产品与社会公众

安全息息相关，因此，需要推行严格的政府管制政策，并对城市供水质量安全进行有效管制。然而，在城市供水行业市场化改革过程中，与其相适应的立法监督、行政监督、司法监督和社会监督体系仍不健全。其中，社会群体参与城市供水行业特许经营项目监督存在较强的信息不对称问题。当前城市供水行业政府管制监督体系的不健全，在一定程度上制约了城市供水行业政府管制的有效性。

（四）缺乏城市供水市场化改革项目的管制绩效评价体系

城市供水行业市场化改革的突出特征是政府职能由传统的行政管理转为政府管制，而对城市供水项目政府管制是否有效是衡量管制成效的重要工具。显然，这需要建立一套评价指标体系，运用综合评价方法，对城市供水行业市场化改革项目的政府管制绩效进行客观评价。从实践来看，缺乏科学评价城市供水行业市场化改革项目的政府管制手段，这具体表现在尚未建立上级行业主管部门对下级行业主管部门的管制绩效评价体系，缺乏市县行业主管部门对城市供水行业市场化改革项目管制绩效的有效评价手段。

第四节 政府和社会资本合作政策分歧与改革重点

为推进和深化城市供水等基础设施和公用事业的市场化改革，自 2013 年以来，国务院、国家发改委、财政部、住房和城乡建设部等部门相继出台一系列社会资本合作（PPP）的法规政策。其中，以国家发改委和财政部两个部委的政策文件出台最多，涉及范围最广，但两部委出台的政策在一定程度上存在分歧甚至矛盾，这将不利于鼓励和引导社会资本进入城市供水行业、深化市场化改革并加强政府管制。为此，本部分将对现行政府和社会资本合作政策体系的分歧进行分析，在此基础上提出政府和社会资本合作政策优化的基本方向。

一 现行政府和社会资本合作政策体系分歧

政府和社会资本合作并非新鲜事物，从 20 世纪 80 年代已在我国部分城市得到应用，PPP项目取得了一定的成效，但也产生了一些问题。近年来，我国政府开始建立PPP项目的相关制度和政策，2005年和2010年国务院先后出台了《关于鼓励支持和引导个体私营等非公有制经济发展的若干意见》和《关于鼓励和引导民间投资健康发展的若干意见》，这为加快非公资本进入提供了政策支持。为发挥市场机制作用，2013年以来，国务院又相继出台了《关于政府向社会力量购买服务的指导意见》《关于创新重点领域投融资机制鼓励社会投资的指导意见》等，这些政策为规范社会资本进入提供了政策指导。随后国家发改委、财政部发布一系列文件，旨在加快推动城市供水等基础设施领域的政府和社会资本合作，从而将城市供水领域的政府和社会资本合作推向新的高度。本部分将对2013年以来国家发改委和财政部出台的相关政策文件进行梳理，分析国家发改委和财政部出台的PPP文件的重点内容以及差异，厘清当前城市供水行业PPP项目在实施过程中存在的主要问题。

（一）现行政府和社会资本合作政策的主要内容

本部分将重点从PPP项目的适用范围、合同主体、操作模式、采购方式和出资形式五方面对两部委出台的PPP文件进行分析。

1. PPP项目的适用范围

国家发改委出台的政策文件指出，PPP项目主要适用于政府负有提供责任又适宜市场化运作的公共服务和基础设施类项目。具体包括：①燃气、供电、供水、供热、污水及垃圾处理、公共交通等市政设施；②公路、铁路、机场、城市轨道交通、水运等交通设施；③医疗、旅游、教育培训、健康养老、体育、文化、保障房等公共服务项目；④农业、水利、资源环境和生态保护等项目。此外，各地新建市政工程以及新型城市化试点项目应该优先考虑采用PPP模式进行建设。

财政部出台的政策文件指出，价格调整机制相对灵活、市场化程度相对较高、投资规模相对较大、需求长期稳定的项目适合选择PPP模式。具体包括城市基础设施及公共服务领域，如城市供水、供暖、供气、污水和垃圾处理、保障性安居工程、地下综合管廊、轨道交通、医疗和养老服务设施等，优先选择收费定价机制透明、有稳定现金流的项目。

由此可见，国家发改委和财政部出台的系列 PPP 文件中对 PPP 项目的适用范围的规定基本一致，即适宜市场化的基础设施和公共服务类项目。

2. PPP 项目的合同主体

PPP 项目的合同主体主要包括政府方和社会资本方。①政府方资格。国家发改委文件和财政部文件对 PPP 项目政府方的规定基本趋于一致，都是指具有相应行政权力的政府或其授权的实施机构。其中，国家发改委规定相应的行业管理部门、事业单位、行业运营公司或其他相关机构，作为政府授权的项目实施机构。在授权范围内，负责 PPP 项目的前期评估论证、实施方案编制、合作伙伴选择、项目合同签订、项目组织实施以及合作期满移交等工作。财政部指出，应由项目所在地相应级别的政府或者政府授权机构作为 PPP 项目的实施机构，但没有明确政府授权机构范围。②社会资本方资格。国家发改委和财政部对 PPP 项目社会资本方资格的定义略有不同。国家发改委指出，PPP 项目的社会资本方包括国有企业、民营企业、外商投资企业、混合所有制企业或其他投资、经营主体。而财政部规定 PPP 项目的社会资本方是指国有企业、民营企业、外商投资企业和外国企业。同时，明确规定本级政府下属的政府融资平台公司及其控股的其他国有企业（上市公司除外）不得作为社会资本方参与本级政府辖区内的 PPP 项目。显然，国家发改委文件对 PPP 项目的社会资本方主体的范围略大于财政部。但国家发改委文件并没有对本级政府下属公司能否参与本级政府辖区的 PPP 项目做出相应的规定。

3. PPP 项目的操作模式

国家发改委将项目分为经营性项目、准经营性项目和非经营性项目，对经营性项目可以通过政府授予特许经营权，采用建设—运营—移交（BOT）、建设—拥有—运营—移交（BOOT）等模式推进。对准经营性项目可以通过政府授予特许经营权附加部分补贴或直接投资参股等措施，采用建设—运营—移交（BOT）、建设—拥有—运营

(BOO)等模式推进。对非经营性项目可以通过政府购买服务，采用建设—拥有—运营（BOO）、委托运营等市场化模式推进。由此可见，国家发改委主要针对新建项目来确定操作模式。财政部指出，项目的运作方式主要包括委托运营、管理合同、建设—运营—移交、建设—拥有—运营、转让—运营—移交和改建—运营—移交等。具体运作方式的选择主要由收费定价机制、项目投资收益水平、风险分配基本框架、融资需求、改扩建需求和期满处置等因素决定。

4. PPP项目的采购方式

国家发改委文件指出，可通过公开招标、邀请招标、竞争性谈判等多种方式，公平择优选择的具有相应管理经验、专业能力、融资实力以及信用状况良好的社会资本作为合作伙伴。财政部文件指出，项目采购方式包括公开招标、竞争性谈判、邀请招标、竞争性磋商和单一来源采购。项目实施机构应根据项目采购需求特点，依法选择适当的采购方式。其中，公开招标主要适用于核心边界条件和技术经济参数明确、完整、符合国家法律法规和政府采购政策，且采购中不作更改的项目。

5. PPP项目公司的出资形式

国家发改委文件中规定，项目公司可以由社会资本（一家企业或多家企业组成的联合体）出资设立，或由政府和社会资本共同出资设立。但并未明确政府在项目公司中的持股比例。而财政部文件中规定，项目公司可以由社会资本（一家企业或多家企业组成的联合体）出资设立，或由政府和社会资本共同出资设立。但政府在项目公司中的持股比例应低于50%，且不具有实际控制力和管理权。

（二）两部委PPP文件的主要分歧

两部委出台的PPP文件存在一定差异，这可能导致各省市政府在推行城市供水等基础设施项目PPP过程中存在以下六个方面问题。

（1）两部委文件对PPP一些关键问题的规定不一致，可能使一些地方政府在具体实施中无所适从。例如，对于社会资本主体，财政部在《关于印发政府和社会资本合作模式操作指南（试行）的通知》（财金〔2014〕113号）第二条中规定，社会资本是指已建立现代企业制度的境内外企业法人，但不包括本级政府所属融资平台公司及其他控股国有企业。而国家发改委没有在文件中对社会资本做出明确规定，但在其发布的《政府和社会资本合作项目通用合同指南》（2014年版）第七条中规定，社会资本主体是国有企业、民营企业、外商投资企业、混合所有制企业，或其他投资、经营主体。显然，国家发改委规定的社会资本范围比财政部规定要宽泛得多。又如，财政部2014年12月发布的《PPP项目合同指南（试行）》和国家发改委发布的上述《合同指南（2014年版）》在格式、标准、内容等方面都存在一定的差异。面对两部委不同文件，特别是对一些关键问题方面的差异，将会使一些地方政府在具体推进PPP时无所适从。虽然国务院办公厅在2015年5月转发了财政部、国家发改委、中国人民银行《关于在公共服务领域推广政府和社会资本合作模式指导意见的通知》（国办发〔2015〕42号），但并未从根本上解决两部委在相关文件上的不一致问题。

（2）两部委分别要求本系统内地方政府部门牵头PPP文件的落实工作，在一定程度上导致省市地方同级政府部门PPP工作重复，甚至有些只是应付上级主管部门。例如，财政部在2014年9月发布的《关于推广运用政府和社会资本合作模式有关问题的通知》（财金〔2014〕76号）及后续文件中，要求省级财政部门设立政府和社会资本合作中心或指定专门机构，履行与PPP相关的政府职能。而国家发改委2014年12月发布的《关于开展政府和社会资本合作的指导意见》（发改投资〔2014〕2724号）中，则要求各省份发改委建立PPP项目库，并从2015年1月起，于每月5日前将项目进展情况按月报送国家发改委。上述财政部和国家发改委的政策分歧在实践中往往导致地方政府难以明确PPP项目的牵头部门，以浙江省为例，在11个地级市本级和90个县（区、市）共101个地方政府部门中，财政部门和发改部门作为牵头单位的大致各占一半，其余还有40多个地方政府还没有明确牵头单位。其中，为了应付上级要求，依然存在不是牵头单位的财政部门或发改部门也得上报材料，从而造成地方同级政府部门之间PPP工作重复进行，工作效率低下等问题突出。

(3) 一些地方政府对 PPP 基本问题的认识和实践存在偏差,在一定程度上影响了 PPP 模式的推广运用。由于 PPP 模式是一种需要通过制度创新才能有效实施的政府和社会资本合作新模式,一些地方政府对实施 PPP 的指导思想、基本原则、制度规范等基本问题还停留在对有关文件的字面理解和认识上,对哪些项目适用 PPP 模式、社会资本比例和资本投资回报率如何确定等实际问题,缺乏明确的思路和操作规范。例如,有的地方政府将一些容易把握的 BT 项目作为 PPP 项目申报,这不符合政府和社会资本长期合作的要求;有的地方政府强调 PPP 项目应由国有企业控股,这不利于民营企业或社会资本进入,多数地方政府难以有效确定项目的资本投资回报率,等等。同时,许多地方政府缺乏 PPP 项目招标、评标的专业队伍和专门人才,目前可信任的社会专业组织也较少而且缺乏实践检验。因此,在具体实施 PPP 项目时存在许多困难和不确定性,一些地方政府及其部门存在"多一事不如少一事"现象。一些地方政府为了应付上级督查,上报的 PPP 储备项目缺乏严密的可行性论证,有的项目只有申报名称和金额,从而出现了"落地难"问题。

(4) 许多民营企业对 PPP 项目疑虑重重,处于观望状态。民营企业申报 PPP 项目的前提是要有长期稳定的政策环境并能取得合理的资本投资回报。同时,民营企业普遍要求对 PPP 项目具有控制权和实际运营管理权。但在实践中,由于多数 PPP 项目具有公益性,事关社会公共利益和社会稳定,因此,不少地方政府习惯于对 PPP 项目的控制权和管理权,对民营企业合理资本投资回报的预期缺乏较为明确的反映。同时,由于地方政府领导换届、调动频繁,许多民营企业担心政策多变,缺乏长期稳定的政策环境,等等。由于民营企业和政府在承担 PPP 项目风险和能力上的不对称性,这些都使民营企业对承担 PPP 项目疑虑重重,担心其投资成为沉没成本。因此,处于观望等待状态,难以激活市场活力。

(5) 一些地方国有企业缺乏出让可以市场化的存量资产的动力。按照深化经济体制改革的基本思路,为了盘活用活存量国有资产,可以将原有由地方国有企业垄断经营、具有明确的收费基础,并且通过收费完全覆盖投资成本的行业或领域，通过PPP形式向民营企业和社会资本开放，出让部分存量国有资产。但在实践中，作为适合市场化的经营性行业或领域的在位企业或既得利益集团，不仅不愿意出让或部分出让这些可经营性的领域或环节，还热衷于与民营企业争夺新的具有可经营属性的PPP项目。对通过经营性收费方式难以弥补投资成本、需要政府补贴的准经营性PPP项目，特别是缺乏使用者付费基础、主要依靠政府付费的非经营性PPP项目，地方国有企业普遍缺乏申报和运营的积极性，从而造成一定数量的公开招标的准经营性项目，特别是非经营性项目无人问津的局面。

（6）在市场化改革过程中存在政府对PPP项目的监管职能定位模糊、监管缺失等问题。财政部和国家发改委的《合同指南（2014年版）》中规定，PPP模式中的政府主体是具有相应行政权力的政府，或其授权的实施机构；按照有关法律法规和政府管理职能的相关规定；行使政府监管职能是政府主体的重要权力。而政府授权的实施机构可以是行业管理部门、事业单位、行业运营公司或其他相关机构，这会导致政府对PPP项目的监管职能定位模糊，因为除地方各级政府和行业管理部门之外，其他机构并不具备政府管制职能。让缺乏政府管制职能的机构作为PPP项目的实施机构，易于造成政府管制的缺位或越位。特别地，如果由国有企业作为实施主体并行使部分管制职能，将会带来政企不分问题，也为阻碍民营企业进入城市供水行业提供了权力空间。同时，由于一些政府部门缺乏对特定城市供水PPP项目的全面了解，难以获得有效的管制信息，从而产生政府、管制失灵。

二 政府和社会资本合作政策优化基本方向

政府和社会资本合作推进了中国城市供水行业市场化改革的快速发展，国家发改委、财政部出台的政府和社会资本合作的相关政策文件，对深化城市供水行业市场化改革具有重要的促进作用，但现实中由于两部委的政府和社会资本合作文件之间存在一定分歧，这在一定程度上阻碍了城市供水行业市场化改革项目的推进或带来了一定的低效率问题。因此，需要进一步优化政府和社会资本合作的政策。

（一）进一步明确 PPP 项目的主管部门

我国不同于欧美等发达国家，只有一个财政部门负责 PPP 项目的政府管制。我国有国家发改委和财政部两个部委共同作为 PPP 项目的立法和试点的主管部门。省市一级政府为了上下对接，一般由发改或（和）财政作为 PPP 项目的主管部门，甚至有些还由建设等行业主管部门作为项目的主管部门。为了实现多部门的协调发展，需要进一步明确主管部门，将与 PPP 有关工作统一到财政或发改部门进行主管，其他部门给予配合或者负责某些行业 PPP 项目的具体实施工作，这将有助于进一步明确部门职责，提高 PPP 项目的运行效率。此外，还可以在省市政府内部单独成立进行 PPP 项目运作、培训与示范工作的 PPP 中心，这将有助于加强 PPP 项目主管部门与职责部门之间的沟通联系，提高 PPP 项目运作的科学性。

（二）进一步确定 PPP 项目的合同主体

城市供水行业 PPP 项目的合同主体主要涉及政府方和社会资本方。国家发改委规定，项目实施机构包括行业管理部门、事业单位、行业运营公司或其他相关机构。而财政部并未明确规定 PPP 项目的合同主体。由于行业运营公司和其他相关机构往往难以顾全政府利益和社会公众利益。同时，相比于行业管理部门，事业单位的权力性与权威性较为弱化。因此，建议优先选择行业主管部门作为项目的实施机构。由于国家发改委和财政部对 PPP 项目社会资本方的界定存在一定的差异，因此，本书建议明确城市供水行业 PPP 项目的社会资本方可以是国有企业、民营企业、外商投资企业、混合所有制企业或其他投资、经营主体。但本级政府下属的政府融资平台公司及其控股的其他国有企业（上市公司除外）不得作为社会资本方参与本级政府辖区内的 PPP 项目。

（三）进一步明确不同项目的操作方式

国家发改委主要针对新建项目，并说明了 PPP 项目的 BOT、BOOT 等主要操作模式。财政部主要针对新建和存量项目，说明了项目的操作方式有 BOT、BOOT、TOT 和委托运营等，但并未给出不同项目 PPP 模式的选择方式。一般而言，PPP 项目可以分为运营管理项目、有限产权项目和永久产权项目三类。其中，只涉及运营管理环节的可以通过作业外包和委托运营两种方式来实现；对运营期内拥有产权的有限产权PPP项目而言，新建项目可以采用BOT、BOOT、BT、BOO模式，已有项目可以采用TOT模式，改扩建项目可以采用ROT模式；永久产权类PPP项目可通过股权/产权转让、合资合作方式来进行。

（四）重视PPP项目的规范运作

规范运作是中国城市供水PPP项目与发达国家间存在差距的重要原因之一。因此，需要推进城市供水行业PPP项目的规范运作。第一，建立符合实际、符合逻辑、公开透明的程序；第二，通过招标或其他竞争机制，实现多主体、更多投资人共同参与竞争的局面，从而实现充分竞争；第三，要有专业的中介结构提供支撑，项目结构设计和文本编制要符合市场和资本市场要求；第四，招标文件和评标办法不能有歧视性条款，以及为实现某种目的（如吸引外资）而扭曲评标办法，从而影响评标结果。

（五）发挥中介机构的智囊作用

聘请中介机构提升城市供水行业PPP项目的规范性已经成为国际惯例。因此，聘请专业化的中介机构理应成为中国城市供水行业市场化改革与PPP项目运作的重要内容。从中国城市供水行业市场化改革实践来看，中介机构的水平参差不齐，专业化、高水平的中介机构十分稀缺，因此，建议打破国内选择中介机构的局限性，建立国际化视野，通过招投标的方式在国际范围内选择适应城市供水PPP项目运作的中介机构。禁止地方政府在聘请城市供水PPP项目中介机构时提出的各种不合理要求，包括具有工程招标资格或中央投资项目招标代理资格、在当地注册、进入当地政府中介机构名录等。同时，应该禁止轻视经验只看咨询价格，甚至在固定价格前提下通过抽签的方式随机选择顾问的做法。

（六）健全PPP项目的配套机制

地方政府通过建立健全PPP项目的配套机制，有助于吸引社会资本参与PPP项目竞标，提高选择有效企业运营PPP项目的概率。一是省市政府针对城市供水行业PPP项目特征，健全相应的服务机制，出台PPP项目的优惠政策，从而吸引社会资本投资；增强服务意识，建立部门之间并联式的项目管理模式，超前做好项目的选址、项目规划与设计、土地供应等工作；二是建立基于成本、效率导向的收费定价机制与价格调整机制，改变调价就是涨价的低效率价格形成机制格局；三是健全风险共担机制，由私人部门承担建设、运营、技术等风险，政府承担政治、法律以及政策等风险，建立风险承担程度与项目回报相匹配机制，避免地方政府过度承诺。

（七）加强PPP项目的有效管制

城市供水行业PPP项目管制主要分为两个方面：一是上级政府对下级政府的管制，主要涉及运作过程管制和履约管制；二是地方政府对PPP项目公司的履约管制。在现实中，对后者有所考虑但不规范，而对前者的考虑仍然不够重视。一般而言，对PPP项目的有效管制，不仅指政府依照法律法规对供水产品的质量、价格等的常规管制，也包括对特许经营合同或PPP协议内容的管制。第一，强化信息公开。建议公开城市供水PPP项目的基本信息、项目建设运营的投资与成本信息以及其他法律法规规定需要公开的信息等；第二，建立项目信息定期备案与PPP项目绩效评价制度；第三，优化现行监督体系，形成立法监督、行政监督、司法监督、社会监督的城市供水行业PPP项目的监督体系。其中，推进社会治理体系改革，提高PPP项目管制中的社会公众参与度。

第四章 城市供水行业管理体制变迁及其典型问题

传统产业组织理论认为，城市供水等具有自然垄断特征的产业应当由政府或国有企业垄断经营，实行严格的政府管制。但从实践来看，垄断常常降低企业的竞争活力和经济效率。中国城市供水行业大而全、小而全的分散化运营模式和区域性行政垄断的管理体制，往往导致成本价格倒挂、企业运行效率不高，在较大程度上影响资源配置效率。我国城市供水行业实行垄断型业务与竞争型业务垂直一体化的经营模式，易于引发企业"寻租"和各业务环节的不正当竞争，从而损害社会福利。管理体制和运行机制是影响城市供水行业市场化改革效果的重要因素，因此，本章将分析中国城市供水行业管理体制变迁路径，揭示其存在的典型问题，并提出中国城市供水行业管理体制变迁的基本取向。

第一节 城市供水行业管理体制变迁的现状评估

随着中国工业化、城市化的快速发展以及全球气候变化的影响，我国水资源短缺形势十分严峻，人均水资源仅为世界平均水平的1/4，有400多个城市供水不足，其中100多个城市水资源严重短缺。新中国成立以来，城市供水行业由政府统一管理，政府既是政策的制定者和监督者，又是重要的经营者，其管理经营体制具有典型的行政垄断性，从而在我国城市供水企业中出现了经营效率不高、服务水平和供水普及率较低以及管理部门职责不清、责任不明等问题。水资源短缺的严峻形势以及供水行业管理的行政垄断弊端，迫使中国政府考虑城市供水行业管理体制改革问题。中国城市供水行业改革是在政治经济体制改革背景下产生的，从制度变革、经济增长速度和重大外部冲击等多维视角出发，主要经历两个时期五个阶段。两个时期主要包括从新中国成立到1978年的计划经济时期和1978年年底改革开放至今的逐步深化改革、建立中国特色社会主义市场经济体制的新时期。五个阶段主要包括1949—1957年新中国成立后恢复发展时期、1958—1978年动荡发展时期、1979—1991年经济体制转型初期、1992—2002年全面建立市场经济体制时期以及2003年至今完善市场经济体制时期。其中，在中国政治经济体制改革和变迁过程中，城市供水行业管理体制经历了四轮变革，取得了显著的发展成就，但也存在一些现实问题。因此，本节将对中国城市供水行业管理体制变迁的阶段特征、政策法规与典型事实进行分析。

一 城市供水行业管理体制变迁的阶段特征

新中国成立以来，建设部门是城市供水行业的管理部门，建立了一套较为完善的部门规章和政策体系，形成了与之配套的、较为合理的技术支撑体系，这为保障城市供水安全和供应发挥了至关重要的作用。从中国城市供水行业管理体制变迁来看，主要分为四个阶段：

第一阶段（20世纪50年代初至70年代末）：政府统包，福利供给。国家将自来水、下水道……防洪排水等确定为城市建设的重要内容，并纳入综合建设管理部门——原建筑工程部的职能范畴。先后颁布《饮用水水质标准》《城市供水工作暂行规定》《城市供水水质管理工作的规定》以及《关于加强节约用水管理的通知》等。该阶段城市供水行业发展较为缓慢，主要由事业单位负责经营，并基本实行无偿供水或收取低廉水费。

第二阶段（20世纪70年代末至90年代初期）：政企合一，综合管理。从1979年成立国家基本建设委员会开始，明确提出今后在国家基本建设计划中要专列市政公用设施（含供水、排水、防洪等）。国务院对各项建设职能进行归并处理，立足建设并将职能扩大到地理测绘、环境保护等多方面，成立了城乡建设环境保护部。1988年，国务院进一步集中和明确了城市建设职能，撤销城乡建设环境保护部，设立建设部，将环境保护职能并入新成立的环境保护总局。先后颁布《市政工程设施管理条例》《城市节约用水奖励暂行办法》《关于完善和制定〈城市用水定额〉的通知》《关于加强城市地下水资源管理的通知》《城市节约用水管理规定》以及《城市排水监测工作管理规定》等。该阶段建设主管部门是城市供水行业的投资者、建设者和运营管理者，城市供水管理呈现出行政管理、行业管理和经营管理的基本格局。城市供水行业具有典型的计划经济属性，自来水厂由事业单位或国有企业来运营。该阶段城市供水行业基础设施建设获得一定程度的发展，按照保本微利原则制定水价，并对使用者收取自来水费。

第三阶段（20世纪90年代到2002年）：引入市场，转变职能。该阶段以1994年颁布《城市供水条例》为标志，明确"国务院城市建设行政主管部门主管城市供水工作"。1998年，在国办发〔1998〕86号确定的建设部"三定"方案中，明确规定，建设部"研究拟定……市政公用事业的方针、政策、法规，以及相关的发展战略、中长期发展规划并指导实施，进行行业管理"，"指导城市供水节水……市政设施工作……指导城市规划区内地下水的开发利用与保护"。随着城市化水平的提升，传统农田水利比重在严重萎缩，在这一背景下，深圳市探索组建了全国第一个水务局，将建设局行使供、排水工程建设的组织管理职能并入水务局。但建设部门依然对城市供水和排水行业进行指导。该阶段先后颁布了《中华人民共和国水法》《关于加强城市供水节水和水污染防治工作的通知》《城市污水处理及污染防治技术政策》以及《城市供水价格管理办法》等。该阶段城市水费的征收范围和力度在逐渐加大，并开始征收污水处理费。

第四阶段（2002年至今）：深化改革，完善监管。该阶段以颁布《关于加快市政公用行业市场化进程的意见》为标志，逐步实现"政企分开、管办分离"，政府职能由行业管理向市场监管转变。在2008年国办发〔2008〕74号确定的"三定"方案中，明确规定，住房和城乡建设部"指导城市供水……工作"；"由城市人民政府确定市政公用事业、绿化、供水、节水、排水、污水处理、城市客运、市政设施、园林、市容、环卫和建设档案等方面的管理体制"。但是，由于地方政府对水资源管理和城市水管理的认识偏差，在确定供水行业管理体制时，欠缺考虑与国务院和省级建设行政主管部门的工作衔接，从而造成了上下部门不对等和部门之间的职能交叉与多头管理。该阶段先后颁布了《关于加快市政公用行业市场化进程的意见》《关于加强市政公用事业监管的意见》《市政公用事业特许经营管理办法》《关于贯彻国务院办公厅关于推进水价改革促进节约用水保护水资源有关问题的通知》《基础设施和公用事业特许经营管理办法》等。该阶段城市供水行业的运行效率和服务水平大幅提升，供水企业生产工艺和水质标准不断提高。该阶段政府职能已由行业管理转向市场监管，逐步实现"政企分开、管办分离"，产权制度改革达到高潮，产业化和市场化进程逐步加快，阶梯水价定价与调价机制已经形成。但是，在市场化改革过程中也产生了一定的负面效应，包括国有资产流失和官员腐败、固定回报或变相固定回报、普遍服务难以保障、政府高价回购以及低质高价等问题，因此，需要进一步加强政府管制。

二 城市供水行业管理体制变迁的政策法规

（一）城市供水行业管理体制变迁的政策法规梳理

1993年以来，中国城市供水行业进入市场化改革的新阶段。2002年以来，建设部等部门出台了一系列城市供水行业管理的政策法规，推进了城市供水行业管理体制变迁。其中，2001年，国家计委发布《关于印发促进和引导民间投资的若干意见的通知》，提出允许并鼓励合作、独资、特许经营等多种方式的外商投资和民间投资参与到经营性的基础设施和公益性的事业项目建设。2002年8月，全国人大修订《中华人民共和国水法》，该法强调水资源要实行统一管理，发挥市场在水资源配置中作用，加强节水和水资源保护的规划和管理，突出水资源开发利用的生态环境保护。2002年9月，国务院办公厅转发《水利工程管理体制改革实施意见》，这在一定程度上解决了水务管理部门生存与公益性建设支出补偿问题，标志着全国正式启动水务管理体制改革。

1. 关于市场化改革问题

2002年12月，建设部发布《关于加快市政公用行业市场化进程的意见》，提出要开放城市经营性行业，建立特许经营制度，提出社会资本可通过多种形式参与城市供水等基础设施建设。2003年10月，《中共中央关于完善社会主义市场经济体制若干问题的决定》指出，允许非公有制资本进入法律法规未禁入的城市供水等公用事业领域，实行政企分开、政资分开和政事分开。2004年5月，建设部出台《市政公用事业特许经营管理办法》，明确了特许经营的含义和范围，确定了特许经营的系列制度。2005年，国务院出台《关于鼓励支持和引导个体私营等非公有制经济发展的若干意见》，支持非公有资本积极参与市政公用事业投资、建设和运营，鼓励非公企业参与公用企业、事业单位产权制度和经营方式改革。2005年，建设部出台《关于加强市政公用事业监管的意见》，明确了市政公用事业政府监管的重要性，指出市政公用事业政府监管的内容、组织以及方式等。

2. 关于水资源管理问题

2011年，《中华人民共和国国民经济和社会发展第十二个五年规划纲要》指出，实行最严格的水资源管理制度，加强用水总量控制与定额管理；强化水资源的有偿使用，严格水资源费的征收、使用和管理，完善污水处理收费制度；继续推进水价改革，完善水资源费、水利工程供水价格和城市供水价格政策；积极推行居民用水阶梯价格制度。2013年，国务院办公厅《关于印发实行最严格水资源管理制度考核办法的通知》提出，全面推进最严格的水资源管理制度考核工作。2014年，水利部会同国家发改委、环保部、住房和城乡建设部、农业部等10部委印发《实行最严格水资源管理制度考核工作实施方案》，细化了考核内容、考核程序和考核评分等，将严格规划管理和水资源论证、严格实施取水许可、严格水资源有偿使用、严格地下水管理和保护、强化水资源统一调度、严格水功能区监督管理、加强饮用水水源保护以及推进水生态系统保护与修复等作为考核指标。

3. 关于水价改革与阶梯水价问题

2004年4月，国务院办公厅出台《关于推进水价改革促进节约用水保护水资源的通知》，明确了水价改革的目标、原则和政策要求，提出要建立多层次供水价格体系。2009年，国家发改委、住房和城乡建设部出台《关于做好城市供水价格管理工作有关问题的通知》，提出规范调整供水价格有关问题基本思路，这表明政府对上调供水价格、推进水价改革持支持态度。2014年1月，国家发改委、住房和城乡建设部印发《关于加快建立完善城镇居民用水阶梯价格制度的指导意见》，要求2015年年底前，所有设市城市原则上全面实行居民阶梯水价制度。

（二）城市供水行业管理体制变迁的政策法规评价

1. 行政管理体制由部门条块分割、城乡分割向推进以区域涉水行政事务统一管理为标志的城市供水行业管理体制转变

城乡分割和部门分割是传统城市供水行业管理体制的特点之一，这形成了"九龙治水"的局面，导致了涉水规划不协调，水源工程与水源配置和调度不统一，供水与排水、节水设施建设不同步。由部门条块分割、城乡分割向水务一体化管理方向转变，既是水资源开发利用规律的客观要求，也是水资源优化配置、高效利用和科学保护的体制保证。

2. 管理运作机制由行政控制向政府主导、社会筹资、市场运作以及企业开发方向拓展

2002年12月，建设部出台《关于加快市政公用行业市场化进程的意见》，明确了市政公用行业市场化改革的基本思路。随后水利部在《深化水务管理体制改革指导意见》中指出，要区分水务行业中的公益性项目与经营性项目，确定不同投资机制与运营模式。其中，对公益性项目，可以采用政府采购方式选择经营者，并由公共财政支付费用。对经营性项目，可以采取市场机制，通过特许经营、投资补助以及招标拍卖等方式，吸引社会资本进入，在公开、公正与公平的原则下，选择优质特许经营企业运营。特许经营者在确保城市供水安全的条件下，通过合法经营取得合理回报并承担相应的经营风险。由此可见，城市供水行业市场化与产业化发展，是城市化快速推进过程中城市供水行业发展的必然选择。

3. 市场结构由行政垄断向市场调节和有效竞争转变

城市供水行业管理导向是市场化与产业化，从而建立政府主导、多元投资、完整合理的市场运作与优质企业运营的城市供水行业发展机制。从《关于印发推进城市污水、垃圾处理产业化发展意见的通知》到《关于推进水价改革促进节约用水保护水资源的通知》，再到《关于做好城市供水价格管理工作有关问题的通知》，这标志着市场化导向的水价调整导向越发明晰，城市用水阶梯价格政策基本确立。此外，准入阶段的有效竞争与运营阶段的区域间比较竞争已成为提升城市供水行业市场化改革效果的重要选择。因此，水利部在《深化水务管理体制改革指导意见》中指出，通过投资主体多元化，以市场为主导、以资本结构调整推动产业整合的政策导向。

4. 投资体制由投资主体单一化向多元化、多渠道、多层次投融资机制建设方向转变

随着城市供水行业市场化改革的有序推进，鼓励和吸引社会资本以多种形式参与城市供水行业基础设施建设已成为有效推进供给侧结构性改革，保证市场化改革顺利进行的重要途径。从国家计委2001年下发的《关于印发促进和引导民间投资的若干意见的通知》到国务院《关于鼓励支持和引导个体私营等非公有制经济发展的若干意见》（"非公36条"），再到国家"十二五"规划纲要，都强调了城市供水行业多元化投融资的政策导向。

5. 城市供水企业由事业单位运作模式转向公司制改革

政企不分、政事不分一直是中国城市供水行业传统管理体制存在的典型问题。城市供水企业公司制改革的核心是如何建立和完善协调运转、有效制衡的公司治理结构，使城市供水企业成为法人主体和市场竞争主体。在完善中国城市供水行业市场化改革过程中，需要厘清政企关系，推进供水行业的企业化运作。2005年，水利部印发《深化水务管理体制改革指导意见》，该意见指出，城市水务管理体制改革取向由直接管理转向间接管理，有效发挥政府在城市供水行业中的管制职能。

三　城市供水行业管理体制变迁的典型事实

作为城市基础设施重要组成部分的城市供水行业而言，从新中国成立至今其管理职能一直归属于建设部门，管理重点由过去的行业管理转向市场监管，但立法工作相对滞后，国家应加大城市供水行业立法进程，厘清部门职能，建立部门间相互制衡、分工协调、科学有效的中国城市供水行业管理体制。目前来看，在国家、省、直辖市层面，城市供水行业形成了较为清晰的管理职能，即由住房和城乡建设主管部门负责指导。但是，在城市政府层面，由于2008年国务院"三定"方案规定，市政公用事业管理体制由城市人民政府确定，这导致现实中有些城市政府将城市供水行业管理职能划出建设系统，这为城市供水行业的垂直管理或市场监管埋下诸多隐患。在城市政府，我国城市供水行业管理体制分为两类：一是由住房和城乡建设部门主管，多部门分工协作；二是成立水务局，将水利和给排水管理职能由水务局负责管理。

（一）各级城市供水行业管理机构设置与权责配置

目前，中国城市供水行业已形成从国家到省市区再到城市以及县市的纵向管制机构设置模式，总体形成由建设部门负责管理或指导的模式。但是，在城市政府或县市政府层面，城市供水行业管理机构存在一定差异，除由建设部门进行管理外，一些城市形成由水务局对涉水环节进行统一管理的新型方式。本部分将对中国各级城市供水行业管理机构设置与权责配置进行分析。

1. 国家层面城市供水行业管理机构设置与权责配置

城市供水行业是保障民生和促进经济社会持续健康发展的重要行业，是城市市政基础设施的重要组成部分。新中国成立以来，一直由国务院城市建设部门负责城市供水行业的监督和管理。2008年，国务院制定新的"三定"方案，明确住房和城乡建设部、水利部和环保部等部门的基本职责。其中，住房和城乡建设部负责城市供水等行业和领域的指导工作。具体包括：研究拟定城市建设的政策、规划并指导实施，指导城市市政公用设施建设、安全和应急管理；拟定城市建设和市政公用事业的发展战略、中长期规划、改革措施、规章；指导城市供水、节水、燃气、热力、市政设施、园林、市容环境治理、城建监察等工作；指导城镇污水处理设施和管网配套建设。水利部负责水资源管理。具体包括：保障水资源的合理开发利用，拟定水利战略规划和政策，起草有关法律法规草案，制定部门规章，组织编制国家确定的重要江河湖泊的流域综合规划、防洪规划等重大水利规划；负责生活、生产经营和生态环境用水的统筹兼顾和保障；负责水资源保护工作；负责防治水旱灾害，承担国家防汛抗旱总指挥部的具体工作；负责节约用水工作；指导农村水利工作等。环保部负责水污染防治。具体包括：建立健全环境保护基本制度；负责重大环境问题的统筹协调和监督管理；承担落实国家减排目标的责任；承担从源头上预防、控制环境污染和环境破坏的责任；负责环境污染防治的监督管理；负责环境监测和信息发布等。其他主要部委职责分工包括：国土资源部负责海洋资源管理；卫生部负责公共场所和饮用水的卫生安全监督管理；国家发改委负责能源资源节约和综合利用等。

2. 省、自治区和直辖市层面城市供水行业管理机构设置与权责配置

目前来看，建设厅或（城乡）建设委员会是省、自治区和直辖市城市建设行政主管部门。除海南省之外，省、自治区由住房和城乡建设主管部门负责城市供水行业管理；北京市、天津市和上海市由水务局负责城市供水行业管理；重庆由市政管理委员会负责城市供水行业管理。海南省由于特殊的地域性特征，在政府部门设置上与其他省和自治区之间存在一定的差异性。具体而言，海南省水务厅管理的城市供水、节水、排水和污水处理等业务由住房和城乡建设部归口管理。显然，海南省城市供水行业的上级行业管理单位依然是住房和城乡建设部。

3. 除直辖市以外的其他设市城市供水行业管理机构设置与权责配置

从中国地级市与县级城市的城市供水行业管理机构设置与权责配置来看，除直辖市以外的设市城市主要由城市住房和城乡建设局或公用局、市政工程局、水务局等部门负责城市给水排水的建设、管理工

作；下设水资源管理办公室、节约用水办公室等机构负责分管的业务工作；设自来水公司、排水管理处或排水公司，分别负责城市供水和城市排水行业的经营和管理工作。从除直辖市以外的其他设市城市供水行业管理机构来看，多数城市的城市供水行业主管部门为住房和城乡建设部门，少部分城市的城市供水行业由水利、环保等部门负责管理。其中，建设部门管理的行政机构主要包括建设局、市政公用（事业）局、城管局、城建局、建委、规划建设管理局以及市政园林局等。

（二）住房和城乡建设部门主管、多部门分工协作管理体制评价

从国家、省市区、城市到县（市）四层城市供水行业管制机构设置与权责配置来看，相比于垂直一体化的管制机构设置模式，从上至下跨系统的管制机构配置模式将会由于沟通、协调以及配合等增加交易成本，从而产生管理低效率问题。相比较而言，由住房和城乡建设部门主管、多部门分工协作的管理体制，有利于发挥单一部门的信息优势，从而提升政府管制效果。目前由住房和城乡建设部门主管、多部门协调联动模式依然是多数城市供水行业管理体制的主要模式。其中，水利部门负责对水源的管制，环境部门负责水环境治理，建设部门负责城市供水、节水和污水处理的管制，通过设置牵头部门、实行多部门协同管理模式，有助于部门之间的相互协调、发挥各部门的专业化优势，从而提升城市供水行业政府管制的专业化与科学性。若从"多龙治水"转向"一龙治水"，将会出现机构臃肿、监督复杂等问题；相反，由多个部门协同治理，将会带来专业化优势。经济理论表明，分工和专业化是提高部门生产效率的重要方式。因此，通过多部门分工协调，有效发挥部门优势，从而实现部门之间的权力制衡和市场化改革效果的提升。

新中国成立以来，一直由建设部门牵头管理城市供水行业，在推进城市供水行业改革与发展过程中，建设部门不断地完善城市供水行业的规划、设计、建设以及管理等技术体系，相继颁布了200余项相关标准规范，培养了数以百万计的专业化队伍，建立了较为完善的城市供水行业监管机构体系和管制平台，形成了较为有效的城市供水行

业质量控制和风险管理体制，为城市的生产和生活提供重要保障。城市供水企业及其配套管网设施，与城市规划、道路建设、建筑工程以及住宅建设密切相关，将城市供水管理纳入城市建设总体管理框架下，有利于协调各类资源要素，通过城市系统的协调发展，大大促进了城市供水管网基础设施的建设与运营能力的提升。因此，由住房和城乡建设部门主管、多部门分工协作的管理体制有利于形成专业化的管理能力，有助于提升城市供水行业的管制效果。

（三）成立水务局，水利、给排水一体化的管理模式评价

目前将水利和城市给排水的管理职能相统一并成立水务局的机构设置模式，主要应用于直辖市和部分地级城市以及县市。该种管制机构配置模式虽然将多个部门的职能统一到一个部门之内，降低了原有部门之间的交易成本，但也带来了"多而不专"的问题。

第一，对城市供水管理的认识存在偏差。目前个别部门将其看作部门职能的简单转移与合并，看作"权力""利益"之争，致使城市供水行业管理脱离城市管理体系之后，与城市规划、建设、运营和管理相脱节，从而在一定程度上影响城市供水行业的基础设施建设。

第二，同一职能下的纵向管理机构不一致，从而造成了管理缺位，增加了交易成本。目前实行水务一体化管理的城市除承担原有水利主管部门的职责之外，还承担着城市供水、排水与污水处理等管理职能。国务院有关部委的职能也尚待理顺，这造成了城市水管理机构上下脱节，产生了管理缺位、错位和不到位现象。如城市供水管网设施与市政基础设施建设不同步、城市供排水及污水处理等工程的资金尚未及时划拨至水务局等新问题。

第三，适用性有限。城市水务一体化模式在北京、上海、深圳、天津等地实施，该模式仅适宜于存在客观需求且城市化进程较快的大城市，对一般城市特别是农村水利占很大比重的市管县城市，并非完全适合水务一体化模式。

第四，割裂了城市规划、建设以及管理的整体性。该管理体制割裂了城市供水、排水和污水处理与城市规划、道路建设、建筑工程、房产管理之间的密切联系，将原本属于城市建设个体职能分离出来，

不利于城市规划、建设和管理的有序协调。

　　第五，限制了水利事业的有序发展。将水利局改为水务局，工作重点和资源配置向城市倾斜，弱化或分散了原有水利部门的管理力量，削弱了对中小河流、病险水库的治理效果。同时，水资源等水利资金以各种名目流入城市，可能对水利工程建设产生消极影响。

第二节　城市供水行业管制体制变迁的典型问题

　　改革开放以来，中国城市供水行业快速发展，目前已取得显著成效，但也存在一定的问题。一是水安全问题尤为突出。从抽检数据来看，2007年，全国饮用水合格率仅为83.4%。2008年，全国地表水水源地35%不达标，涉及16个省份的40个城市。2014年11月至2015年1月，中华社会救助基金会中国水安全公益基金对全国29个大中城市的居民饮用水水质进行取样检测，结果显示，14个城市存在一项或多项指标不合格情况，约占抽检城市总数的48%。二是突发性水污染事故时有发生。如2017年5月5日，四川省广元市环境监测中心站发现嘉陵江入川断面出现水质异常，西湾水厂水源地水质铊元素超标4.6倍，远高于国家地表水环境质量0.0001微克/升的标准，对百姓用水安全构成严重威胁。三是城市内涝频发。随着城镇化进程快速推进，城市内涝防治逐渐成为汛期防灾减灾的"新课题"。据统计，2016年180余个城市发生内涝。其中，2012年，北京"7·21"强降雨引发城市内涝，致70多人死亡，直接经济损失高达100多亿元，严重影响了首都正常生产和生活。上述问题的形成既有技术原因，又有企业管理原因，还有政府管制原因。综合来看，由于法规体系不健全、规划体系不完善以及运行管理不到位等多重因素交织在一起，使中国城市供水行业出现了一些局部问题。

一　城市供水行业的法规体系仍不健全

　　中国城市供水行业相关法规政策在规范城市供水行业管理行为、

加强市场监管以及促进行业发展过程中起着积极的推动作用。但是，中国城市供水行业的现行法规体系仍不健全，缺乏权威性、系统性和完整性，特别在国家法律层面，尚未明确规定城市供水行业的管理职责，这使城市供水行业管理缺乏强有力的法律依据，影响了城市供水行业政府管制的稳定性和权威性。

（一）缺乏高位阶的城市供水行业管理法规

2002年和2008年国家分别颁布新的《中华人民共和国水法》和《中华人民共和国水污染防治法》，明确了水资源管理与水污染防治的管理职责，重点是水资源管理和水环境保护。1994年颁布《中华人民共和国城市供水条例》，该条例虽然对城市供水行业管理机构、城市供水行业基础设施规划、建设、运行以及维护等内容做出规定，但《中华人民共和国城市供水条例》的法律位阶相对较低、权威性不足，而且发布时间较早、时效性较差，一些条款难以适应城市供水行业市场化改革与发展的基本需求。

（二）缺乏系统性的城市供水行业管理法规

城市供水行业管理是一项系统工程，涉及建设、发改、财政、水利、环保以及卫生等多个部门，不同部门根据"三定"方案出台了与部门利益相关的城市供水行业管理规章和政策文件。这些规章政策对城市供水行业市场准入、投融资、水价制定与调价机制、特许经营以及再生水利用等问题进行明确规定，但部门规章的特点是反映本部门利益，缺乏部门之间的统一协调，甚至在一些概念、标准、职责等重要问题上存在矛盾甚至冲突，从而形成城市供水行业市场化改革相关法律法规缺乏系统性或系统性较差的局面。

（三）城市供水行业管理法规的执行率偏低

由于约束城市供水行业市场化改革行为的制度体系多为部门规章，从而造成法律位阶较低。同时，城市供水行业形成自上至下的非统一性的监管机构与权责配置，从而导致自上而下的政策执行到位率偏低。以城市供水行业特许经营协议为例，尽管住房和城乡建设部出台了《市政公用事业特许经营管理办法》和《城市供水特许经营协议示范文本》，并要求城市供水行业特许经营项目签订特许经营协议，但目前一些城市仍然存在不签订协议或协议签订不规范的问题,这为特许经营项目的规范运行与效果提升埋下了诸多隐患。

二 城市供水行业的规划体系还不完善

随着中国进入城镇化发展的中后期,城市发展将呈现出降速、转型与多元的新常态特征。与之适应,城市规划将回归正常、回归本源、回归理性,坚持以人为本、因地制宜、硬软兼顾、刚柔并济的核心原则。[①] 城市规划是以研究城市未来发展方向与城市布局以及安排城市工程建设的综合部署,城市供水规划是城市总体规划的重要组成部分。2005年10月,建设部发布了《城市供水行业2010年技术进步发展规划及2020年远景目标》,提出了"保障供水安全、提高供水水质、优化供水成本、改善服务质量"的总体目标和相应任务。当前中国城市供水行业规划存在一定的问题,这为城市供水行业发展埋下了一定的隐患。

(一)适应城市发展的城市供水规划理念依然缺乏

城市供水行业发展规划是为满足未来一段时期内经济社会发展需要而设计的。城市供水行业规划在城市供水行业的改革与发展过程中发挥了重要作用,但与城市发展完全适应的城市供水行业规划理念尚未形成,从而产生城市供水行业发展滞后于城市发展或过度超前于城市发展两种情况,造成了厂网选址不合理、厂网设施不同步、厂网规模不科学、出厂水标准不与时俱进及其存在重复建设等现象,这在一定程度上限制了城市供水规划对城市供水行业发展的引领作用。

(二)城市供水距离规划与管网规划存在不合理性

随着城市规模的扩大,城市供水行业基础设施建设在不断发展,城市供水管网设施长度也在不断增加,但一些城市供水行业管理部门缺乏对城市供水距离的科学判断和预判,从而在一定程度上造成水资源的浪费。城市供水管网设施敷设的地下属性决定了具有较强的信息不对称性,不同城市在地质结构、城市发展水平等方面呈现出较强的异质性特征,难以依据城市特征设计与之相适应的管网规划。同时,

---

① 杨保军、陈鹏:《新常态下城市规划的传承与变革》,《城市规划》2015年第11期。

如果城市供水管网规划缺乏实际调研可能造成城市供水管网设施的重复配置问题，从而降低城市供水管网设施的资源配置效率，产生资源错配现象，增加供水管网无效长度，造成城市供水管网设施资源的浪费。

（三）城市供水行业设计及其施工与规划存在偏差

《中华人民共和国城乡规划法》要求城市供水系统作为城市中央基础设施应当编制专项发展规划。同时，《城市规划编制办法》以及《城市规划编制办法实施细则》分别从区域规划、城市总体规划、城市分区规划和城市详细规划四个层级对城市供水工程与设施的规划、建设和管理分别提出明确要求。但是，从中国城市供水行业的实践来看，一些城市并未按照相关要求编制城市供水专项规划，或编制规划的科学性相对较弱，甚至一些城市由于城市供水规划与建设职能的主管部门的非同一性，从而在一定程度上造成了建设与规划的不一致性。

三　城市供水行业的运行管理不够到位

有序的运行管理制度与规范实施是提升城市供水行业管制效果的重要前提。中国城市供水行业发展与中国政治经济改革一脉相承，都是由传统计划体制向中国特色市场经济体制转化，现阶段城市供水行业改革并未建立完全意义的市场化，是带有一定行政色彩的部分领域、部分环节的市场化，由此产生当前中国城市供水行业运行管理不到位的现象。

（一）供水压力稳定性与调度运行机制仍不健全

城市供水管道压力是城市自来水稳定输送的重要影响因素之一，从当前城市供水管网压力现状来看，100%的压力稳定尚未形成，由于外力或其他因素的作用导致瞬间压力上升情况时有发生，从而带来水管爆裂或供水不稳定等问题。同时，由于技术人员和资金投入的相对不足，导致增压泵站的利用率较为有限。此外，目前，依然存在诸多供水系统并未建立增压泵站的情况，这极大地影响了城市供水行业的管理效率。

（二）供水行业管制机构设置与责权配置不合理

"三定"方案明确城市政府是城市供水行业的直接管理部门，上级部门需要对下级部门进行指导。从城市一级城市供水行业管制机构设置来看，存在建管分离和建管合一两种模式。相比于建管合一模式，建管分离模式易于产生部门之间的权责配置交叉或缺位问题，甚至造成建管信息共享渠道不畅甚至缺失，从而大大增加了部门之间的交易成本。此外，在部分城市中，存在按照行政区划分割城市供水行业管理，即城市级别城市供水行业主管部门仅有指导职能，具体管理职能下放到区县城市供水行业管理部门，从而破坏了城市级别城市供水行业的整体性，增加了不同行政区城市供水部门之间的协调调度成本，造成了城市一级城市供水行业管制部门对区县城市供水企业运行管制的缺位、错位和不到位。

（三）城市供水行业市场化改革相关机制不健全

价格机制与特许经营机制是影响中国城市供水行业市场化改革效果的重要因素。从中国城市供水行业市场化改革历程来看，缺乏激励性的成本加成定价机制与弱市场化的价格调整机制是当前供水价格制定与调整过程中存在的典型问题。"没有竞争不知成本为何物"，对城市供水行业而言，由于具有典型的区域垄断性，以成本为基础的成本加成定价机制难以有效地测算出城市供水行业成本，从而造成成本加成定价机制的低效率性，为此，需要探索以市场化为核心、以激励为导向的激励性价格形成机制，从而激励城市供水企业提高效率，降低成本。特许经营是城市供水行业市场化改革的核心议题。在城市供水行业市场化改革过程中，特许经营权竞标不充分、竞标机制不健全、评标机制不专业、特许经营合同不完善、利益共享与风险共担机制不合理、退出机制不具体等现实问题制约了城市供水特许经营项目的实施效果。例如，一些项目缺乏对投标企业资质管理和资格审查，完全以投资数额和成本最低作为中标标准，从而导致一些不具备相应资质和运营经验的企业盲目进入，给城市供水特许经营项目的运行带来一定的挑战，必要时地方政府被迫启动回购流程，从而影响城市供水安全和稳定供给。

四 城市供水行业的管理机构仍需优化

新中国成立以来，城市供水行业长期由建设部门负责管理，目前已建立了从地方到中央的垂直管理机构体系，形成了一支具有专业知识和技能的城市供水行业管理团队。但是，由于缺乏法律授权，城市供水行业管理机构体系的建设依然滞后。特别是2008年国务院"三定"方案将城市供水行业管理体制交由城市人民政府之后，部分地方政府将城市供水行业的管理职能划出建设主管部门，并且不接受建设系统的指导，从而造成城市供水行业管理机构设置混乱，这在客观上影响了城市供水行业管理机构体系建设。

（一）自上而下的城市供水行业管理机构设置不相匹配

按照国务院"三定"方案，建设主管部门是城市供水行业的指导部门，城市人民政府确定所在地的城市供水行业管理体制。由于中国目前尚未以法律形式明确各部门在城市供水行业职责，"三定"方案有别于法律授权，因此导致了城市供水行业管理机构的设立、撤销或合并具有一定的随意性。部分城市政府将城市供水管理职能划出建设主管部门，并且不接受建设系统指导，造成上下管理单位不一致，这严重影响了中央对地方城市供水行业垂直监管的作用和效果，加剧了各部门之间的职能交叉和多头管理，这将在一定程度上造成城市供水行业的不稳定，增加不同城市供水行业监管部门的沟通协调成本。

（二）供水行业管理机构之间缺乏有效的沟通协调机制

城市供水行业管理具有典型的"九龙治水"特征，即由建设、发改、水利、环保、卫生、国资等多个部门协同管理。虽然国务院"三定"方案和省市政府"三定"方案对不同部门的职责进行明确规定，但是，由于国家并未通过法律形式明确各个部门在城市供水行业管理中的具体职责，从而在一定程度上导致了城市供水行业管理部门部分违反法律和国务院的有关规定，甚至任意扩大部门职权，人为肢解城市水管理和城市建设管理的整体性，从而导致部门之间上下衔接不够，部门之间职能交叉较为严重，难以形成城市供水设施建设和运营的统一管理和综合协调。

（三）监管人员配置失衡与企业代替政府监管职能并存

城市供水行业政府管制是一项复杂的系统工程，涉及投融资、设计、建设、运营、维护、退出等多个环节的管制问题，具有典型的复杂性和专业化特征。因此，城市供水行业政府管制的特征决定了该行业的管制需要有充足的专业化人员配置。从城市供水行业管制机构人员配置情况来看，呈现出监管人员数量少、监管专业化程度不高的双重特征，在一定程度上影响了城市供水行业市场化改革的管制效果。同时，在县镇一级城市供水企业管制过程中，部分城市存在没有建立城市供水行业管制机构，从而导致城市供水行业管理缺位问题。此外，一些城市通过设立事业单位或将管理职能转嫁给城市供水企业的方式，虽然部分地解决了城市供水行业基层管理的薄弱问题，但也带来了新的政企不分问题。

五　城市供水行业的市场体制尚未形成

2002年，建设部出台《关于加快市政公用行业市场化进程的意见》，明确要求开放市政公用行业市场，尽快形成与社会主义市场经济体制相适应的市场体系。经过十余年的市场化改革，城市供水行业基本建立了以公有制为主体、多种所有制经济共同发展的市场体系，在很大程度上促进了城市供水行业的发展，提高了城市供水行业的运行效率。但目前城市供水行业的市场体制仍不完善，主要体现在投融资体制不健全、市场融资渠道不畅、国有资产管理和监督机制不健全三个方面，这在一定程度上导致了城市供水行业的"资源错配"甚至资源配置扭曲，为社会资本进入城市供水行业带来一定的行政壁垒。

（一）投融资体制不健全

目前城市供水行业的财政投入主要包括中央和地方两级财政资金。中央财政资金主要通过国家预算内投资和财政拨款的方式支出，地方财政资金主要由城市建设维护税、公用事业附加费、市政公用设施配套费等特种税费构成，但并未明确投入城市供水行业的资金比重。近年来，我国市政公用设施固定资产投资金额逐年增加，但占城市建设资金的比重明显偏小且有降低趋势。同时，中央财政资金对城市供水行业基础设施建设的投资明显不足，而且中央财政资金从立项到拨款需要层层审批，周期过长。此外，由于对财政资金的使用缺乏有效监管，导致地方为了争取财政资金支持而人为地做大城市供水规模甚至重复建设，这严重影响了资金的使用效率。

（二）市场融资渠道不畅

城市供水行业的沉淀成本较高且投资回收期较长，社会资本利用自有资金难以进入城市供水市场，必须依靠市场融资扩大资金规模。目前，城市供水市场融资往往以银行贷款为主，而且主要通过资产抵押担保的方式获得贷款，收费权和股权质押贷款还处于摸索阶段。对资产证券化、企业债券、产业投资基金、市政债券等金融创新产品的开发更为滞后，从而对社会资金进入城市供水行业构成一定的挑战。另外，近年来，城市供水项目投资有近70%依靠企业自筹资金和银行贷款。城市供水企业收入的主要来源是水价收入，而"成本价格倒挂"十分普遍，从而使水价收入基本支撑正常的生产运维，而水厂工艺升级、管网改造、检测能力以及应急能力建设等的投入主要依靠银行贷款等方式，市场融资渠道不畅在一定程度上限制了城市供水行业扩大再生产和升级改造。

（三）国有资产管理和监督体制不健全

国有及国有控股企业占主导是城市供水行业产权结构的典型特征，因此，对一般竞争性行业国有企业的监督管理方式无法适用于城市供水行业。具体表现在两个方面：一是不适合考核城市供水行业利润。城市供水行业是城市居民生产生活的基础性行业，水价制定应以保本微利为原则，而且国有城市供水企业还承担着安全保障和应急抢险的责任，这些因素往往导致国有城市供水企业产生政策性亏损。二是对国有资产的转让和出售不适用。城市供水行业基础设施具有较强的资产专用性，不能简单地通过竞价方式转让或出售国有资产，需要综合考虑水质、水价以及职工安置等问题，否则可能发生兰州等地外资溢价收购水厂进而影响社会稳定的事件。

第三节　城市供水行业管理体制的国际经验

发达国家城市供水行业市场化改革实践对中国城市供水行业市场化改革具有重要的借鉴意义。英国、美国、法国和荷兰等国家是世界范围内较早探索城市供水行业改革并取得良好效果和具有丰富经验的国家。这些国家最初由政府投资和运营，产生了低效率和高成本问题，这倒逼政府引进民营企业实现投资主体多元化，从而提升城市供水行业运营效率和服务水平。发达国家城市供水行业管理一般采取多部门协同的分级管理模式，各管理机构与层级之间职责明确、相互协调，既有分工又有合作，既相互配合又相互制约，共同管理城市供水行业。为此，本节将重点分析英国、美国、法国、荷兰等国城市供水行业市场化改革的典型模式，总结提炼对中国城市供水行业管理可资借鉴的经验启示。

一　英国模式

20世纪初期，英国政府对城市供水行业分阶段实行国有化改革，建立由政府垄断的城市供水行业管理体制。随着国家垄断经营城市供水行业的不断发展，经营效率降低、财政赤字增加等问题也逐渐暴露出来。1973年，英国颁布《水法》，英国国会批准对城市供水行业进行重组改革。政府将分散的城市供水企业主体整合成为10个水务局，实行按流域分区管理，进行全面的私有化改革并取得成功。总体来看，英国城市供水行业改革经历行业早期整合、行业重组和私有化三个阶段。1989年，城市供水行业开启全面私有化进程，将10个水务局的资产与人员转移至有限公司，并通过在伦敦证券交易所上市来筹集资本，实现公共资本的一次性注入。同时，英国政府免除了城市供水企业的主要政府债务，还提供必要的资本税收补贴。

英国城市供水行业改革采取的措施主要有：①股份制改造、整体或部分出售国有资产；②放开城市供水行业的市场准入；③采用政府出资，私人承包提供产品或服务的方式；④设立机构对城市供水价格和水质进行有效监管。具体来说，水经济督察服务办公室对价格进行管制，水务督察办公室对水质进行监测，国家河流局对污水排放进行监督。英国城市供水行业的私有化改革促进了其运营效率的提高和可持续发展。通过有效管制，能够促使私营城市供水企业承担社会责任，提升水质和服务水平，获取合理利润。

英国涉水事务管理主要涉及国家级、流域级和地区级三个级别。国家级的涉水事务管理机构主要包括环境部、食物环境卫生部和水务管理办公室。环境部负责从地表取水和水源保护。食物环境卫生部负责制定国家标准和相关法规。水务管理办公室负责对水务公司进行经济监管。流域级涉水的运行机构或经营实体主要是水务公司，不属于政府机构，不具有行政管理职能，具有典型的自主经营、自负盈亏特征，主要负责经营性业务，是1989年英国公开出售水务局股票后成立的。地区水资源管理机构的职责是处理供水、废水处理和河流整治等与水有关的事宜，还负责取水许可证和污水排放协议的调整。关于地区水资源管理机构职权的变化或更新，则由英国环境部根据其建议做出决定。

二 美国模式

美国城市供水行业的产权结构改革经历了"私有—私有与公有共存—公有主导"的发展历程。美国政府对城市供水企业的私有化非常慎重，第二次世界大战以来，私人部门在美国城市供水行业总体中占15%左右。整体上看，美国城市供水行业主要采取以公有为主的模式，多数城市供水企业资产归城市政府所有，也有一些城市由政府和私人部门共同管理，例如，美国亚特兰大市采取民营方式把城市供水系统交给苏伊士里昂水务公司负责管理。此外，美国地方政府主要通过发行市政债券的方式筹集城市供水设施建设所需资金，即由地方政府或其授权代理机构发行债券，所筹资金用于城市供水行业的基础设施建设。

美国城市供水行业管理主要分为联邦、州和地方政府三个层次。根据联邦宪法，美国联邦政府主要负责水资源的总体政策和规章，由各州负责实施。联邦政府的涉水事务管理机构主要包括环保署、农业部自然资源保护局、水土保持局、鱼类和野生动植物管理局、内务部垦务局和国家地质调查局水资源处。国家地质调查局水资源处主要负责收集、检测、分析全国所有的水文资料，为水利工程建设和水体开发利用提供政策性建议。农业部自然资源保护局主要负责农业用水资源的开发、利用和保护。内务部垦务局主要负责水资源管理、水质保护和其他环境计划及提高现有设施效益。环保署的主要职责是制定环境规划国家标准，全面贯彻并强制执行国会颁布的环境法案；授权各州发放取水许可证；管理水质，包括饮用水水质、水源水质和水环境；制裁未达到国家环境标准的州，负责采取措施协助其达到要求。各州拥有较大的自主权，在联邦政府的指导下，自行决定涉水事务的管理体制。以加利福尼亚州（以下简称加州）为例，加州的涉水事务管理机构包括水资源局、公用事业委员会水务部、环保局（包括州水资源控制委员会和地区水质量控制办公室）和其他监管机构（如东海湾大都会水管局和南加州大都会水管局）。地方政府的涉水事务主要通过成立委员会进行管理，具体负责城镇涉水事务管理机构的运作，主要职责是负责执行联邦和州政府制定的规划、政策和标准等，管理当地涉水工程的建设、运行和维护。

三 法国模式

法国城市供水模式是在保留产权公有前提下，通过委托运营合同方式引入私营公司参与城市供水设施建设与运营。法国城市供水模式本质上是将城市供水行业基础设施的运营权外包给私营企业，并未涉及基础设施所有权的转移问题。1982年《分权法案》和1992年《水法》颁布后，法国开始吸引私人部门进入城市供水行业，但只限于净水处理、配送、管网维护等环节，所有权公有依然是多数城市供水行业的典型特征。法国城市供水行业的运营模式主要有四种类型：一是直接管理模式。市政当局不仅进行投资和建设，而且设立项目公司直接参与项目的运营，负责城市供水行业服务运行的全部费用，实现产权和经营权的统一，其性质是完全的公有企业，受托企业为公共部门服务，不直接从用户获取营业收入，而是从地方财政预算中支出报酬。目前在法国除个别大中城市因历史原因仍沿用该模式外，一般只有小型乡镇采用这种自主管理模式。二是委托运营。市政当局投资、建设，把城市水务设施运行部分委托给私人经营者，财产所有权归市政府所有。经营公司出经营周转资金，由私人供水公司向用户收取水费，出租合同期一般为5—20年。此类项目的产权和经营权虽然没有分离，但经营权被委托代管。三是特许经营。市政当局批准立项，与公司签订合同，委托私人公司进行供水工程的投资、建设和经营，经用户收取水费偿还投资。合同期满后，将供水设施和管网资产归市政当局，这是有期限的私有化。与租赁管理不同，特许经营权管理要求受托企业承担投资费用，一般合作期相对较长。四是混合管理。该模式是介于委托经营和直接管理之间的模式。例如，市政府可以决定自主管理水厂和配水干管，而把配水支管和引入管（又称进户管）交由企业管理，连同直接面向用户的商业行为（开账单和征水费）也交给了私营供水公司办理。另外，还有一些新的形式，如私营供水公司代理市政供水服务，由政府给予报酬或在两者之间进行利润分红。[①]

法国涉水事务管理主要分为国家级、流域级、地区级和地方级四个层级，又称为梯形管理。国家级的涉水事务管理机构主要包括国土规划与环境保护部、公共工程部、农业部、卫生部、工业部和渔业高级理事会。以国土规划与环境保护部为主，该部主要负责国家的水法规、政策和用水标准的制定以及执行情况的监督，流域和地方水法规和规划的审核。全国水资源委员会是法国最高的水务咨询机构。流域委员会和流域水管局是流域级的管理机构。法国将全国水资源分为6大流域，并相应建立6个流域委员会，相当于流域范围的"水议会"，是流域水问题的立法和咨询机构，其决议不受中央政府和地方当局的干预。在流域委员会下，流域管辖所在范围内的地方可成立地方水委员会，委员会主席在地区机构的代表和地方国有公司的代表中选举产生，成员中50%来自地区机构的代表和地方国有公司的代表，25%来自不同用户、沿河土地所有者、专业协会和组织的代表，25%是国家

[①] 李佳：《我国城市供排水行业市场化改革的研究》，博士学位论文，复旦大学，2012年。

代表和国有公司的代表。流域水管局是流域委员会下属的执行机构，实行董事会负责制。水管局董事会由中央政府代表、地方政府代表、用户代表、协会代表和水管局职工代表组成，董事长任期三年。水管局局长由国土规划与环境保护部委任，其他领导成员从流域委员会中的地方代表和用户代表中选举产生。地区级和地方级的涉水事务管理机构对应行政大区、省和市镇而建立，具体负责城镇涉水事务管理，隶属于各级城镇或多个城镇的联合管理机构。这些管理机构有的由该城镇直接管理，市长、市委会及当地议员领衔；有的由多个城镇联合，由一名主席和各城镇指派的代表组成管理委员会。这种联合管理模式既可以是单一职能的，即仅限于涉水事务管理；也可以是多职能的，涉及固体废弃物、交通、教育及体育设施管理等多项公用事业管理。

四 荷兰模式

荷兰城市供水行业采用公有股份有限公司的运营模式，完全实现公司化运作，具有较高的效率和服务质量。总体而言，荷兰模式能够借助于公司法的保护来规避政治干预，公有供水公司总经理比公用事业单位或法人化的公用事业单位同行享有更多自主权。同时，公有供水公司的成本回收和运营方式显著优于完全公有事业单位。此外，公有供水公司虽然坚持全成本回收模式，但并不以利益最大化为目的。荷兰城市供水行业公有私营模式的发展实践证明，国有企业内部政企分开、企业化运作，外部民主监督得力的情况下，能够实现高效率目标。公有供水公司模式在德国、比利时等西欧国家以及部分北欧国家也较为常见。但公有供水公司模式在发展中国家较为少见，只有菲律宾"水务区"和智利"公有股份公司"等实行公用供水公司模式。

荷兰涉水事务管理分为国家级、省级和地方级三个层级。国家级涉水事务管理机构以住房、空间规划和环境部和交通、公共设施和水资源管理部为主，还包括农业渔业部、公共卫生部等。交通、公共设施和水资源管理部主要负责防洪、排水、大江大河以及渠道海湾等的水资源管理。住房、空间规划和环境部主要负责地下水、取水、环境质量以及环境保护等。水务管理局是省级涉水事务的主要管理机构，该机构负责制定本省的水政策和水规划，对水务委员会和市政府进行监管。同时，省政府有权组建水务委员会，并规定水务委员会的具体任务和运营区域，以及水务委员会机构如何设置和委员会委员的选举，必要时还可废除水务委员会。其中，地下水由各省负责，地表水由水务委员会负责。市政府是地方级供水事务的管理机构，负责具体工程设施的建设和管理，制定实施性的水规划，颁布城市水法规和水政策。此外，荷兰成立的独立于政府机构的水务委员会，该委员会与中央、省级和市级政府平行存在，属于非营利性的专门管理机构，分管地方和区域性的涉水事务。

五　经验借鉴

按照国际惯例，城市供水行业属于公共工程或公用事业范畴。在管理职能上，城市供水行业的行政管理一般属于建设（建筑）部、公共工程部或公用事业部管理，有的国家隶属于城市发展部。由于城市供水行业具有较强的区域自然垄断性特征，因此，城市供水行业管理呈现出较强的属地属性，由城市政府负责城市供水行业基础设施的建设、运营以及维护等工作。一些市场化程度比较高的国家将城市供水行业的业务管理交给城市供水企业，政府主要负责制定城市供水行业规划、法规、政策，并对城市供水行业进行有效管制。发达国家城市供水行业改革提升了企业运行效率，减轻了政府财政负担，增强了供水企业创新动力。但也存在政府职能转变后的自适应不强问题以及对城市供水行业进行管制的低效性问题。现将发达国家城市供水行业管理体制的国际经验总结如下：

（一）形成了与城市供水行业发展相适应的法律制度体系

发达国家城市供水行业管理体制具有一定的差异性，但共性是形成了比较健全的法规制度体系，并依照法律法规管理城市供水事务。

第一，以立法为先导。发达国家通常是立法在先，改革在后，城市供水行业管理也不例外。如英国在1989年首先修订了《水法》，撤销水务局，成立国家河流管理局和水务管理办公室，将原水务局划分为10个水务公司并向社会公开出售股票。荷兰在1957年和2004年先后修订《饮用水供应法》。1957年修订法案目的是鼓励并规范城市供水企业重组；2004年通过修订法案，明确了城市供水行业特许经营权的授予主体是国有供水企业。法国在《水法》中明确了城市供水服务的特许权制度，规定了特许权的撤销或修改情况，以及特许经营期满后资产处置等内容。

第二，形成了较为健全的法规制度体系。发达国家城市供水行业经过上百年的发展，目前已形成一套较为完整的、系统的城市供水行业法规体系。如日本城市供水行业相关法律法规主要包括《水道法》《工业用水法》《工业用水道事业法》《水质保全法》等，各类法律还有相应的实施办法。美国的《安全饮用水法案》《清洁水法案》《公用事业监管法》等。英国的《水法》《水工业法》《土壤保护法》《水环境法》《公用事业法》等。荷兰的《地表水污染法》《地下水法》《饮用水供应法》《水务委员会法》《水管理法》等。

第三，城市供水行业的监管内容较为全面。发达国家的法律法规涵盖了城市供水行为和管理的各个环节，明确了城市供水行业监管的法律依据、监管主体以及实施程序，以及城市供水设施的规划设计、立项建设、投资规模、施工管理、投资偿还、水价制定和水费收取等。同时，对违法违规行为由政府机构依法进行协调和管理，如协调不成则需通过司法程序予以解决。

（二）建立了依法管理、体系齐全的城市供水管理机构

发达国家在城市供水行业管理机构设置上，基本遵循依法管理原则，形成了管理机构设置合理、管理机构职责明确以及事权划分清晰的城市供水行业管理机构体系与权责配置机制。

1. 在法律授权下建立了相对完善的城市供水行业管理机构体系

城市供水行业管理机构设置逐渐从统一的大部门管理向细分的专业管理转变，从行政部门综合管理向独立性监管机构专门管理转变。以英国为例，1930年，英国成立流域委员会，形成了早期以流域管理为特色的水管理模式。20世纪60年代至70年代初，英国对涉水事务管理体制进行重大调整，进一步分散管理职能。1963年，英国撤销河流委员会，成立河流管理局，原河流委员会的职能被29个河流管理局和157个地方管理局取代，河流管理局下设河流处、供水处和污水

处理处。20世纪70年代初至80年代末，英国城市涉水事务管理体制再次进行大规模变革。1973年，在英格兰及威尔士地区颁布《水法》，根据该法将水资源按流域分区管理，通过合并、整顿，成立了10个水务局。流域内不再按照行政区划分和不受管辖权限制，每个水务局[①]全面负责本流域的涉水事务，对所在流域的水资源、供水、排水、污水处理、防洪、航运、渔业甚至水上娱乐等事业实行统一管理。但带来了水费过高且不透明，以及对水务局的水污染控制者和排污者的双重身份感到担心等问题。20世纪80年代末至90年代末，英国开始实行私有化改革，将经营性资产以及业务从政府剥离出来，目的是使城市供水行业运营免受公共部门的财政限制和政府干预。1989年，英国政府修订水法，撤销水务局，公开出售10个水务公司的股份，这些公司在获得政府颁发的取水、供水、污水许可证后，实行自主经营和自负盈亏。原水务局的水土保持、防洪、航运等行政管理职能由新成立的国家河流局负责。1991年，英国成立水务管理办公室，水务管理办公室负责对英格兰和威尔士的城市供水行业进行协调和管理，负责对城市供水行业进行经济监管。20世纪90年代末至今，英国政府进一步完善城市涉水事务管理体制，形成了相对稳定和独立的管理机构体系。1996年，英国政府撤销河流局，将原国家河流局的职能并入新成立的环境署。因此，英国城市供水行业形成了一个相对完整且独立的监管机构体系。环境署负责环保，饮用水监管局负责质量监管，水务管理办公室负责经济监管。

2. 形成了相互协调、相互制约的利益主体与明晰的职能配置

荷兰、法国等明确将城市供水行业管制职责分散到政府机构、事业单位、协会组织、企业单位和社会公众。中央、省、市各级政府的职责划分非常清晰，各自在法律赋予的范围内发挥作用，若发生越权或违法行为，则通过法律手段予以纠正和处罚。同时，明确了政府对企业的监管职责以及企业的运营职责。政府需对城市供水行业进行有

[①] 水务局不是政府机构，而是法律授权的具有很大自主权、自负盈亏的公用事业单位。

效监管，但不得干涉企业的运营自主权。如荷兰城市供水企业是典型的公有公营模式，其中，城市供水企业归政府所有，但采取企业化方式运营，并通过标杆管理提升城市供水企业绩效。

3. 有效发挥行业协会的城市供水行业专业化咨询等优势

城市供水行业管理具有较强的专业性，发达国家普遍成立了城市供水行业协会，如美国成立了水行业协会、美国水质协会和国际水资源协会；荷兰成立了供水行业协会和自来水厂协会；加拿大成立了水质协会；澳大利亚成立了水服务协会；英国成立了水行业协会。这些行业协会聚集了企业、政府、学术界、环保人士以及其他社会公众等群体，通过咨询服务、制定行业规章以及标准等方式协助政府管理城市供水行业，甚至有些行业协会还执行部分行业管理职能。显然，这在推动城市供水行业发展过程中发挥了重要作用。

第四节 城市供水行业管理体制改革的基本取向

新中国成立以来，中国城市供水行业实现了跨越式发展，但在法律法规、监管机构、规划体系、运行管理以及市场化程度等方面存在一定的问题。发达国家城市供水行业市场化改革取得了显著成效，就是因为这些国家在法律授权下建立了相对完善的城市供水行业管理机构体系，逐渐从统一的大部门管理向细分的专业管理转变，从行政部门综合管理向独立监管机构专门管理转变，形成了职责清晰、相互协调、相互制约的不同利益主体，明确了政府和企业的监管与运营职责，发挥行业协会的专业化优势。本节将基于发达国家城市供水行业发展的基本经验，结合中国城市供水行业发展实际，提出中国城市供水行业管理体制改革取向。

一 建立健全城市供水行业的法规政策体系

建立健全城市供水行业的法规政策体系，是发挥市场在资源配置中决定性作用的重要保障。当前城市供水行业的相关法规政策对规范管理行为、加强市场监管、促进行业发展具有重要的促进作用，但现有法规与城市供水行业市场化改革取向之间依然存在一定程度的不适应性。因此，我国应加快城市供水行业立法，通过立法明确城市供水行业监管的法律依据、监管主体以及实施程序等内容。一是抓紧修订现行法规体系中不适应城市供水行业可持续发展的相关内容，包括修订《中华人民共和国城市供水条例》《城市供水价格管理办法》等。二是抓紧制定相关领域依然缺少的行业法规以及相关法规的配套政策或实施细则，包括制定《城市供水行业特许经营管理办法》、修订《城市供水行业特许经营协议示范文本》等。三是梳理协调现行法规政策。由国务院法制办牵头，协调各相关部门，对现行各类相关法规政策进行归纳整理，明确各部门的具体职能，统一标准和概念，系统协调各类法规政策，从而为城市供水行业市场化改革提供完善的法规制度体系。

二　形成责权明确、事权清晰的供水管理体制

虽然国务院以及省市政府在"三定"方案中明确了城市供水行业的主管或指导部门，但"三定"方案并不等同于法律授权，从而导致城市供水行业管理机构在设立、撤销或者合并过程中具有一定的随意性和不确定性。特别地，"三定"方案对城市政府的约束力不强，从而导致管理体制混乱、政令不畅，加大了城市供水行业的管理难度。而且城市供水行业管理涉及多个部门，条块分割严重，影响了城市供水管理的协调性和系统性，部门之间有利就争、有责就推，难以形成合力。因此，建议优化城市供水行业管理体制，建立健全责权明确、事权清晰的城市供水行业管理体制，明确监管主体，优化设置监管机构，合理配置管理职权。一是加快法律授权。明确城市供水行业监管机构的法律地位，加快城市供水行业立法，通过法律确定监管机构的组织结构、人事制度、经费来源、职责权限，未经法律修改不得随意变更，从而增强监管机构的权威性、稳定性和可问责性，增强政府对市场承诺的可信度及可预期性。二是加快建立完善城市供水行业的管理机构体系。设置由国家级、省级和城市级供水管理机构构成的国家与地方分层管理模式，配备专业的管理人员负责对城市供水行业进行监管，特别需要专门设置区、县一级的管理机构，通过对管理人员进行定期培训的方式，提高监管人员的专业技术水平，保证基层的管理不缺位，实现市、区（县）两级协调管理，有效地提高管理效率。三是科学配置城市供水行业的管理职权。通过制定并完善城市供水行业的相关法规，明确城市供水行业监管机构的法律地位，形成建设、发改、财政、国资、环保等多个部门的职能分工与沟通协调机制，确定监管机构的组织结构、人事制度、经费来源、职责权限等关键问题。合理划分监管事权，科学理顺权责关系，落实各级政府"总责"和监管部门职责，层层分解城市供水行业监管职能，做到有权必有责，用权受监督。

三　强化监督指导城市供水行业管理体制改革

当前深化中国城市供水行业管理体制改革迫在眉睫，中央应该遵循"统一指挥、分级负责、属地管理、专业实施"的基本原则，顺应城市供水行业管理工作的客观需求，由中编办牵头协调，组织多部门、多层次、多方位的调研论证，科学地制订改革方案，积极稳妥地推进城市供水行业的管理体制改革。各地应该坚持在中央统一领导下进行改革，加强组织协调，制定改革目标，层层分解落实，加大改革过程中的问责力度，建立改革试点区，通过科学有效的方案部署，稳步地推进中国城市供水行业的管理体制改革。强化监督指导是完善城市供水行业管理体制改革的重要任务。目前对城市供水行业管理体制改革进行监督指导依然比较薄弱，这主要体现在上级对下级的体制内纵向监督体系不健全和社会多元主体的体制外监督渠道不畅通两个方面。因此，强化监督指导城市供水行业管理体制改革需要健全体制内监督体系和扩展体制外监督渠道。

第一，建立传统现场监督和现代远程监督相结合的监督模式。优化现场监督手段，减少"寻租""设租"行为，利用大数据、互联网和远程监控等新型信息化手段，实现对城市供水企业全方位的实时监控，提升城市供水行业监管绩效的监督效果。

第二，创新社会监督的有效渠道、完善社会参与的法治保障机制以及提高社会参与的有效程度。通过多种渠道，定期发布城市供水水质、水量、水价、停水等信息，为社会公众提供微信公众号、APP、官方网站等信息化媒介以及 12345 市长热线等多渠道的随时投诉、及时反馈信息的监督渠道。制定水质保障、绩效评估、结果投诉等不同领域的社会公众参与法规，从而为社会公众参与监督城市供水行业监管提供法治保障。形成均等化的利益诉求表达格局，通过制度创新与制度重构，完善社会公众的利益诉求机制。

此外，健全城市供水行业监管绩效评价指标体系与评价程序选择过程中的社会参与机制，创建从城市供水行业监管绩效评价、结果公开与结果奖惩机制等多个环节的社会公众参与路径。完善有效的利益激励机制，通过激励机制设计，提高社会公众参与城市供水行业监管绩效评价监督的有效性。

四　优化城市供水行业政府管制绩效评价体系

为优化城市供水行业的政府管制绩效评价体系，需要形成管制绩效与官员业绩挂钩的长效机制，建立管制绩效与后续评价挂钩的联动机制，健全管制绩效与政府激励挂钩的协同机制。

（一）形成管制绩效与官员业绩挂钩的长效机制

省、市、县（区）行政首长对本行政区域内城市供水行业管制绩效负责，将其评价结果纳入政府官员晋升评价体系，对发生重大城市供水安全事件以及群众投诉重大事件的城市主要官员实行一票否决制。建立城市供水行业管制绩效评价指标的责任人制度，依据责任不同界定相关责任人的责任权重，综合考虑相关责任人责任权重和公务人员的行政级别，建立与之相匹配的城市供水行业监管绩效评价结果奖励绩效分配方案。

（二）建立管制绩效与后续评价挂钩的联动机制

建议在有关法律法规和制度文件中明确城市供水行业管制绩效与有关水务奖项联动的体制机制。同时，建议在国家层面出台相关政策，建立城市供水行业管制绩效评价结果与城市荣誉以及城市评奖挂钩的联动机制，如在中国人居环境奖、全国文明城市、全国卫生城市以及全国节水型城市等评价中，将城市供水行业管制绩效评价结果作为前置条件，从而增强各级政府提高城市供水行业管制绩效评价结果的动力。

(三) 健全管制绩效与政府激励挂钩的协同机制

城市供水行业管制绩效评价结果与后续财政资金以及其他资金支持相挂钩的双效机制,将为城市供水行业管制绩效提升提供重要保障。具体包括：建立国家城市供水财政支持资金与城市供水行业管制绩效评价结果挂钩机制；形成省市城市供水行业财政支持资金与城市供水行业管制绩效评价结果挂钩机制,如在一些城市水务行业发展专项资金中将城市供水行业管制绩效评价结果作为发展资金支持的重要参考；依托国家水体污染重大科技专项课题等国家重大科技专项,以城市供水行业管制绩效评价结果为参照,形成示范基地选择与城市供水行业管制绩效评价结果挂钩机制；将城市供水行业管制绩效评价结果作为海绵城市申报以及资金支持的重要参考；通过PPP基金等多种方式,支持城市供水行业管制绩效较好城市发展,从而激励城市供水行业管制绩效评价较差地区实现追赶效应。

第五章 产权结构与城市供水行业市场化改革效果

20世纪80年代以来,中国城市供水行业开启了以产权改革、引入竞争和管制创新为特征的市场化改革。产权改革是指非国有资本进入城市供水行业,打破长期以来由国有企业或事业单位垄断经营城市供水行业的局面。引入竞争是指通过增加城市内供水企业数量,打破独家垄断经营,促进辖区内企业之间的区域间比较竞争。管制创新是指将政府对城市供水行业的行政管理转为对进入、价格、投资、退出、质量等环节的政府管制,区分政府和市场关系,将市场化方式解决更有效率的环节交给市场,将市场运行下造成的"市场失灵"大于"管制失灵"的领域交给政府进行管制。对城市供水行业而言,产权改革与引入竞争并非等价,产权改革主要表现在通过招投标等手段,允许非国有企业参与已有或新建城市供水项目的运营。而市场竞争仅指新建供水公司,该供水公司可以由国有企业运营,也可以由民营企业或外资企业运营。产权改革和市场竞争的交集在于由民营或外资企业负责新建并运营城市供水企业。由此可见,产权改革和市场竞争并非完全替代。一些城市为了解决城市供水基础设施投资不足问题,开始尝试引入非国有资本并通过BOT模式新建城市供水企业。[①] 此外,在政府财政投资城市供水行业基础设施不足的背景下,一些城市政府

---

① 比如,沈阳市政府从1995年开始尝试市场化改革,并将第八水厂50%的资产以1.25亿美元出售给中法水务投资有限公司,1996年沈阳市引入新的竞争供水公司汇津水务来运营沈阳市第九水厂BOT项目。

开始将提高管理水平和提升服务能力作为引资目的。[①] 与此同时，随着城市供水行业基础设施的逐步完善以及各地级市经济实力的大幅提升，部分城市供水企业市场化改革的目标已由引入资本，逐步转向提高运营效率上来，一些城市供水企业市场化改革也由涉及资产权转让，开始转向仅涉及经营权转让上来。[②]

上述改革对中国城市供水行业到底产生了什么影响，能否提升城市供水行业绩效是当前亟待解决的重要课题。对产权改革而言，非国有企业是否比国有企业更有效率，非国有资本进入程度对城市供水行业绩效的影响是否呈现出非线性关系？相对于产权改革，市场竞争对城市供水行业会产生什么样的影响？上述问题对深化中国城市供水行业市场化改革以及创新城市供水行业市场化改革路径具有重要意义。

第一节　城市供水行业产权结构变迁的典型特征

中国城市供水行业经过 30 多年的产权改革，目前已形成国有、民营和外资等多种资本共同运营的局面。从市场结构来看，呈现出多数城市完全垄断经营与少数城市引入竞争并存的局面。本节将总结中国城市供水行业产权改革的阶段性特征，分析城市供水行业产权改革与市场竞争的变化趋势，并对 1999—2007 年中国地级市供水行业的

[①] 比如，2002 年重庆江北自来水公司实施厂网产权转让，并由中法水务投资有限公司和重庆市水务控股（集团）有限公司成立重庆中法供水有限公司，项目总投资 12.3 亿元，其中，中法水务投资有限公司持股 60%，重庆市水务控股（集团）有限公司持股 40%，该项目既扩大了公司的投资规模，提高了生产和服务的能力和运营效率，使用户咨询服务率达到 100%，同时大幅提高出厂水合格率。

[②] 比如，2003 年瓦房店市自来水公司通过国有资产委托运营，大幅降低管理成本，使原来的 23 个部门减少到委托运营时的 10 个部门，员工总数由 623 人减少到 283 人，并在 2004 年年底实现用户投诉处理及时率 100%，修漏及时率 100%，用户满意率 94% 以上，水费回收率 98% 以上，与委托运营前相比，大大提高运营效率和管理水平。同时，2010 年年底，望城县供水公司由长沙水业投资管理有限公司委托运营，从而改善公司管理理念，构建出较高级别的营销管理运营体系，大幅提高了管理水平。

平均绩效进行分析。

一 城市供水行业产权改革的阶段性特征

20世纪80年代以来，外国资本开始进入中国城市供水行业，开启了中国城市供水行业产权改革的新征程。但城市供水行业真正意义上的市场化改革始于1992年。伴随着经济体制改革，中国城市供水行业开始进行产权改革。本部分将按照各时期城市供水行业特征，将中国城市供水行业产权改革分为三个阶段。

第一阶段（1992—1998年）：该阶段以吸引外国资本、部分城市开始打破垄断为特征。1992年，中国第一家完全由外资运营的城市供水BOT项目——中山坦洲水厂正式实施。1994年，原对外贸易经济合作部发布《关于以BOT方式吸收外商投资有关问题的通知》，规定外国资本可以通过合资、合作或独资的方式建立BOT公司。1995年，国家计委、电力部以及交通部联合发布《关于试办外商投资特许权项目审批管理有关问题的通知》以及建设部出台《市政公用企业建立现代企业制度试点指导意见》。该阶段市场化改革的制度由缺失到探索出台，并指导有关项目的实践。这个阶段的主要项目还有1995年中法水务以1.25亿美元获得沈阳第八水厂50%的股权、1996年英国泰晤士水务以0.68亿美元获得上海大场水厂BOT项目、1997年法国威立雅和日本丸红株式会社联合体获得成都六厂B厂BOT项目等。

第二阶段（1998—2001年）：该阶段以外国资本进入为主体、国内民营企业逐步进入为特征。随着市场化改革的深入，除法国威立雅、中法水务、泰晤士水务以及柏林水务之外，在国内民营企业中，2000年钱江水利以1.5亿元获得杭州赤山埠水厂30年的特许经营权，同年南海发展开始建设南海第二水厂。该阶段外国和国内投资者通过BOT和股权转让方式参与中国近10个城市供水项目。由此可见，该阶段打破了由外国资本进入城市供水行业的最初格局，基本形成以外国资本为主体、国内民营企业尝试进入的新局面。

第三阶段（2002年至今）：该阶段以确立并完善特许经营制度为核心，以外国资本、国内民营资本大量进入为主要特征。2002年3

月，国家计委公布新的《外商投资产业名录》。同年12月，建设部出台《关于加快市政公用行业市场化进程的意见》。2004年5月，建设部颁布《市政公用事业特许经营管理办法》。同年7月，国务院颁布《关于投资体制改革的决定》。2005年，建设部出台《关于加强市政公用事业监管的意见》，这些法规政策对建立与规范城市供水行业特许经营制度，鼓励外国资本、国内民营资本进入城市供水行业具有重要的促进作用。与前两个阶段相比，该阶段的城市供水行业产权改革项目大幅增加，作业外包、委托运营、BOT、BOOT、BT、TOT、BTO、ROT、BOO、股权或产权转让以及合资合作等模式逐步应用到城市供水项目的市场化改革过程中。同时，除威立雅水务、中法水务、柏林水务和金州水务外，中华煤气、联合水务、韩国可隆集团等也相继进入中国城市供水市场。截至2017年年底，外资企业运营的供水项目超过90个，项目分布在中国40多个城市。此外，由民营企业运营的城市供水企业个数也逐渐增多，其中，主要企业有深圳新大陆水务集团有限公司、桑德集团和深圳金信安水务集团有限公司等。

根据1999—2007年中国规模以上工业企业数据库中的供水企业数据（代码：4610）[1]，本书选择地级市市辖区的供水企业数据进行分析。[2] 随着产权改革的深入，非国有资本的占比有所提高。由图5-1可知，地级市市辖区城市供水行业非国有资本占比由1999年的2.94%提高到2007年的32.6%。[3] 由此可见，产权改革大幅提高

---

[1] 本书所用数据与 Jiang 和 Zheng（2010）、王芬和王俊豪（2011）、王宏伟等（2011）、肖兴志和韩超（2011）存在较大差异，其中，Jiang 和 Zheng（2010）选择规模以上工业企业数据库中1998—2007年的供水和污水处理的企业数据，他们未对供水企业和污水处理企业的数据加以区分；王芬和王俊豪（2011）选择1990—2009年中国国家层面的时间序列数据；王宏伟等（2011）选择1998—2008年35个重点城市的数据；肖兴志和韩超（2011）选择2000—2009年24个省份的数据。由于供水行业的改革以城市为单位，不同城市的改革路径都可能存在差异，因此，本书选择1999—2007年中国地级城市数据进行分析，从而使研究结论更具现实意义。

[2] 由于中国工业企业调研数据库中只有少数城市的数据缺失，因此该套数据能够较好地反映城市供水行业情况。

[3] 2005—2007年非国有资本占比高于全国工商联环境服务业商会的统计，原因在于：这两个结果的数据统计口径不一致，其中，本书数据仅包括地级城市市辖区数据，而全国工商联环境服务业商会的统计口径是所有的供水公司数据。

了中国地级市市辖区城市供水行业的非国有资本比重。

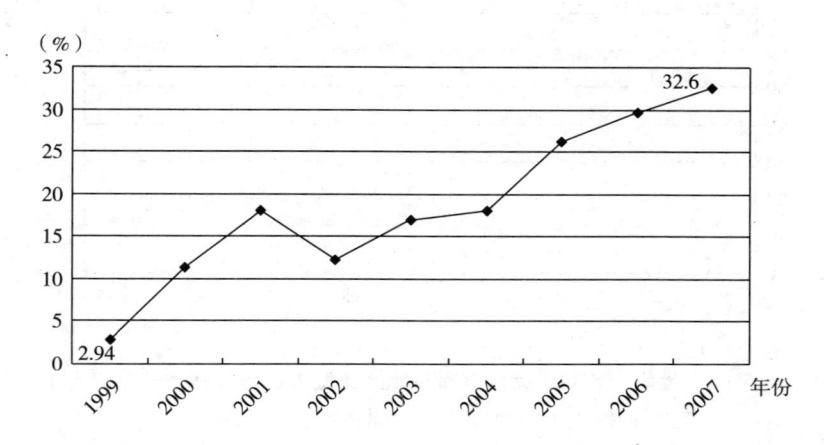

图 5-1 地级市市辖区供水行业非国有资本占比（1999—2007 年）

资料来源：根据1999—2007年中国工业企业数据库中相关数据计算得到。

二 中国城市供水行业的市场结构分析

城市供水等市政公用行业竞争具有特殊性，即城市供水行业的竞争是区域间比较竞争，每个企业负责一定区域内城市供水业务的运营与维护。同时，由于城市供水价格的调价空间有限、调价周期较长，因此，在一定程度上，区域间供水企业的成本以及质量差异会形成区域间比较竞争。与之相关的问题是：一个城市的供水行业由一家公司完全垄断经营与由多家企业分区域运营，两者谁的绩效更好？为了分析这一问题，首先根据1999—2007年中国规模以上工业企业数据库中地级市市辖区的供水企业个数数据，绘制各年完全垄断经营的供水企业占比情况的变化趋势图。由图 5-2 可知，1999—2007 年中国地级市市辖区企业数为 1 的城市占 54%—73%，且在 1999—2007 年逐年降低，这说明中国城市供水行业开始逐步引入新的供水企业，改善基础设施供需矛盾和服务质量，来满足不断增加的工业化和城市化进程的需求。

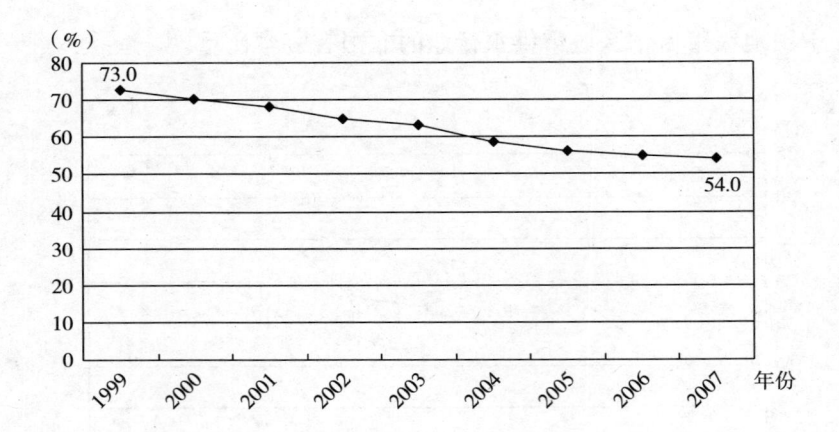

图 5-2 地级市市辖区完全垄断供水企业城市占比（1999—2007 年）

资料来源：根据 1999—2007 年中国工业企业数据库中相关数据计算得到。

三 中国城市供水行业的绩效分析

随着市场化改革的深入，1999—2007 年中国地级市供水行业获得了快速发展。由图 5-3 可知，1999—2002 年中国城市市辖区供水行业的平均综合生产能力大幅上升，但 2002—2007 年城市供水行业平均综合生产能力的上升幅度较小。从平均固定资产投资来看，1999—2007 年整体上呈现出增加趋势（见图 5-4），其中，地级市城市供水行业的平均固定资产投资由 1999 年的 4089.92 万元提高到 2007 年的 6737.34 万元，大约增长 64.73%。总体来看，随着市场化改革的深入，地级市城市供水行业的平均综合生产能力和平均固定资产投资呈现出逐年增加的趋势。

综上所述，产权改革、市场竞争对城市供水行业绩效的影响关系到下一步城市供水行业市场化改革的方向，这涉及城市供水行业非国有资本的比例，以及是否放松对城市供水行业的进入管制。从理论上看，如果市场是非竞争的、具有垄断的，无论国有产权或私有产权都会导致效率低下，但是，国有企业在所有企业中的效率是最低的（Zheng et al.，1998；姚洋，1998；刘小玄，2000；吴延兵，2011），原因在于国有企业所引发的委托—代理问题（Zhang，1997）或政策性负担（Lin et al.，1998；吴延兵，2012）。同时，如果市场是可竞争

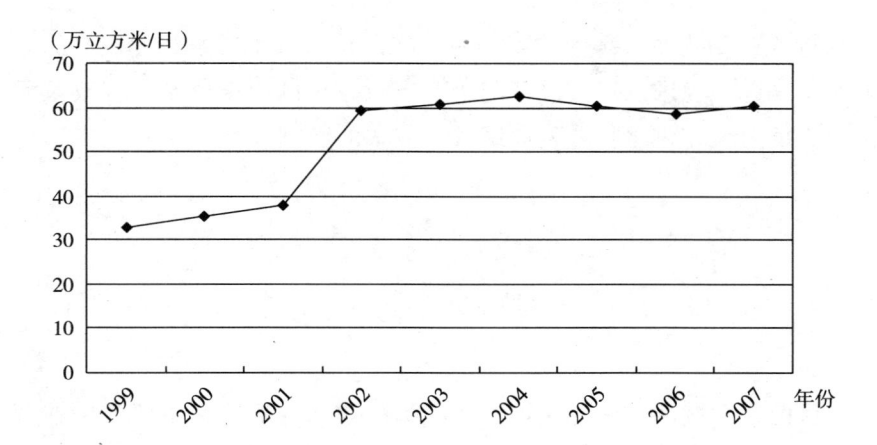

图 5-3　地级市市辖区供水行业的平均综合生产能力（1999—2007 年）

资料来源：根据 1999—2007 年《中国城市建设统计年鉴》中相关数据计算得到。

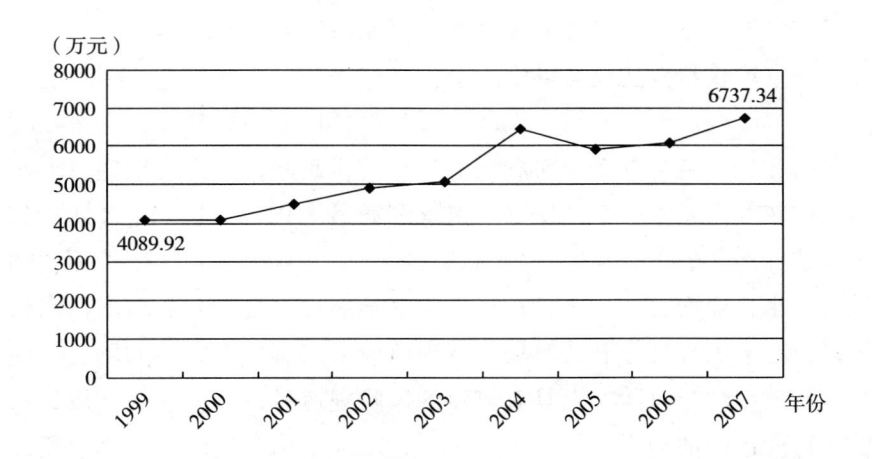

图 5-4　地级市市辖区的平均固定资产投资（1999—2007 年）

资料来源：根据 1999—2007 年《中国城市建设统计年鉴》中相关数据计算得到。

的，没有进入壁垒或存在潜在进入者，市场便会发生作用，产权依然不重要（Baumol et al.，1982；刘小玄，2003）。但是，城市供水行业具有典型的规模经济特征，存在沉没成本，并不能形成完全竞争的局面，完全私有化可能会造成投资不足，因此，所有权或产权问题变得十分重要。本章将运用计量分析手段，实证分析产权结构变迁对城市供水行业市场化改革绩效的影响和产权改革对城市供水行业成本的影响两个问题，力求从产权改革与否、产权改革的程度以及产权改革程度等方面对城市供水行业发展绩效与成本的影响进行研究。

第二节 产权结构变迁与市场化改革成效理论分析

目前，对城市供水行业市场化改革成效问题的研究主要集中在两个方面。一是城市供水行业改革对供水质量和服务能力的影响研究；二是供水行业市场化改革对城市供水行业绩效的影响研究。现有研究主要集中在产权改革能否提升城市供水行业绩效上，而就市场结构或市场竞争对城市供水行业绩效影响的研究还较为少见。

一 产权结构变迁与供水质量

产权结构理论与不同产权结构下企业目标驱动的异质性，决定了非国有化程度越高的企业对利润的追求动机越强，从而可能违背安全属性或在安全基本满足的情况下追求利润最大化，而缺乏生产或销售超过达标产品的主观动力。特别是对与社会公众生命健康密切相关的城市供水行业而言，由于存在较强的安全属性，是否开放城市供水市场以及在多大程度上开放市场，成为政府部门难以决定的问题，一些政府在效率性与风险性上具有较强的风险规避性，从而缺乏开放城市供水行业市场的动力，并主观上认为，产权结构变迁将会带来水质风险，从而降低水质安全。但从严格意义上说，产权结构变迁对城市供水行业市场化改革的影响是双向的，既有效率性又有风险性，两者呈现出反方向变化，当效率性大于风险性时，将会提升城市供水质量；反之将会带来水质安全风险。其中，Galiani 等（2005）考察了阿根廷供水公司的民营化对儿童死亡率的影响。他们发现，阿根廷供水公司的民营化改革使儿童死亡率降低8%，这种效果在贫穷地区更为明显，最高达到26%。Barrera – Osorio 等（2009）通过研究哥伦比亚供水行业民营化后的效果，发现民营化有助于居民健康。城市供水行业改革对服务质量的影响,相应地提高了人们的满意度。Garn 等(2000)通过对比柬埔寨城镇供水行业中的 4 个私人部门和 4 个公共部门的满意度情况,最后发现,私人部门具有更高的满意度。O. Nyangena (2008)认为,私人部门的参与能够提高肯尼亚供水行业的服务质量。从国外相关文献的研究结论来看,产权结构变迁对提高供水质量,促进城市供水行业满意度提升等具有重要的促进作用。

二 产权结构变迁与供水成本

从效率视角来看,产权结构变迁将会提高资源配置的优化程度,从而降低城市供水行业生产成本。产权结构变迁对供水效率的影响主要表现在对供水成本、技术效率以及综合绩效的影响等方面。相对于国有企业而言,非国有企业具有更强的效率优势。Kirkpartick 等(2006)对非洲供水行业进行了研究,也得出了私人部门与公共部门之间的成本效率并无显著差异的结论。同样,Bel 等(2010)研究也没有得出民营化能够降低城市供水行业成本的结论。Lee(2011)运用马来西亚家庭数据进行实证研究,结果表明,私有化对购水难易程度以及提升水价的影响并不显著。Estache 等以及 Galiani 等认为,私人部门进入能够提高城市供水行业的运行效率和服务水平,有助于生产成本的降低。Jing 和 Zhang 认为,由私人参与的控股企业能够降低管理成本和财务成本。与之相反,Saal 和 Parket、Kirkpatrik 等认为,私人部门进入并未降低城市供水行业成本。显然,国外学者对产权结构变迁对城市供水行业成本的影响并未得出一致性的结论,而且多数学者认为,产权结构变迁对城市供水行业成本的影响是不显著的。与国外研究相比,国内学者对这一问题的研究更为少见。周耀东和余晖通过分析成都、沈阳和上海等城市供水行业市场化改革案例,认为法律以及独立的管制机构等正式制度缺失是导致存在固定回报现象的根本原因。因此,企业缺乏降低成本的动力。王岭(2013)认为,私人部门进入在一定程度上降低了城市供水行业的成本,但不同城市、不同私人部门之间存在一定的差异。其中,私人部门进入对地级市供水行业的成本降低效应比县级市更为显著;与外国资本进入相比,国内民营资本进入对城市供水行业成本的降低效应更为显著;私人部门进入显著降低了中西部城市供水行业成本,但对东部城市供水行业成本的降低效应并不显著。显然,关于城市供水行业产权改革对城市供水行业成本的影响显示出一定的异质性特征。

三 产权结构变迁与供水效率

关于供水行业的改革对于企业绩效和技术效率的影响,目前,学术界相关研究成果并未取得一致性结论。Munisamy(2009)通过对比马来西亚供水行业中私人部门与公共部门的技术效率,得出私人部门的技术效率高于公共部门,其中,私人部门的平均技术效率达到86%,公共部门的平均技术效率只有70%。而Byrnes等(1986)通过对比1976年美国68个国有和59个民营供水厂的效率,得出不同所有权供水厂之间的效率并无显著差异的结论。Estacbe和Rossi(2002)分析了1995年亚洲19个国家的50家供水企业的成本效率,结果表明,私人部门与国有部门的成本效率并无显著差异。Clarke等(2009)通过实证分析得出私人部门的进入并未提升城市供水行业绩效的结论。Prasad(2006)也证明了私人部门与公共部门之间的效率并无显著差异。同时,也有少量证据证明私人部门的进入能够显著降低供水行业的绩效。Estache和Kouassi(2002)分析得出1995—1997年非洲21个国家私人供水部门的效率低于国有部门。此外,Mbuvi和Tarsim(2011)研究得出在乌干达供水行业中公私合营的城市供水企业效率低于私有化企业的结论。

关于产权改革对城市供水行业发展问题的研究,学者基本认为,产权改革能够促进城市供水行业的发展。Jiang和Zheng(2010)选择1998—2007年中国工业企业数据库中的供水企业和污水处理企业数据为样本,研究私人部门进入对供水企业的影响,结论指出,私人部门进入能够显著降低供水企业的管理费用,提高企业的利润率。王宏伟等(2011)运用1998—2008年中国35个重点城市的面板数据,实证分析结果表明,私人资本进入能够显著提高中国城市供水行业的综合生产能力和用水普及率。王芬和王俊豪(2011)利用中国1990—2009年的全国总体数据,分析民营化对城市水务行业的总量水平、生产效率、利润和普遍服务四个方面的影响,结果表明,民营化能够显著增加城市水务行业的供水总量和利润水平，但对生产效率和普遍服务水平的影响并不显著。而励效杰（2007）却得出相反的研究结论，他运用2004年全国第一次经济普查数据中31个省份规模以上水的生产和供应业工业企业数据为样本，通过实证研究得出非国有和集体资本比重与供水企业生产效率之间存在显著的负相关关系，这说明产权改革反而降低供水企业的生产效率。同时，肖兴志和韩超（2010）选择2000—2009年24个省份面板数据作为样本，运用动态面板广义矩方法，就政府管制改革对城市供水行业发展的影响进行研究，并得出政府管制改革并未显著促进城市供水行业发展的结论。目前，运用案例方法分析城市供水行业市场化改革的文献还十分少见，在仅有的研究成果中，周耀东和余晖（2005）的研究成果具有典型意义，他们通过分析成都、沈阳和上海等地的市场化改革案例，得出法律以及独立管制机构等正式制度缺失是城市供水项目出现固定回报的根本原因，这限制了供水企业降低成本的动力。于良春和王志芳（2005）、Zhong等（2008）从理论上论证了竞争或产权改革对城市供水行业的影响。其中，于良春和王志芳（2005）认为，可以通过允许区域外企业进入区域内经营、开发公共管道输送业务和促进相邻地带城市供水经营企业之间竞争等方式引入竞争，改革中国供水行业的政府管制，促进城市供水行业的发展。Zhong等（2008）通过理论分析认为，公私合营能够缓解中国供水行业的资本短缺、低效运营和服务质量较低的局面。

目前，学者对城市供水企业的经营情况、城市供水行业的政府管制和部分城市供水行业的市场化改革等问题进行了较为深入的研究，这有助于了解城市供水行业的基本情况和改革历程。然而，现有文献对中国城市供水行业的产权改革和引入竞争的政策效果的研究仍显不足。具体表现在：所选择的数据涵盖的地区较少、数据时间较短、没有考虑产权改革程度对城市供水行业绩效的影响，以及尚未分析市场竞争对城市供水行业的影响等。因此，非常有必要分析产权改革与否、产权改革程度以及市场竞争对城市供水行业绩效的影响及其产权改革对城市供水行业成本影响等问题。

第三节 产权结构变迁与市场化改革效果实证检验

产权结构变迁对城市供水行业市场化改革的影响是多方面的，既可能是产出角度的城市供水行业市场化改革效果的变化，也可能是投入角度的城市供水行业成本的变化。因此，本节将从产权结构变迁对城市供水行业绩效和成本影响两个方面进行实证研究。

一 产权改革、市场竞争对城市供水绩效影响研究

产权改革对城市供水行业绩效的影响，往往与所在区域城市供水企业的数量息息相关。本部分在从产权改革视角探究城市供水行业绩效影响因素问题时，将产权改革与市场竞争同时纳入研究模型中。因此，本部分将从模型构建、数据来源和实证结果三个部分就产权改革、市场竞争对城市供水行业绩效影响问题进行研究。

（一）模型构建

本部分基于 Kirkpatrick 等（2005）、Galiani 等（2005）、Clarke 等（2009）以及王宏伟等（2011）的文献，结合本部分的研究问题，构建计量经济模型如下：

$$\ln(Y_{it}) = \alpha_i + \beta_1 reform + \beta_2 \ln(popdense) + \beta_3 \ln(urban) + \beta_4 \ln(pgdp) + \beta_5 \ln(stru) + \beta_6 \ln(ps) + \mu_i + \varepsilon_{it} \tag{5.1}$$

$$\ln(Y_{it}) = \alpha_i + \beta_1 hhi + \beta_2 \ln(popdense) + \beta_3 \ln(urban) + \beta_4 \ln(pgdp) + \beta_5 \ln(stru) + \beta_6 \ln(ps) + \mu_i + \varepsilon_{it} \tag{5.2}$$

$$\ln(Y_{it}) = \alpha_i + \beta_1 privatization + \beta_2 privatization^2 + \beta_3 \ln(popdense) + \beta_4 \ln(urban) + \beta_5 \ln(pgdp) + \beta_6 \ln(stru) + \beta_7 \ln(ps) + \mu_i + \varepsilon_{it} \tag{5.3}$$

$$\ln(Y_{it}) = \alpha_i + \beta_1 privatization + \beta_2 privatization^2 + \beta_3 hhi + \beta_4 \ln(popdense) + \beta_5 \ln(urban) + \beta_6 \ln(pgdp) + \beta_7 \ln(stru) + \beta_8 \ln(ps) + \mu_i + \varepsilon_{it} \tag{5.4}$$

在模型（5.1）至模型（5.4）中，i 和 t 分别表示城市和年份，

α_i 为常数项，μ_i 为城市固定效应，表示不随时间变化的可观测因素，ε_{it} 为随机扰动项。在模型（5.1）至模型（5.4）中，依据研究问题的不同分别设置不同的核心变量。下面将对城市供水行业的绩效变量、核心变量以及控制变量进行详细说明。

1. 绩效变量（Y_{it}）

在现有研究中，一般选择供水行业综合生产能力、供水价格、供水成本、用水普及率、水质以及固定资产投资等变量来衡量城市供水行业的绩效。然而，鉴于城市供水价格受政府主管部门的严格管制，且具有调价周期较长、调价空间有限的特点。因此，将价格作为供水绩效的衡量指标存在一定的不足。此外，由于供水企业大多没有上市，对供水成本和供水质量的公开程度较弱，因此，较难获得成本和质量方面的数据。同时，发达国家城市供水项目的特许经营期较短，引入私人部门参与的目的在于提高效率。但在包括中国在内的发展中国家，多选择 BOT 或 TOT 模式或股权转让或合资合作模式，这两类模式都不同程度地带有融资性质。鉴于中国城市供水行业投资的供需矛盾较为突出，引入私人部门参与的重要驱动力是获得投资，用以改善供水行业基础设施建设资金不足的问题。因此，本书选择固定资产投资（invest）作为衡量城市供水行业绩效的一个指标。同时，供水行业综合生产能力是衡量城市供水行业发展以及供水普及情况的重要指标。为此，本书选择供水行业综合生产能力（capacity）作为衡量供水行业绩效的另一个指标。王宏伟等（2011）也选择城市供水行业综合生产能力和固定资产投资作为城市供水行业绩效的衡量指标。

2. 核心变量

模型（5.1）至模型（5.4）中的核心变量包括产权改革与否变量（reform）、产权改革程度变量（privatization）和市场竞争变量（hhi）。首先，用虚拟变量 reform 来衡量产权改革与否对城市供水行业的影响，当地级市 i 的供水行业进行产权改革时，reform = 1；否则，reform = 0。其次，我们分析地级市城市供水行业产权改革比例[①]对城

---

① 产权改革比例用非国有资本占实收资本比重来衡量。

市供水行业绩效的影响，并考虑其平方项，以研究产权改革程度同供水行业绩效是否存在倒"U"形关系。最后，为了分析地级市 i 的市场竞争程度对供水行业绩效的影响，本书选择衡量市场结构的赫芬达尔—赫希曼指数（hhi）来作为反映市场竞争情况的指标。[①]

3. 控制变量

控制变量包括人口密度（popdense）、城镇化率（urban）、人均GDP（pgdp）、产业结构（stru）和人均公共支出（ps），这些指标分别衡量城市人口、城镇发展水平、人均收入水平、产业发展水平和政府对公共事业的支出。

（二）数据来源

本部分运用1999—2007年地级市面板数据，分析产权改革、市场竞争对城市供水行业的影响，数据具有样本量大、信息含量丰富的特点。其中，地级市综合生产能力和固定资产投资数据来自1999—2007年《中国城市建设统计年鉴》。关于产权改革与否、产权改革程度、赫芬达尔—赫希曼指数、企业个数的数据来源，主要利用国家统计局的中国工业企业调查数据库中供水企业（代码为4610）数据（销售额在500万元以上的非国有企业和全部国有企业），在剔除建制镇和县域数据后，最终选择地级市市辖区数据作为基础样本。其中，对于产权改革的指标选择，用产权改革与否和非国有资本占总资本的比重两个变量来衡量。[②]

[①] 限于供水行业特征，城市供水市场不大可能进入过多的企业，即使市场竞争与供水行业绩效之间存在非线性关系，现实数据也仅仅处于拐点的左侧，无法观测到拐点右侧的数据，由此本书研究并未考虑可能存在的市场竞争对城市供水行业的非线性影响。

[②] 本书借鉴 Jiang 和 Zheng（2011）在《研究私人资本进入对供水行业影响》一文中衡量产权改革指标的方法，即由于实收资本包括国家资本、集体资本、法人资本、个人资本、港澳台资本和外商资本，并将产权改革的资本定义为由于非国有资本进入所带来的国有产权结构的变化，其中非国有资本是指除国家资本和集体资本之外的其他资本，同时，该文用虚拟变量来表示产权改革，即存在非国有资本进入取1，不存在非国有资本进入取0，本书研究与其略有不同。第一，在数据选择区间上，本书选择的样本区间为1999—2007年，而非Jiang 和 Zheng（2011）的样本区间1998—2007年。第二，在数据处理方式上，本书以地级市市辖区供水企业数据为基础，对同一地级市的供水企业不同资本进行分类加总处理；第三，在指标构造上，本书按照地级市是否有非国有资本进入来构造产权改革与否（reform）变量，即存在非国有资本进入时，产权改革与否变量数值为1，否则为0。同时，用（法人资本＋个人资本＋港澳台资本＋外商资本）/（国家资本＋集体资本）×100%来表示产权改革程度。

赫芬达尔—赫希曼指数①以 1999—2007 年中国规模以上工业企业数据库中市辖区供水企业的总资产数据为基础，将各地级市内的供水企业的总资产数据进行加总，最后计算出各个地级市的赫芬达尔—赫希曼指数。其余控制变量，即人口密度、城镇化率、人均 GDP、产业结构、人均公共支出根据中经网统计数据库中的地级市市辖区数据计算得到。具体如下：人口密度用市辖区年末人口数与市辖区面积之比来表示；城镇化率用市辖区年末非农业人口数与年末人口总数之比来表示；产业结构用市辖区第二产业增加值占 GDP 比重来表示；人均公共支出用市辖区地方预算内支出与年末市辖区总人数之比来表示。各变量的描述性统计详见表 5–1。

（三）实证结果

本部分将运用 1999—2007 年中国地级市供水行业的面板数据，利用 OLS、固定效应和随机效应模型分别估计产权改革与否、产权改革程度、市场竞争程度以及产权改革与市场竞争的综合作用对供水行业的影响，并对上述分析进行稳健性检验。通过 Wald 检验、B—P 检验和 Hausman 检验，最后选择固定效应模型的结果进行分析。

1. 产权改革与否对城市供水行业绩效的影响

产权改革对地级市供水行业的综合生产能力具有显著的促进作用，但对固定资产投资的影响并不显著。表 5–2 结果说明，平均而言，由私人部门进入所引起的产权改革使地级市供水行业的综合生产能力提高 6.7%，这与王宏伟等（2011）得出的私人部门进入使供水行业综合生产能力提升 11.8%—14.9% 的结论在方向上是一致的，但数值较小。这可能因为王宏伟等所选择的数据是 35 个重点城市数据，由于 35 个重点城市经济发展水平较好，市场化程度较高，因此，自身的综合生产能力也较高。同时，由表 5–3 可知，由私人部门进入所引起的产权改革对固定资产投资的影响为正，但并不显著。本书认为，原因可能在于城市供水项目的产权改革多为部分产权改革，政府

---

① 由于在同一地级市中的多家企业之间存在区域间比较竞争，因此可以利用衡量市场结构指标的赫芬达尔—赫希曼指数来衡量地级城市供水行业的市场竞争状况。

表 5-1 变量的描述性统计

变量名称	capacity	invest	reform	privatization	hhi	enterprise	popdense	urban	pgdp	stru	ps
变量描述	综合生产能力	固定资产投资	产权改革与否	产权改革程度	赫芬达尔指数	企业数	人口密度	城镇化率	人均GDP	产权结构	人均公共支出
单位	万立方米/日	万元	改革=1 未改革=0	%	—	个	人/平方千米	%	元/人	%	元/人
全国总体 平均值	53.52	5551.03	0.24	10.09	0.90	1.66	2430.19	59.68	19288.64	49.77	1920.96
标准差	73.38	11812	0.43	25.53	0.18	1.21	2835.26	23.53	14807.81	12.31	2033.68
最大值	693.90	132031	1	100	1	13	50098	100	152099	90.38	34276.10
最小值	0.80	5	0	0	0.17	1	12	12.80	1226	8.57	68.22
样本数	2250	2016	2250	2250	2250	2250	2250	2250	2250	2250	2250
产权改革组 平均值	81.80	9001.01	1	42.66	0.78	2.49	2899.44	63.53	25596.34	51.09	2784.97
标准差	96.81	16067.50	0	36.97	0.23	1.80	3794.46	22.95	17405.37	11.11	3162.37
最大值	638.40	115267	1	100	1	13	50098	100	135728	88.76	34276.10
最小值	2.80	5	1	0.02	0.17	1	77	13.92	3586.87	17.09	100.73
样本数	532	492	532	532	532	532	532	532	532	532	532
产权未改革组 平均值	44.76	4437.26	0	0	0.94	1.39	2284.99	58.49	17335.38	49.36	1653.40
标准差	61.89	9812.24	0	0	0.15	0.79	2447.22	23.58	13318.26	12.63	1421.83
最大值	693.90	132031	0	0	1	6	20093	100	152099	90.38	22070.70
最小值	0.80	8	0	0	0.27	1	12	12.80	1226	8.57	68.22
样本数	1718	1524	1718	1718	1718	1718	1718	1718	1718	1718	1718

表5-2 产权改革对地级市供水行业的综合生产能力和固定资产投资的影响

因变量	log（capacity）			log（invest）		
估计方法	OLS	FE	RE	OLS	FE	RE
reform	0.329*** (7.728)	0.067** (2.263)	0.079*** (2.640)	0.187** (2.502)	0.108 (1.343)	0.097 (1.286)
ln(urban)	0.416*** (8.955)	-0.382*** (-5.476)	-0.046 (-0.755)	0.070 (0.838)	-0.443** (-2.330)	0.028 (0.226)
ln(pgdp)	0.714*** (17.279)	0.179*** (3.732)	0.291*** (6.422)	1.105*** (14.943)	0.307** (2.203)	0.686*** (6.512)
ln(popdense)	0.021 (1.243)	-0.007 (-0.597)	-0.016 (-1.335)	-0.112*** (-3.719)	-0.121*** (-3.467)	-0.146*** (-4.580)
ln(stru)	-0.308*** (-4.128)	0.056 (0.602)	0.116 (1.341)	-0.709*** (-5.382)	-0.002 (-0.008)	-0.213 (-1.117)
ln(ps)	0.062* (1.913)	0.266*** (7.182)	0.197*** (5.597)	-0.097* (-1.681)	0.031 (0.299)	-0.084 (-1.047)
常数项	-4.598*** (-15.539)	1.119*** (2.589)	-1.051*** (-2.815)	0.805 (1.518)	6.966*** (5.691)	3.176*** (4.137)
样本数	2247	2247	2247	2014	2014	2014
R^2	0.408	0.165	0.357	0.188	0.016	0.177
F	257.82	64.55	481.02	77.49	4.58	100.65
Wald检验	25.97*** (p=0.000)			6.38*** (p=0.000)		
B—P检验	3381.70*** (p=0.000)			925.20*** (p=0.000)		
Hausman检验	125.42*** (p=0.000)			64.09*** (p=0.000)		

注：*、**、***分别表示在10%、5%和1%的显著性水平下显著。

对产权改革企业的干预过多，同时，当企业减少投资时，政府又充当投资的角色，从而得出产权改革对固定资产投资的影响并不显著的结论。

表 5-3 产权改革程度对供水综合生产能力和固定资产投资的影响

因变量	log(capacity)			log(invest)		
估计方法	OLS	FE	RE	OLS	FE	RE
privatization	0.020***	0.006***	0.007***	0.011**	0.002	0.002
	(7.155)	(2.870)	(3.369)	(2.265)	(0.358)	(0.490)
privatization^2	-0.0002***	-0.0001***	-0.0001***	-0.0001***	-0.00003	-0.00005
	(-6.765)	(-2.952)	(-3.600)	(-2.800)	(-0.529)	(-0.912)
ln(urban)	0.403***	-0.381***	-0.054	0.038	-0.443**	0.004
	(8.630)	(-5.453)	(-0.889)	(0.452)	(-2.329)	(0.036)
ln(pgdp)	0.733***	0.186***	0.299***	1.122***	0.328**	0.706***
	(17.787)	(3.890)	(6.605)	(15.260)	(2.352)	(6.713)
ln(popdense)	0.022	-0.008	-0.017	-0.112***	-0.122***	-0.146***
	(1.289)	(-0.646)	(-1.383)	(-3.724)	(-3.490)	(-4.584)
ln(stru)	-0.299***	0.068	0.127	-0.689***	0.018	-0.201
	(-4.003)	(0.730)	(1.471)	(-5.226)	(0.067)	(-1.051)
ln(ps)	0.069**	0.268***	0.202***	-0.076	0.050	-0.061
	(2.118)	(7.221)	(5.737)	(-1.320)	(0.474)	(-0.757)
常数项	-4.788***	0.992**	-1.1612***	0.588	6.591***	2.892***
	(-16.280)	(2.285)	(-3.105)	(1.121)	(5.365)	(3.777)
样本数	2247	2247	2247	2014	2014	2014
R^2	0.406	0.166	0.357	0.190	0.015	0.179
F	219.01	55.91	486.71	67.27	3.77	102.02
Wald 检验	26.13*** (p=0.000)			6.33*** (p=0.000)		
B—P 检验	3420.71*** (p=0.000)			918.11*** (p=0.000)		
Hausman 检验	124.79*** (p=0.000)			57.45*** (p=0.000)		

注：**、***分别表示在5%和1%的显著性水平下显著。

2. 产权改革程度对城市供水行业绩效的影响

近年来，由于非国有资本进入后，供水价格上涨、一些城市的水质出现恶化，由此产生供水行业到底该不该引入非国有资本的问题。而在国外一些地区，供水行业完全私有化的绩效较高。那么，对中国而言，是应该实施完全国有化还是应该实施部分私有化或者完全私有化。由此产生非国有资本进入所引起的产权改革程度对城市供水行业的影响是否存在倒"U"形关系的问题，即随着非国有资本的进入，城市供水行业的综合生产能力、固定资产投资随之增加，但非国有资本进入过多，会降低供水行业的综合生产能力以及固定资产投资。为了验证该问题，本书引入非国有资本进入比例作为产权改革程度的替代指标，进而验证产权改革程度与城市供水行业绩效之间是否存在倒"U"形关系。

实证结果表明，产权改革程度与城市供水行业综合生产能力之间存在显著的倒"U"形关系，但产权改革程度对城市供水行业固定资产投资的影响并不显著。由表5-3可知，产权改革程度的一次项、二次项对城市供水行业综合生产能力的影响都是显著的，且一次项系数为正，二次项系数为负，可以验证出产权改革程度对城市供水行业综合生产能力的影响是倒"U"形的。因此，对中国地级市供水行业的产权改革而言，完全国有化和完全私有化都无法提升城市供水行业的综合生产能力。进一步地，通过对表5-3中固定效应模型的结果进行计算可知，城市供水行业产权改革程度的拐点在30%附近。为了提升城市供水行业的综合生产能力，需要继续推进产权改革，但仍需国有资本处于优势地位。而产权改革程度与城市供水行业固定资产投资之间存在倒"U"形关系，但在统计上并不显著。综上所述，在城市供水行业供需矛盾较为突出的背景下，继续推进产权改革，能够提高城市供水行业的综合生产能力，但也要避免完全私有化。

3. 市场竞争对城市供水行业绩效的影响

目前，中国地级市供水行业市场竞争存在两种模式，即由一家企业垄断经营和由两家及两家以上公司来经营，形成区域间比较竞争。那么，究竟哪种模式更能提高城市供水行业的综合生产能力和固定资产投资？为回答该问题，本书将选择赫芬达尔—赫希曼指数作为地级市供水行业市场结构的衡量指标，并对该问题进行实证分析。

市场竞争能够显著提高城市供水行业的综合生产能力和固定资产投资。由表5-4可知，赫芬达尔—赫希曼指数对城市供水行业的综合生产能力和固定资产投资的影响均为负，且都在1%的显著性水平下显著,这说明市场竞争能够显著提高城市供水行业的综合生产能力和固定资产投资,由此验证了市场竞争能够显著提高城市供水行业市场绩效的结论。

表5-4 市场竞争对供水综合生产能力和固定资产投资的影响

因变量	log(capacity)			log(invest)		
估计方法	OLS	FE	RE	OLS	FE	RE
hhi	-0.939***	-0.336***	-0.423***	-1.018***	-0.706***	-0.830***
	(-9.442)	(-4.036)	(-5.113)	(-5.822)	(-3.172)	(-4.139)
ln(urban)	0.431***	-0.386***	-0.055	0.117	-0.442**	0.036
	(9.330)	(-5.540)	(-0.917)	(1.398)	(-2.334)	(0.298)
ln(pgdp)	0.683***	0.173***	0.280***	1.044***	0.289**	0.651***
	(16.499)	(3.635)	(6.208)	(14.054)	(2.084)	(6.197)
ln(popdense)	0.034**	-0.006	-0.015	-0.101***	-0.120***	-0.141***
	(2.042)	(-0.530)	(-1.187)	(-3.381)	(-3.440)	(-4.445)
ln(stru)	-0.332***	0.078	0.133	-0.733***	0.040	-0.210
	(-4.481)	(0.843)	(1.543)	(-5.602)	(0.152)	(-1.104)
ln(ps)	0.078**	0.276***	0.208***	-0.093	0.047	-0.072
	(2.425)	(7.500)	(5.988)	(-1.626)	(0.457)	(-0.912)
常数项	-3.558***	1.341***	-0.670*	2.148***	7.505***	4.116***
	(-10.927)	(3.076)	(-1.757)	(3.673)	(6.090)	(5.146)
样本数	2247	2247	2247	2014	2014	2014
R^2	0.416	0.169	0.363	0.199	0.020	0.188
F	265.90	66.77	502.94	83.14	5.98	117.30
Wald 检验	25.74*** (p=0.000)			6.26*** (p=0.000)		
B—P 检验	3497.69*** (p=0.000)			911.99*** (p=0.000)		
Hausman 检验	321.03*** (p=0.000)			58.30*** (p=0.000)		

注:*、**、***分别表示在10%、5%和1%的显著性水平下显著。

4. 产权改革程度、市场竞争对城市供水行业绩效的影响

为分析产权改革、市场竞争同时作用对城市供水行业综合生产能力和固定资产投资的影响,本部分将非国有资本进入比例的一次项、二次项和赫芬达尔—赫希曼指数同时作为模型的核心变量,应用模型(5.4)进行实证分析。具体结果如表5-5所示。

表5-5　产权改革程度、市场竞争对供水综合生产能力和固定资产投资的影响

因变量	log（capacity）			log（invest）		
估计方法	OLS	FE	RE	OLS	FE	RE
privatization	0.0125***	0.0035*	0.0040**	0.0003	-0.004	-0.005
	(4.124)	(1.783)	(1.969)	(0.062)	(-0.666)	(-0.908)
privatization^2	-0.0001***	-0.00004*	-0.0001**	-0.00004	0.0003	0.00003
	(-3.887)	(-1.910)	(-2.248)	(-0.644)	(0.467)	(0.461)
hhi	-0.7810***	-0.2918***	-0.3758***	-1.019***	-0.757***	-0.895***
	(-7.358)	(-3.359)	(-4.341)	(-5.402)	(-3.227)	(-4.219)
ln(urban)	0.4327***	-0.3812***	-0.0498	0.094	-0.444**	0.018
	(9.351)	(-5.477)	(-0.830)	(1.128)	(-2.341)	(0.145)
ln(pgdp)	0.6837***	0.1760***	0.2865***	1.049***	0.299**	0.662***
	(16.564)	(3.676)	(6.326)	(14.132)	(2.148)	(6.295)
ln(popdense)	0.0303*	-0.0070	-0.0154	-0.102***	-0.121***	-0.141***
	(1.831)	(-0.570)	(-1.256)	(-3.407)	(-3.458)	(-4.442)
ln(stru)	-0.3174***	0.0796	0.1358	-0.721***	0.047	-0.206
	(-4.296)	(0.859)	(1.581)	(-5.499)	(0.178)	(-1.082)
ln(ps)	0.0674**	0.2713***	0.2048***	-0.079	0.060	-0.051
	(2.085)	(7.331)	(5.850)	(-1.372)	(0.576)	(-0.638)
常数项	-3.6939***	1.2834***	-0.7762**	2.070***	7.365***	3.996***
	(-11.314)	(2.905)	(-2.021)	(3.513)	(5.900)	(4.959)
样本数	2247	2247	2247	2014	2014	2014
R^2	0.421	0.171	0.369	0.202	0.021	0.190
F	202.95	50.59	511.17	63.34	4.61	121.22
Wald检验		25.52*** (p=0.000)			6.22*** (p=0.000)	
B—P检验		3424.87*** (p=0.000)			908.24*** (p=0.000)	
Hausman检验		344.55*** (p=0.000)			53.50*** (p=0.000)	

注：*、**、***分别表示在10%、5%和1%的显著性水平下显著。

市场竞争能够显著提高城市供水行业的综合生产能力,增加固定资产投资,而产权改革程度与城市供水行业的综合生产能力之间存在显著的倒"U"形关系,但对固定资产投资的影响并不显著。由表5-5可知,在研究产权改革程度对城市供水行业综合生产能力的影响时,固定效应模型中产权改革程度一次项的系数为0.0035,且在10%的显著性水平下显著,二次项系数为-0.00004,同样,在10%的显著性水平下显著,且产权改革程度的拐点为43.75%。而赫芬达尔—赫希曼指数对城市供水行业综合生产能力的影响显著为负,这说明同时考虑产权改革程度的一次项、二次项和市场竞争时,产权改革程度与城市供水行业综合生产能力之间存在显著的倒"U"形关系。同时,市场竞争对城市供水行业综合生产能力具有显著的正影响。而相对于产权改革,市场竞争对城市供水行业综合生产能力的影响更为显著。此外,产权改革程度对城市供水行业固定资产投资的影响并不显著,而赫芬达尔—赫希曼指数对城市供水行业固定资产投资的影响显著为负,这说明市场竞争能够促进城市供水行业固定资产投资的增加。综合来看,相对于产权改革,市场竞争更能提高城市供水行业的综合生产能力,促进固定资产投资的增加。

5. 稳健性检验

稳健性检验的目的是考察结论是否对估计方法或变量的选择敏感,如果改变估计方法或变换变量后,回归结果没有发生实质性的变化,那么所得结论便是稳健的。本部分主要选择地级市的供水企业个数来替代赫芬达尔—赫希曼指数,进而验证研究结论的稳健性。

表5-6　　产权改革、市场竞争对供水综合生产能力和固定资产投资影响的稳健性检验

因变量	log(capacity)	log(capacity)	log(invest)	log(invest)
privatization		0.004* (1.904)		-0.004 (-0.681)
privatization^2		-0.00004** (-2.023)		0.00003 (0.483)

续表

因变量	log（capacity）	log（capacity）	log（invest）	log（invest）
enterprise	0.056*** (3.800)	0.048*** (3.140)	0.147*** (3.737)	0.155*** (3.782)
ln(urban)	-0.383*** (-5.507)	-0.379*** (-5.446)	-0.433** (-2.284)	-0.434** (-2.290)
ln(pgdp)	0.177*** (3.711)	0.179*** (3.740)	0.283** (2.039)	0.293** (2.104)
ln(popdense)	-0.006 (-0.469)	-0.006 (-0.518)	-0.115*** (-3.310)	-0.116*** (-3.321)
ln(stru)	0.069 (0.744)	0.072 (0.772)	0.022 (0.083)	0.027 (0.103)
ln(ps)	0.276*** (7.517)	0.271*** (7.334)	0.055 (0.527)	0.068 (0.647)
常数项	0.929** (2.176)	0.929** (2.142)	6.631*** (5.499)	6.434*** (5.255)
样本数	2247	2247	2014	2014
R^2	0.169	0.170	0.022	0.023
F	66.40	50.38	6.64	5.11

注：*、**、***分别表示在10%、5%和1%的显著性水平下显著。

本书用企业个数（enterprise）分别替代模型（5.2）和模型（5.4）中的赫芬达尔—赫希曼指数（hhi），来分别验证利用赫芬达尔—赫希曼指数作为核心变量时结果的稳健性。根据Wald检验、B—P检验和Hausman检验的结果，最终选择固定效应模型作为本部分的分析模型。这里限于篇幅，只报告固定效应模型的实证结果。表5-6同样验证出市场竞争（用企业个数来衡量）对城市供水行业综合生产能力和固定资产投资都具有显著的正向作用。同时，在考虑产权改革程度和市场竞争（用企业个数来衡量）对城市供水行业综合生产能力的影响时，同样得出产权改革程度与城市供水行业综合生产能力之间存在显著的倒"U"形关系，市场竞争对城市供水行业综合生产能力具有显著的正效应。此外，本书也分析了产权改革程度和市场竞争（用企业个数来衡量）对城市供水行业固定资产投资的影响，结果表明产权改革程度一次项、二次项对固定资产投资的影响都是不显著的，但市场竞争对固定资产投资的影响显著为正。由此可知，上述结论具有较强的稳健性，并不因指标的替换而影响分析结论。

二 产权改革对城市供水行业成本影响的实证检验

本部分将分析与选择影响城市供水行业成本的主要因素，重点说明城市供水行业的成本变量、私人部门进入变量以及影响城市供水行业成本的控制变量。在此基础上，就产权改革对城市供水行业成本的影响进行实证检验。

（一）模型构建

本部分将实证检验私人部门进入是否降低城市供水行业成本。显然，被解释变量是城市供水行业成本，解释变量是私人部门进入。一般而言，日供水能力越高，企业的成本越低；管网设施越好，企业成本也越低。此外，城市供水行业具有典型的地域性，其成本可能与城市发展水平、人口分布等因素相关。为此，本部分将选择城市供水企业成本作为因变量，私人部门进入作为核心解释变量，人均 GDP、人口密度、管网无漏损率和日供水能力作为控制变量。

1. 供水成本变量

一般而言，城市供水行业成本主要包括生产成本、销售成本和管理成本三部分。衡量成本变量的方式有单一成本法和多成本合成估计法。后者在资本成本估计中最为常用。由于可供使用的供水数据较少，因此，本书在选择城市供水行业成本变量时主要考虑数据可得性和成本基本构成，最后选择单位售水成本（cost）作为城市供水行业成本的衡量指标。

2. 私人部门进入变量

私人部门进入包括两方面含义，即是否存在私人部门进入以及私人部门进入的程度或比例如何。基于上述两方面的需求，可以选择非国有资本进入与否、非国有资本占全部资本比重以及非国有资本数额三个指标来衡量。本部分的研究重点是私人部门进入与否对城市供水行业成本产生影响，为此，本书将选择虚拟变量衡量私人部门进入，即当存在非国有资本进入时，私人部门进入变量（property）的数值为1，否则为0。

3. 控制变量

一般情况下，私人部门进入与其他因素共同作用影响城市供水行业成本，为此，本部分将这些主要变量称为控制变量。在本书中将选择人均 GDP（pgdp）、人口密度（popdense）、管网无漏损率（nlr）和日供水能力（capacity）四个指标作为控制变量。这些指标分别衡量城市经济发展水平、城市人口分布、管网设施以及城市供水能力。

在对各主要变量进行说明的基础上，本书借鉴克拉克等（Clarke）、肖兴志和韩超以及王宏伟等文献中的计量模型，构建下述验证私人部门进入是否降低城市供水行业成本的计量经济模型。

$$\ln(cost_i) = \alpha_1 + \beta_1 property_i + \gamma_1 capacity_i + \gamma_2 nlr_i + \gamma_3 \ln(pgdp_i) + \gamma_4 popdense_i + \mu_i \quad (5.5)$$

由于私人部门进入可能是国内民营资本进入，也可能是外国资本进入。为此，本书对私人部门进入进一步细分为国内民营资本和外国资本，并修正模型（5.5），构建模型（5.6）。

$$\ln(cost_i) = \alpha_2 + \beta_2 foreignpart_i + \beta_3 domesticpart_i + \gamma'_1 capacity_i + \gamma'_2 nlr_i + \gamma'_3 \ln(pgdp_i) + \gamma'_4 popdense_i + \mu'_i \quad (5.6)$$

式（5.6）中，$foreignpart_i$ 表示"城市 i 是否存在外国资本进入"，如果是，$foreignpart_i$ 取1，否则取0。类似地，$domesticpart_i$ 表示"城市 i 是否存在国内民营资本进入"，当 $domesticpart_i = 1$ 时，表示城市 i 存在国内民营资本进入。反之，当 $domesticpart_i = 0$ 时，说明城市 i 不存在国内民营资本进入。

（二）数据说明

为检验私人部门进入是否降低城市供水行业成本，本书选择2008年地级市数据为样本，并在剔除大量缺失供水数据城市的基础上，最终选择 590 个城市（其中，地级市 266 个，县级市 324 个）的供水行业数据以及城市发展数据作为样本。其中，2008 年，单位售水成本、无漏损率以及日供水能力数据来自《中国城市供水统计年鉴（2009）》。由于城市供水行业成本变化相对于私人部门进入具有一定的滞后性，为此，本书选择 2007 年城市供水行业的私人部门进入数据进入模型。其中，私人部门进入数据根据 2007 年中国工业企业数据库中 1567 家供水企业（行业代码为 4610）的实收资本构成（主要包括国家资本、集体资本、法人资本、个人资本、港澳台资本和外商资本）整理得到。具体而言，当某一城市供水行业存在非国有资本进入时，私人部门进入指标数值为 1，否则为 0。另外，考虑模型（5.6）中的数据构成，本书将集体资本、法人资本和个人资本加总视为国内民营资本，将港澳台资本和外商资本加总视为外国资本，同时将存在外国资本进入的城市设为 1；反之为 0。类似地，当某一城市存在国内民营资本进入时设为 1，否则为 0。此外，人均 GDP 和人口密度数据根据《中国城市统计年鉴（2009）》和《中国区域经济统计年鉴（2009）》中的相关数据计算得到。

本书在表 5-7 中给出了设市城市、地级市、县级市、东部城市和中西部城市各指标的描述性统计。由表 5-7 可知，截至 2007 年年底，有 39% 的城市供水行业存在私人部门进入。其中，地级市高达 58%，县级市仅为 24%。同时，49% 的东部城市和 33% 的中西部城市的供水行业存在私人部门进入。从 2008 年单位售水成本来看，设市城市平均成本为 1.95 元/立方米。其中，地级市比县级市成本高 0.15 元/立方米，东部城市与中西部城市的平均成本基本相同。从管网情况来看，2008 年设市城市管网平均无漏损率达到 77.75%。其中，地级市为 79.02%，县级市为 76.71%。同时，东部城市的无漏损率比中西部城市高 3.37 个百分点。此外，从人均 GDP 和人口密度的均值来看，地级市高于县级市，东部城市高于中西部城市。

第五章 产权结构与城市供水行业市场化改革效果

表 5-7　变量的描述性统计

变量符号	变量含义	变量单位		cost 单位售水成本 元/万立方米	property 私人部门进入 进入=1 否则=0	foreignpart 外国资本进入 进入=1 否则=0	domesticpart 国内民营资本进入 进入=1 否则=0	capacity 城市日供水设计能力 万立方米/日	nlr 管网无漏损率 %	pgdp 人均GDP 元/人·年	popdense 人口密度 千人平方千米
设市城市	样本数			590	590	590	590	590	590	590	590
	平均值			19506.37	0.39	0.12	0.35	21.38	77.75	34328	0.72
	标准差			17285.33	0.48	0.32	0.48	37.81	13.01	32416	0.89
	最小值			1340	0	0	0	0.70	14.40	1158	0.01
	最大值			318000	1	1	1	453	100	333441	10.18
地级城市	样本数			266	266	266	266	266	266	266	266
	平均值			20354.86	0.58	0.21	0.53	37.85	79.02	44248	1.03
	标准差			23443.45	0.49	0.41	0.50	50.35	11.73	38886	1.04
	最小值			2302.10	0	0	0	2.10	14.40	5797	0.01
	最大值			318000	1	1	1	453	100	333441	8.91
县级城市	样本数			324	324	324	324	324	324	324	324
	平均值			18809.77	0.24	0.04	0.21	7.85	76.71	26184	0.47

续表

变量符号		cost	property	foreignpart	domesticpart	capacity	nlr	pgdp	popdense
县级城市	标准差	9636.04	0.43	0.20	0.41	10.99	13.91	22980	0.64
	最小值	1340	0	0	0	0.70	28.80	1158	0.01
	最大值	71640	1	1	1	100	100	214323	10.18
	样本数	232	232	232	232	232	232	232	232
东部城市	平均值	19524.91	0.49	0.17	0.44	28.06	79.80	44809	0.85
	标准差	24513.41	0.50	0.38	0.50	46.24	11.97	37495	0.78
	最小值	1410	0	0	0	0.70	14.40	1158	0.04
	最大值	318000	1	1	1	453	100	333441	5.96
	样本数	358	358	358	358	358	358	358	358
中西部城市	平均值	19494.36	0.33	0.08	0.30	17.04	76.43	27536	0.64
	标准差	10204.27	0.47	0.27	0.46	30.47	13.50	26578	0.94
	最小值	1340	0	0	0	0.70	28.80	3123	0.01
	最大值	71640	1	1	1	302	100	257889	10.18

(三) 实证结果

1. 私人部门进入对城市供水成本的影响 I：设市城市、地级市和县级市视角

本部分将选择2008年中国590个设市城市供水行业数据和反映城市发展水平的数据作为样本，运用Robust—OLS方法，使用计量经济模型（5.5）和模型（5.6），分别检验私人部门进入对设市城市、地级市和县级市供水行业成本的影响。计量结果见表5-8。

表5-8　　私人部门进入对所有设市城市、地级以及县级城市供水产业成本的影响

	设市城市 [ln（cost）]		地级城市 [ln（cost）]		县级城市 [ln（cost）]	
property	-0.0415** (0.0205)		-0.1459** (0.0635)		-0.0415 (0.0733)	
foreignpart		-0.0294 (0.0331)		-0.0405 (0.0905)		-0.1628 (0.1222)
domesticpart		-0.0260 (0.0210)		-0.1018* (0.0629)		-0.0162 (0.0784)
capacity	-0.0003 (0.0002)	-0.0003 (0.0002)	-0.0004 (0.0006)	-0.0004 (0.0006)	-0.0083*** (0.0021)	-0.0081*** (0.0021)
nlr	-0.0031*** (0.0011)	-0.0031*** (0.0011)	-0.0062 (0.0052)	-0.0059 (0.0052)	-0.0071** (0.0028)	-0.0071** (0.0028)
ln（pgdp）	0.0502*** (0.0141)	0.0498*** (0.0142)	0.1026* (0.0618)	0.0999 (0.0624)	0.1390*** (0.0350)	0.1419*** (0.0355)
popdense	-0.0047 (0.0083)	-0.0047 (0.0084)	-0.0226 (0.0270)	-0.0226 (0.0271)	-0.0002 (0.0223)	-0.0001 (0.0222)
常数项	3.9806*** (0.1331)	3.9777*** (0.1337)	9.2869*** (0.4984)	9.2672*** (0.4981)	8.9475*** (0.3892)	8.9179*** (0.3926)
样本数	590	590	266	266	324	324
R^2	0.0517	0.0498	0.0500	0.0435	0.0749	0.0772

注：***、**、*分别表示在1%、5%和10%的显著性水平下显著。括号内数值为标准差。

私人部门进入显著降低设市城市供水行业成本。由表5-8可知，私人部门进入使城市供水行业成本显著降低了 4.15%。外国资本和国内民营资本进入虽然对设市城市供水行业成本具有降低效应，但并不显著。就设市城市而言，私人部门进入对供水行业成本的降低效应是外国资本与国内民营资本共同作用的结果，两者中的任何一个指标对供水产业成本的降低效应并不显著。可见，单纯外国资本进入或国内民营资本进入均不能显著降低城市供水行业成本，需要通过两者同时或先后进入形成有效竞争，才能显著降低城市供水行业成本。同时，日供水能力越大城市的单位售水成本越低，但这种影响并不显著。由此可见，对设市城市而言，城市供水企业规模与成本之间并不存在显著的规模经济。此外，人均 GDP 与供水行业成本之间具有正向变化，弹性在 0.0498—0.0502。

私人部门进入能够显著降低地级市成本，且国内民营资本进入对地级市成本的降低效应更为显著。私人部门进入能够使地级市供水行业成本显著降低 14.59%。其中，外国资本进入使城市供水行业成本降低 4.05%，但这种效应并不显著，而国内民营资本进入会使城市供水行业成本降低 10.18%，且在 10% 的显著性水平下显著。与设市城市分析结果相一致，城市供水行业的设计能力越大，城市供水行业的成本越低，但该效应并不显著。此外，在 10% 的显著性水平下得出人均 GDP 能够增加供水行业成本，且弹性为 0.0999—0.1026。而人口密度对城市供水行业成本的影响并不显著。

私人部门进入并未显著降低县级市的供水行业成本。由表 5-8 可知，整体来看，私人部门进入对县级市供水行业成本具有降低效应，但并不显著。但我们得出一个非常重要的结论，即在县级市中，城市供水行业设计能力每提高 1 万立方米/日，能够使县级市供水行业成本显著降低 0.71%。同时得出人均 GDP 对单位售水成本的弹性在 0.1390—0.1419。与设市城市和地级城市的分析结论一致，人口密度越大，单位售水成本越低，但这种效应并不显著。

2. 私人部门进入对设市城市供水成本影响Ⅱ：东部城市和中西部城市视角

由于东部城市和中西部城市在经济发展水平、制度完备程度和政府管制等方面存在一定差异，为了切实考虑这些差异，本书分别利用东部城市和中西部城市的供水行业数据和经济发展水平数据，进一步验证私人部门进入是否对供水行业成本具有降低效应。具体结果详见表5-9。

表5-9 私人部门进入对东部和中西部城市供水产业成本的影响

	东部城市 [ln（cost）]		中西部城市 [ln（cost）]	
property	-0.0383 (0.0757)		-0.1187* (0.0632)	
foreignpart		-0.1059 (0.1144)		-0.0293 (0.1006)
domesticpart		0.0359 (0.0825)		-0.1082* (0.0650)
capacity	-0.0006 (0.0005)	-0.0005 (0.0005)	-0.0009 (0.0008)	-0.0009 (0.0009)
nlr	-0.0099* (0.0059)	-0.0102* (0.0061)	-0.0057** (0.0024)	-0.0056** (0.0024)
ln（pgdp）	0.1278*** (0.0468)	0.1264*** (0.0475)	0.1133*** (0.0420)	0.1123*** (0.0422)
popdense	0.0284 (0.0459)	0.0306 (0.0452)	-0.0199 (0.0191)	-0.0197 (0.0192)
常数项	9.1666*** (0.4409)	9.1837 (0.4516)	9.1119*** (0.4472)	9.1191 (0.4491)
样本数	232	232	358	358
R^2	0.0758	0.0797	0.0464	0.0450

注：***、**、*分别表示在1%、5%和10%的显著性水平下显著。

对东部城市而言，私人部门进入并未显著降低城市供水行业成本。由表5-9可知，总体来看，私人部门进入使城市供水行业成本降低3.83%，但这种效应并不显著。而且，外国资本进入和国内民营资本进入分别使供水行业成本降低10.59%和3.59%，同样，这种效应也不显著。日供水设计能力对供水成本具有不显著的降低效应。此外，在东部城市中，人均 GDP 对单位售水成本的弹性在 0.1264—0.1278，且在 1% 的显著性水平下显著。

在 10% 的显著性水平下，私人部门进入降低了中西部城市的供水行业成本。在表 5-9 中，当不考虑资本性质时，私人部门进入变量前的系数为 -0.1187，并在 10% 的显著性水平下显著，这说明私人部门的进入能够使中西部城市供水产业成本降低 11.87%。但在区分资本性质时，外国资本进入对供水行业成本降低的效应是不显著的。相反，国内民营资本进入使中西部城市供水行业成本显著降低 10.82%。同样，供水设计能力并未显著降低中西部城市供水行业的成本。但人均 GDP 每增加 1% 能够使单位售水成本显著提高 11.23%—11.33%。

3. 研究结论

本部分运用 2008 年城市供水行业数据和城市经济发展数据，在考虑私人部门进入影响具有滞后性的基础上，以 2007 年私人部门进入数据作为核心变量数据，并运用 Robust—OLS 方法分别对设市城市、地级城市、县级城市、东部城市和中西部城市进行分析。通过分析得出如下结论：

第一，在不考虑私人部门进入变量的资本来源情况下，私人部门进入能够显著降低设市城市供水行业成本，但外国资本和国内民营资本进入并未显著降低城市供水行业成本，这说明单纯依靠外国资本或民营资本不能降低城市供水行业成本，但两者同时或相继进入所产生的特许经营权竞标效应以及运营期的区域间比较竞争效应，能够降低各类产权城市供水企业的成本。

第二，在不考虑私人部门进入的资本来源时，私人部门进入能够显著降低地级城市供水行业成本。其中，外国资本进入并未显著降低城市供水行业成本。相反，国内民营资本进入显著降低了城市供水行业成本。

第三，私人部门进入对东部地区城市供水行业成本的降低效应并不显著，但能够显著降低中西部地区城市供水行业成本。其中，外国资本进入对中西部地区城市供水行业成本的降低效应并不显著，而国内民营资本进入能够显著降低中西部地区城市供水行业的成本。

综上所述，国内民营资本在外国资本的竞争下，具有成本降低动力。与中西部地区相比，东部地区具有较好的制度基础、自然条件和社会条件，产权差异对供水行业成本的影响效应是不显著的。而中西部地区由于技术落后、制度相对不健全，且国有企业缺乏成本降低动力，因此，通过民营资本进入能够显著降低城市供水行业的生产成本。此外，实证分析还得出地级市供水生产能力基本满足城市居民需求，已达到规模经济，而县级市供水规模较小，尚处于最佳规模经济左侧，因此，提高县级市的城市供水行业综合生产能力将会降低单位售水成本。

第四节 城市供水行业产权结构变迁的基本取向

本章就产权改革、市场竞争对城市供水行业绩效的影响以及产权改革对城市供水行业成本影响两个主题进行实证检验。其中，在研究市场化改革对城市供水行业绩效的影响问题时，详细分析了产权改革与否、产权改革程度和市场竞争对城市供水行业综合生产能力和固定资产投资的影响。基于此，本书得出如下结论：

第一，产权改革显著提升城市供水行业的综合生产能力，并且产权改革程度与城市供水行业的综合生产能力之间存在显著的倒"U"形关系。同时，产权改革程度的拐点在30%—50%，该范围内的产权改革程度能够形成国有资本控制和多种所有制企业之间有效竞争的局面。由此可知，对城市供水行业而言，不能追求完全的非国有化，也不能仅考虑城市供水行业的公益性特征一直由国有企业或事业单位经营，需要在保持国有资本优势地位的前提下，继续深化城市供水行业的产权改革，形成国有、民营和外资等多种所有制企业共同运营城市供水行业的格局。

第二，市场竞争显著提高城市供水行业的综合生产能力，增加固定资产投资。所以，对规模较大城市的供水行业而言，可以适度打破独家垄断,由多家企业分区经营,以进行区域间比较竞争,提高城市供水行业绩效。

第三,相对于产权改革,市场竞争对城市供水行业综合生产能力和固定资产投资的提升效果更为显著。

第四,私人部门进入能够显著降低设市城市供水行业成本,但外国资本和国内民营资本进入对城市供水行业成本的降低效应并不显著。私人部门进入对东部地区供水行业成本降低效应并不显著,但能够显著降低中西部地区城市供水行业成本。因此,为推进中国城市供水行业的市场化改革,结合上述研究结论,本节将从以下四个方面提出中国城市供水行业产权结构变迁的基本取向。

一 完善城市供水行业的产权结构

产权是经济所有制关系的法律表现形式,包括财产的所有权、占有权、支配权、使用权、收益权和处置权。在市场经济条件下,产权属性主要表现为产权具有经济实体性、产权具有可分离性和产权流动具有独立性等方面。科斯(1937)提出了交易费用概念,指出,"在市场上实施一项交易的成本将超过在企业内部完成一项交易的成本,在这种情况下,交易费用就是运行一个系统的成本以及一些事前成本(如起草、谈判契约的成本)和事后成本(如监督、执行协议的成本)。"从经济学意义来看,企业是一组契约的组合,不同契约安排形成的不同交易费用集合。其中,产权性质或产权结构是契约形式的重要选择方式。从所有权结构来看,主要涉及国有企业、民营企业、外资企业、港澳台企业以及其他类型企业等。按照企业性质差异可将企业分为国有企业和非国有企业。国有企业产权制度的明显特征是"产权不清晰"和"所有者缺位",这些特征使国家在国有资产的各种权利得不到切实有效的保护,在交易过程中,过多地花费不必要的成本,从而导致国有企业的交易费用较高,缺乏经营效率。相对而言,非国有企业具有完善的治理结构,具有较强的效率优势。因此,单纯从效率最大化的角度来看,非国有企业更具有效率性。但是,由于城市供水产品具有特殊的公益性和安全品属性,一旦发生饮用水安全事件,将会危害人民群众的身体健康,影响政府的公信力。因此,基于城市供水安全的考虑，城市供水行业市场化改革进程滞后于其他城市公用事业。注意政府管制手段多元化和新型信息化以及大数据等手段的应用，能够更好地实现城市供水行业的效率与安全的平衡。为适应城镇化和工业化进程的快速推进，需要不断提高城市供水行业的综合生产能力。同时，在现有城市供水行业融资渠道相对单一的背景下，积极探索扩展融资渠道，增加固定资产投资成为推进城市供水行业发展的现实问题。利用区域间比较竞争理论，推进同一城市不同供水企业以及相同或相似城市或供水企业之间的常态化比较竞争，寻求国有企业与非国有企业产权结构的合理配置，将有助于提高城市供水行业的综合生产能力，增加固定资产投资，降低城市供水行业的综合成本，从而推进城市供水行业由高速增长向高质量发展转型。具体来说，对运行较差的国有城市供水企业而言，需要通过特许经营权竞标方式，吸引多种主体参与投标，从而实现优化选择特许经营企业运营主体的目的，进而推进低效城市供水企业的效率升级。同时，遵循效率导向，对低效率的非国有城市供水项目，通过特许经营权竞标方式，进行产权改革或变更运行主体，从而纠正城市供水行业的"资源错配"问题。

二　鼓励不同所有制企业有序进入

"新三十六条"中明确指出，支持民间资本进入城市供水行业，鼓励民间资本积极参与城市供水项目的改组改制，具备条件的项目可以采取市场化经营方式，向民间资本转让产权或经营权。自2013年以来，国务院和国家有关部委相继发布政府和社会资本合作（PPP）的政策文件，这为新一轮市场化改革和鼓励多种所有制企业进入城市供水行业提供了重要的政策支持。前文研究结论表明，民营资本进入新建或已有城市供水项目能够显著提高城市供水行业的综合生产能力，降低城市供水行业成本。同时，通过民营资本运营新建城市供水项目，能够提高城市供水行业的市场竞争程度，增加固定资产投资。因此，在考虑项目异质性的基础上，设计民营企业进入城市供水行业的准入标准，规范民营资本的有序进入，进而改善城市供水行业产权过度国有化的局面，形成有效竞争的市场结构，是提升城市供水行业经济绩效的重要方式。为此，建议按照《基础设施和公用事业特许经营管理办法》和《市政公用事业特许经营管理办法》的相关条款要求，根据城市供水项目的异质性特征，合理确定不同项目的准入标准，优化选择 BOT、TOT 或其衍生的特许经营模式。其中，对新建城市供水行业生产性环节的特许经营项目而言，主要选择 BOT 及其衍生模式。对已有城市供水行业中生产性环节的特许经营项目而言，主要选择 TOT 模式。对城市供水行业中的非生产性环节的市场化改造，可以采用委托运营或服务外包模式，如水费收取、管网维护等环节。鉴于民营企业更为了解国内市场和供水经营环境的现实以及实证研究结论，本书建议在设计准入标准的基础上，鼓励国内民营企业进入城市供水行业，同时适度允许外国资本进入城市供水行业实行有效竞争。在对东部地区先行开放城市供水市场的前提下，建议考虑中西部地区的城市供水需求、投资限制以及效率较低的现状，通过相应政策鼓励私人部门进入中西部城市供水企业。此外，地级市的经济更为发达，在降低城市供水企业成本的驱动下，通过有效管制进一步鼓励私人部门运营地级市的城市供水企业，从而提升城市供水企业的运行效率和服务水平。

三 激发产权改革后的企业间竞争

在市场化机制下，竞争主要是指不同企业之间的直接竞争，但由于城市供水行业具有较强的自然垄断性，涉及自然垄断性业务和竞争性业务。对自然垄断性业务而言，由于缺乏竞争性的市场环境，难以利用市场机制、发挥竞争活力，从而提升行业绩效。美国麻省理工学院 Shleifer（1985）曾提出区域间比较竞争模型，并在英国自来水行业管制中得到了成功的应用。英格兰和威尔士有 10 个地区性自来水供应公司，苏格兰有 12 个地区性自来水公司，英国在 1989 年对自来水供应产业实行政府管制体制重大改革时，对这些地区性垄断经营企业采取了区域间比较竞争。英国政府认为，对自来水供应产业制定管制价格，首先要有一个统一的标尺（以经营成本较低的企业为基础），同时要适当考虑各地区的经营环境差异。因此，政府在为每个自来水供应公司制定管制价格的过程中，对不同企业做了比较效率评估，它考虑了在每个企业的经营环境中可能会引起经营成本差异的多种影响因素，这些因素被综合为"解释因素指数"，并假定企业的单位成本与"解释因素指数"存在线性关系，利用回归分析方法估计决定直线斜率的系数。然后，根据每个企业的影响因素回归直线估计其成本水平，进而决定管制价格。那么，经营效率较高、成本较低的企业就能获得较多利润，从而促使企业为使其成本低于其他企业的平均成本而开展间接竞争。[①] 为此，本书建议，在对城市供水行业放松产权管制的前提下，通过特许经营权竞标方式，优化产权结构。同时，建立区域间比较竞争机制，通过比较竞争的方式推动城市供水行业不同企业之间效率的提升。

四 强化对市场化改革项目的管制

与国内民营企业和国有企业相比，国外大型供水公司具有资金、生产、技术和管理等优势。因此，为提高城市供水行业生产与运营服务能力，应该允许国外大型供水公司负责中国部分城市供水项目的运营，营造充分竞争的市场环境，促进国内企业的区域间比较竞争，增强城市供水行业的竞争力。由于城市供水行业市场化改革项目的运行主体与政府部门之间存在较强的信息不对称性，以及市场运行主体的利润动机驱使，往往使市场化后城市供水项目的运行主体选择次优或无效的运作机制，从而背离市场化改革目标。由于城市供水行业涉及公众安全，同时出现重大事故时国家对外资企业的控制力低于国内企业，因此，允许具备较高供水服务能力的外国企业进入城市供水行业，参与已有和新建项目的运营，形成相对合理的产权结构和市场结构。同时，需要创新政府管制工具，实现科学管制目标。

（一）加强设施建设和人员配置管制

政府管制机构应建立城市供水行业市场化改革项目设施建设与人员配置的清单制度，依据清单定期对市场化改革项目进行抽查，确定城市供水行业市场化改革项目的设施建设和人员配置情况是否符合契

[①] 王俊豪：《政府管制经济学导论——基本理论及其在实践中的应用》，商务印书馆2001年版。

约或国家有关规定，从而为城市供水行业市场化改革项目的普遍服务和高效运营提供基础。

（二）强化产品或服务的质量管制

第一，建立城市供水行业的产品或服务的质量管制指标体系和限值，从而实现科学管制城市供水行业质量与服务水平的目标。

第二，利用大数据和互联网的管制手段，构建信息化的管制服务平台，实行实时管制，提高城市供水产品或服务的管制能力，提高突发事件的处理处置速率。

第三，采用由行业主管部门或政府管制主体通过招投标形式聘请专业的质量检测（监测）机构，负责城市供水行业市场化改革项目的产品或服务质量的第三方管制。

（三）优化供水价格管制

定价与调价机制是实现城市供水行业资源优化配置的基础。初始定价应充分考虑企业成本、利润、社会价格波动情况（生产价格指数、消费价格指数）以及同类项目价格情况。同时，依据法律法规或特许经营协议对水价适时调整。具体来说，需要明确成本核算的主要科目，获知或测算城市供水行业市场化改革项目的真实成本，并在充分考虑消费者可承受力的基础上，适时对城市供水价格进行调整。

第六章　价格管制变迁与城市供水行业市场化改革效果

市场在资源配置中起决定性作用，价格机制是市场机制的核心。在竞争的市场环境下，产品或服务价格完全由市场的供给和需求决定，无须对其进行政府管制。垄断行业的运营主体由于缺乏竞争往往制定垄断高价，从而损害社会福利。城市供水行业是典型的自然垄断行业，因此，需要对其进行价格管制。中国城市供水行业价格改革的相关法律法规，对指导和推进中国城市供水行业市场化改革具有重要作用。这种以价格优化为目标、以提升效率为导向的市场化改革已成为城市供水行业发展的必然选择。城市供水产品定价与调价机制是使自来水产品符合价值规律，使自来水价格实现价值回归，并通过价值规律调节水的生产和消费。制定合理的城市供水产品价格，对水资源的开发、利用、治理、配置、节约以及保护等具有积极作用，有利于促进中国水资源的有序开发和合理利用。本章将介绍城市供水行业价格管制改革的演变历程，分析城市供水行业价格管制的基本现状，厘清城市阶梯水价改革的典型问题，最后提出城市供水行业价格管制变迁的基本取向。

第一节　城市供水行业价格管制改革的演变历程

新中国成立以来，城市供水制度经历了无偿供水到有偿供水的转变。其中，新中国成立至1964年是无偿供水阶段。1964年，国家水利水电部发布《水费征收和管理的试行办法》，结束了十余年的无偿供水状态。1965年至今，中国城市供水行业价格管制变迁主要经历四个阶段。第一阶段为包费制。第二阶段为改革包费制，实行用水计量、按量收费。第三阶段为成本部分回收阶段。第四阶段为全成本水价改革。

一 包费制阶段

包费制主要发生在1965年到党的十一届三中全会之前。改革开放前，中国政府从保障居民生活的角度出发，实行低价的城市供水政策，对居民采取包费制，即根据居民家庭人口数量以户为单位收取一定数额的水费，水费与实际耗水量无关。在该阶段，政府对城市供水价格实行包费制主要基于以下两方面的考虑：一是为了稳定物价，保障人民群众的基本生活需要；二是当时社会工资较低，水费支出需要考虑广大人民群众的可承受能力。因此，该阶段城市供水价格一直维持在较低水平。

二 用水计量、按量收费阶段

改革包费制，实行用水计量，按量收费，该阶段主要发生在党的十一届三中全会至20世纪90年代初。在这个阶段，中国推进经济体制改革，在经济管理过程中，越发重视市场调节，充分考虑价值规律、价格杠杆的经济调节作用，并在党的十一届三中全会后逐步取消包费制，开始实行装表计量、按量收费。本着生产用水价格高于生活用水价格的原则，合理制定售水价格。在该阶段，制定城市供水价格的出发点主要有两个：一是合理利用水资源，节约用水。二是解决经济发展的"水瓶颈"问题，从而促进城市基础设施建设与经济建设的协调发展。为此，城市供水价格做出相应的调整。如1980年国家经委、国家计委、国家建委、财政部、国家城市建设总局出台《关于节约用水的通知》，提出"在两年内取消生活用水'包费制'，按楼门或大院装表，实行用水计量、按量收费"。1984年，国务院《关于大力开展城市节约用水的通知》要求，"加强工业用水管理，实行计划用水"，"超计划用水加价"。"到1986年1月1日仍实行生活用水'包费制'的单位，人均用水量超过生活用水定额的部分，按现行水价累进加倍收费。"1988年12月，建设部发布《城市节约用水管理规定》，该规定要求，"城市建设行政主管部门应当会同有关行业行政主管部门制定行业综合用水定额和单项用水定额。超计划用水必须缴纳超计划用水加价水费。生活用水按户计量收费"。

三 成本部分回收阶段

成本部分回收阶段主要发生在1985—1997年，该阶段虽然各项调价措施仍然来自中央政府，但由于财税体制改革，地方政府为了减轻财政压力，不断提出提高水价的要求，试图改善城市供水成本价格倒挂问题。其中，1985年国务院颁布了《水利工程水费核定、计收和管理办法》，明确提出，在供水成本的基础上核算水费标准，为水费由福利供应向商品化供应奠定基础。该办法规定的供水成本包括工程的运行管理费、大修理费及其他按规定计入成本的费用，这从理论上确定了水的商品属性和供水的有偿服务行为，并将水费定位为行政事业性收费。1988年，全国人大通过了《中华人民共和国水法》，该法规定："对城市直接从地下取水的单位，征收水资源费；其他直接从地下或江河、湖泊取水的，可由省、自治区、直辖市人民政府决定征收水资源费。"1994年，国务院出台了《城市供水条例》，明确了省、自治区及市政府建立城市供水水价的责任，规定了"城市供水价格应按照生活用水保本微利，工业及经营用水合理计价"的原则。这表明居民生活用水遵循保本微利原则，而其他经营性用水可以实行更高价格，从而通过多种价格组合实现城市供水行业的保本微利。

四 全成本水价改革阶段

1997年以来，中国城市供水行业进入全成本水价改革阶段。1997年，国务院出台《水利产业政策》，规定："新建水利工程的供水价格，按照满足运行成本和费用、缴纳税金、归还贷款和获得合理利润的原则制定。原有水利工程的供水价格，要根据国家的水价政策和成本补偿、合理收益的原则，区别不同用途，在三年内调整到位。"这标志着中国城市供水价格制定与实施开始向商品化转变。在该轮城市供水价格改革过程中，水价不仅包括制水成本和运营费用，还包括贷款利息、回收成本、"合理利润"和政府税金。由于城市供水定价权限下放至地方政府，因此，地方政府为了减轻财政负担，存在提高水价的动力。

价格改革推动了城市供水行业市场化改革进程。1998年，国家计委、建设部发布《城市供水价格管理办法》，规定："城市供水价格是城市供水企业通过一定的工程设施，将地表水、地下水进行必要的净化、消毒处理，使水质符合国家规定的标准后供给用户使用的商品水价格。污水处理费计入城市供水价格，按城市供水范围，根据用户使用量征收。制定城市供水价格，实行听证会制度和公告制度。城市供水价格由供水成本、费用、税金和利润构成，供水企业合理盈利的平均水平应当是净资产利润率的8%—10%，并提倡城市供水应逐步实行容量水价和计量水价相结合的两部制水价或阶梯式计量水价。"1999年，国家计委、建设部出台《关于贯彻城市供水价格管理办法有关问题的通知》。该通知指出：在水价改革过程中，供水价格水平要考虑居民和企业的可承受能力，资金利润率要分步到位，逐渐减少财政补贴，确保新旧水价体制平衡转换。居民用水实行"阶梯式计量水价"，非居民生活用水实行"两部制水价"，应与现行超计划用水加价的有关规定相衔接。2000年，国务院出台《关于加强城市供水节水和水污染防治工作的通知》，该通知明确指出，全国所有设市城市需要按照有关规定尽快开征污水处理费。各地在调整城市供水价格和污水处理费标准时，要优先将污水处理费的征收标准调整到保本微利水平，满足污水处理设施的运行维护成本，并按合理盈利的原则核定。2002年，国家计委、财政部、建设部、水利部、国家环保总局发布《关于进一步推进城市供水价格改革工作的通知》，该通知指出，城市供水价格改革工作重点是建立合理的水价形成机制，促进水资源保护和合理利用。一是调整水价要与改革水价计价方式相结合。二是要针对不同城市特点，实行季节性水价，以缓解城市供水的季节性矛盾。三是要合理确定回用水价格与自来水价格的比价关系，建立鼓励使用回用水替代自然水源和自来水的价格机制，加快城市污水处理和回用水设施建设。全国各省市区以上城市应当创造条件并于2003年年底前对城市居民用水实行阶梯式计量水价，其他城市也要争取在

2005年年底前实行。同年，通过了新的《中华人民共和国水法》，这标志着我国新一轮供水价格体系的建立。2004年，国家发改委与水利部联合制定《水利工程供水价格管理办法》，该办法明确了水利工程供水的商品属性，规范了水利工程水价形成机制以及核价的原则和方法，确定了水利工程水价按照补偿成本、合理收益、优质优价、公平负担的原则制定，并根据供水成本、费用以及市场供求的变化情况适时调整；要求实行超定额累进加价、丰枯季节水价和季节浮动水价制度，逐步推广基本水价和计量水价结合的两部制水价制度。为实现"补偿成本、合理收益、节约用水、公平负担"的目标，2013年，国家发改委和住房和城乡建设部联合下发《关于加快建立完善城镇居民用水阶梯价格制度的指导意见》，该意见明确提出，"加快建立阶梯水价制度，2015年年底前设市城市原则上要全面实行居民阶梯水价制度，具备实施条件的建制镇，也要积极推进居民阶梯水价制度"，同时，"原则上，一、二、三级阶梯水价按不低于1∶1.5∶3的比例安排"。

近30年来，中国城市供水价格的有偿使用和商品属性的观念已被社会普遍接受，中国城市供水行业价格大幅提升，污水处理费成为城市综合水价的重要组成部分，城市供水行业基本实现了由福利水价向商品水价转变，城市节水型价格改革趋向和改革效果不断显现，以建立合理的水价形成机制为重点的改革框架正在逐步形成，水价管理工作进入了法制化、规范化、合理化和科学化的轨道。但到目前为止，依然缺乏按照商品定价的法则制定水价以及形成与市场经济和城市供水行业技术经济特征相匹配的定价与调价机制。

第二节 城市供水行业价格管制现状评估

中国全成本水价改革主要经历了以成本为基准的单一价格下成本加成定价机制以及基于不同消费量实行阶梯递增价格两个阶段。相比较而言，后者在有效的阶梯水价机制下更有助于节约用水。为此，本节主要从总体上对城市供水行业的价格水平进行评价,在此基础上对成本加成定价机制和阶梯水价定价机制的现状进行客观分析。

一 供水行业价格水平评价

水价是城市供水企业运营的核心问题,是城市供水产品生产和消费的重要桥梁,水价改革是市场化改革的基本标志。在中国城市供水行业市场化改革的背景下,计划经济时代的福利水价在1998年之后逐步转向政府管制下的市场价。必需品属性、商品属性和资源稀缺性特征下如何科学确定城市供水价格成为国际性难题。

城市供水价格形成机制具有市场性和计划性或强管制性的二重性特征。即城市供水定价与调价机制并非简单地由供求关系决定,也并非遵循合同中的调价公式,而是由多种复杂因素交织在一起综合作用的结果。同时,城市异质性特征也决定了城市供水行业价格水平的差异性。为此,本部分将从城市水价主要特征、城市水价基本构成和城市水价地域差异三个方面对城市供水行业价格水平进行评价。

(一)城市水价主要特征

城市水价具有典型的地域性、非市场决定性、成本构成的无效性和政府的强管制性特征。具体来说,与电力等全国性网络行业相比,城市供水行业具有典型的区域垄断性。水资源条件、城市规划与布局、供水市场发育程度以及供水企业运营与技术水平等影响城市供水企业成本。因此,统一的成本监审架构和单一的成本监审部门难以精确核定城市供水行业成本构成。同时,城市供水行业的自然垄断性决定了水价的非市场性,即无法通过供需关系决定供水价格,而是政府在权衡多种因素基础上所形成的扭曲价格。这些因素主要包括政治事件、人事安排、物价指数、引资政策以及许多其他因素。此外,一些无关费用进入成本加总项,提高了城市供水价格调整的成本基数。进一步地,城市供水行业是重要的民生领域,为维护社会稳定,保障居民的正常生产和生活,城市供水行业的自然垄断性决定了需要对其进行政府管制。

(二)城市水价基本构成

在一定程度上,价格构成的历史沿革是城市供水行业成本体系逐步完善的过程。在水价改革初期，水价构成仅限于城市从自然水中取水、净化、输送和排放的成本与收益。当城市污水排放对自然造成的影响超过自然水体的自净能力时，污水处理和环境补偿费用开始进入水价模型，这就是传统意义上的污水处理费和排污费。当城市就近水源难以满足城市发展所需的供水量时，远距离调水甚至跨流域调水就成为必然，开始出现水利工程水价。当出现水资源总量稀缺，难以满足以需代供的水资源配置方式时，水资源就开始以成本形式进入水价构成，从而出现了水资源费。1998年9月，国家计委和建设部发布《城市供水价格管理办法》，确定城市供水定价是建立在保本微利基础上的成本加成定价机制。城市供水应逐步实行容量水价和计量水价相结合的两部制水价，容量水价用于补偿供水企业固定成本，计量水价用于补偿供水的运营成本，并在此为基础上加上合理利润，形成最终水价。2004年11月，国家对《城市供水价格管理办法》进行修订。2004年4月国务院办公厅发布的《关于推进水价改革促进节约用水保护水资源的通知》明确提出城市水价的四元结构，即水资源费、水利工程供水价格、城市供水价格和污水处理费。城市水价的四元结构具有不同的属性，需要对不同组成部分实行差异化的、可操作性的定价目标，也需要为水价不同组成制定不同的收费形式、使用原则和管理层次。

（三）城市供水价格地域差异

城市居民供水是城市总体供水的重要组成部分，居民供水价格是社会公众普遍关注的民生问题。本部分将以中国35个重点城市为例，客观地评价居民供水价格的差异。按照实际情况，将居民供水价格分为3—4元、2.5—3元、2—2.5元、1.5—2元和1—1.5元5个区间，并对35个重点城市的单一水价或城市供水价格进行分类（见表6-1）。结果表明：天津、长春、郑州的城市供水价格处于3—4元的价格区间。其中，天津的供水价格最高，为4.00元/立方米，是最低的南京城市供水价格的2.82倍。长春次之，为3.60元/立方米；郑州为3.10元/立方米。西安、济南、石家庄价格在2.5—3.0元的价格区间。其中，西安城市供水价格为2.85元/立方米，济南为2.80元/

立方米，石家庄为 2.50 元/立方米。多数城市供水价格落在 1.5—2.5 元/立方米的区间范围内。少数城市（如南宁、南京）的城市供水价格较低。其中，南宁为 1.45 元/立方米，南京为 1.42 元/立方米。显然，与经济发展水平和资源成本相比，南京城市供水价格处于非常低的水平。总体而言，中国 35 个重点城市的城市供水价格之间存在较为明显的差异，呈现出典型的梭形结构，同时，城市供水价格并未完全形成与城市发展水平相适应的价格结构，在一定程度上存在价格水平和价格结构不合理问题，从而降低了城市居民的节约用水效应。

表 6 - 1　中国 35 个重点城市 2016 年 12 月城市居民供水价格比较

价格区间	城市名称
3—4 元	天津、长春、郑州
2.5—3 元	西安、济南、石家庄
2—2.5 元	昆明、哈尔滨、宁波、重庆、呼和浩特、沈阳、太原、大连、深圳、厦门、成都、北京、贵阳
1.5—2 元	广州、上海、杭州、青岛、合肥、海口、兰州、福州、银川、乌鲁木齐、南昌、拉萨、武汉、长沙
1—1.5 元	南宁、南京

资料来源：Wind 资讯。

二　成本加成定价机制评价

城市供水行业定价与调价机制设计的基本原则是保本微利，由此产生以成本加成定价机制为核心的城市供水行业定价与调价机制。从理论上看，该机制有力地保护了生产企业的切身利益，但扭曲了效率溢价，不利于城市供水行业的发展，甚至会产生"鞭打快牛"问题。本部分将对成本加成定价机制的基本现状及其存在的典型问题进行分析。

（一）成本加成定价机制的基本现状

1985 年，国务院颁布《水利工程水费核定、计收和管理办法》，国家开始对城市供水价格进行管理。1994年，国务院发布《中华人民共和国城市供水条例》，进一步明确了水费缴纳责任以及城市供水价格制定原则。为进一步规范城市供水行业价格管理，保障供水、用水双方的合法权益，节约并保护水资源，国家计委和建设部于1998年和2004年分别制定和修订了《城市供水价格管理办法》，该办法主要依据《中华人民共和国价格法》《中华人民共和国城市供水条例》等法律法规和部门规章，由国家计委和建设部在探索前期城市水价管理实践经验的基础上，联合起草的一个比较完备的城市供水价格管理规范性文件。该办法为全国各地城市供水价格的分类与构成、供水价格制定的原则与确定具体参数、供水价格的申报与审批、供水价格的执行与监督指明了方向，这标志着中国城市供水价格管理步入了法制化和规范化的轨道。

《城市供水价格管理办法》明确了水价制定内容，制定城市供水价格应遵循补偿成本、合理收益、节约用水和公平负担的原则；供水企业合理盈利的平均水平应当是净资产利润率8%—10%。[①] 同样，城市污水处理行业收费机制实行"收支两条线"，财政补贴城市污水处理企业支出并保障合理利润，其实质上依然是成本加成定价机制，即指政府对自然垄断产品定价时，以企业上报并经政府审核的实际成本为基础，加上政府确定的利润率，作为产品或服务价格。因此，当前城市供水行业价格调整机制的典型特征是在补偿城市供水企业成本的基础上让其获得合理收益，具有典型的成本加成性。

（二）成本加成定价机制的典型问题

成本加成定价机制是将城市供水企业完全等价于公益性企业，以保障城市供水稳定为重要前提而忽视了城市供水行业的效率性。具有区域自然垄断性的城市供水行业，不仅没有企业之间的直接竞争，甚至缺乏同一地理区域内城市供水企业之间的区域间比较竞争。在缺乏

---

① 主要靠政府投资的，企业净资产利润率不得高于6%。主要靠企业投资的，包括利用贷款、引进外资、发行债券或股票等方式筹资建设供水设施的供水价格，还贷期间净资产利润率不得高于12%。

竞争且信息不对称情况下,城市供水企业提供的成本缺乏实际意义,因此,以成本为基础的成本加成定价机制存在一定的弊端,难以激励城市供水企业降低成本,提高效率。成本加成定价机制使城市供水企业丧失创新动力,弱化造血功能,逐步降低城市供水企业的竞争力。同时,成本审核与价格制定的主体缺乏对成本数据真实性的科学判断,难以通过成本加成机制确定合理有效的城市供水价格。最后,在政企之间存在不完全信息动态博弈的情形下,由于难以有效地监督城市供水企业的价格调整过程,可能发生主管部门"设租"和供水企业为虚报成本、争取高价主动"寻租"行为。由此可见,成本加成定价机制是个价格调整"黑箱",不具有效率性,从而抑制了城市供水企业的创新动力,制约了城市供水企业监管绩效的提升。

三　递增阶梯水价机制评价

近年来,中国加快推进城市居民递增阶梯水价改革,在实施范围、实施力度以及水表等基础设施安装等方面取得了显著的成效,但不同城市在阶梯水价的推行时间、阶梯水量的划分标准以及价格比例等方面均存在一定的差异。为此,本部分将对城市居民阶梯水价的实施现状进行评价。

(一)阶梯水价的计算与分类

递增阶梯水价是按照消费水量的不同,将水量分为若干阶梯等级,每个等级对应不同的单价,并根据用户实际用水量和每个阶梯水量区间的差异化水价计算总水费。以三级阶梯水价为例,第一阶梯主要保障低收入家庭的生活必需用水,水价的设置较低,通常低于水的生产和运输成本;第二阶梯及以上的用水量的价格设置成保本或微利的水价,单位水价随着耗水量的增加呈现阶梯递增趋势。三级阶梯水价用水量与各阶梯单位水价的关系如图6-1所示。

图6-1中,P_1、P_2、P_3分别表示第一阶梯、第二阶梯和第三阶梯的单位水价,Q_1、Q_2分别为第一阶梯、二阶梯的分段处用水量。那么,Q_1为第一阶梯用水量,(Q_2-Q_1)为第二阶梯用水量。居民用水费用可用如下公式表示:

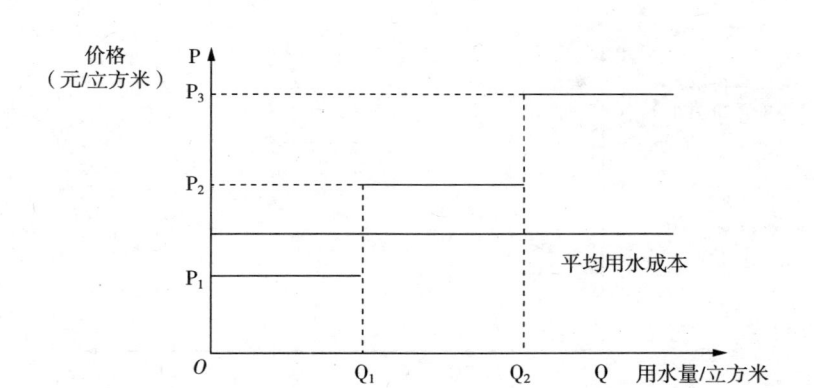

第六章　价格管制变迁与城市供水行业市场化改革效果 | 193

图 6-1　三级阶梯水价用水量与各阶梯单位水价的关系

$$R(Q) = \begin{cases} P_1 Q & 0 \leq Q \leq Q_1 \\ P_1 Q_1 + P_2 (Q - Q_1) & Q_1 < Q \leq Q_2 \\ P_1 Q_1 + P_2 (Q_2 - Q_1) + P_3 (Q - Q_2) & Q > Q_2 \end{cases}$$

式中，Q 表示实际用水量，$R(Q)$ 表示用水量为 Q 时应缴纳的水费。

根据阶梯水价与水量分级的级数、每级用水量和每高一级价格上浮情况的不同，可以将阶梯水价分为少级低累进、多级高累进和线性累进三种方式。① 具体如图 6-2、图 6-3 和图 6-4 所示。

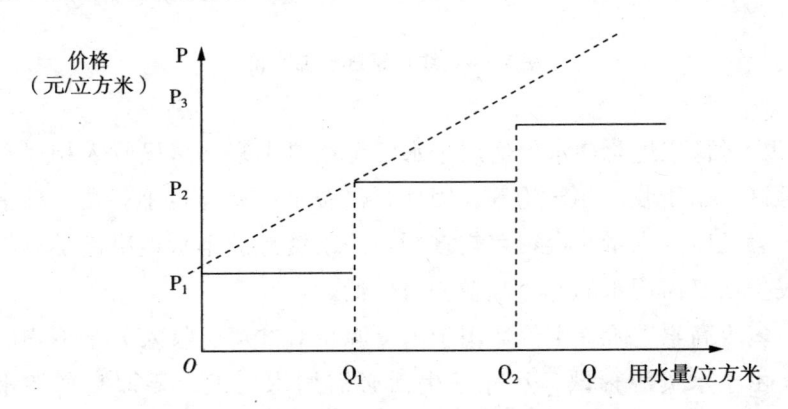

图 6-2　少级低累进阶梯水价

---

① 高晶：《北京市城镇居民阶梯水价统计测算研究》，博士学位论文，首都经济贸易大学，2008 年。

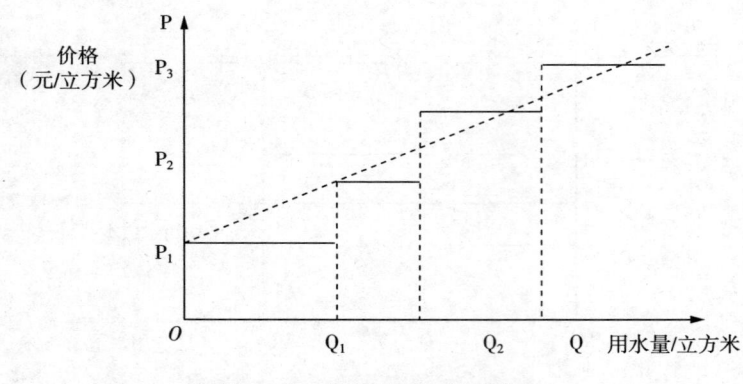

图 6-3　多级高累进阶梯水价

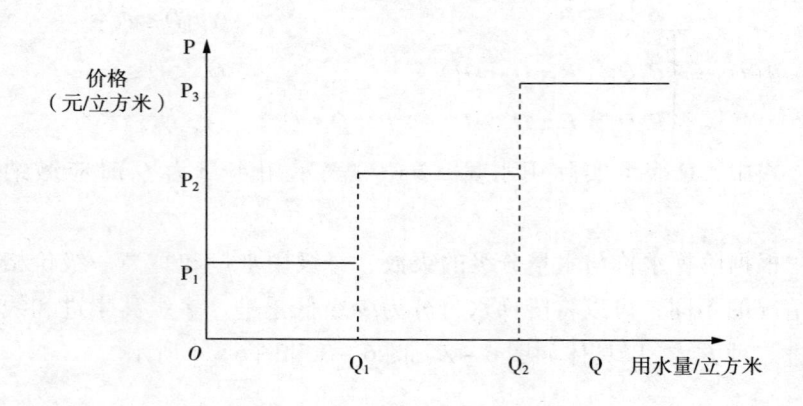

图 6-4　线性累进阶梯水价

少级低累进阶梯水价适用于水资源相对丰富、居民收入相对平均的地区。由于收入相对均等，因此，消费水平差异较小。在这种情况下，第一阶梯水量将会覆盖较多用户。水资源的丰富性决定了对超出居民生活必需用水的部分收费相对较低。

多级高累进阶梯水价适用于水资源相对贫瘠、收入分布不均的地区。由于水资源稀缺，从保证生活必需用水出发，要抑制高耗水现象。对高收入群体而言，水消费更多地表现为一种奢侈品，需求弹性较大，提高水价可以对奢侈性用水起到明显的抑制作用。多级高累进阶梯水价有利于抑制由于社会财富分配不均而造成的水资源占用不公平问题，同时也有利于水资源保护。

线性累进是一种较为折中的方式。对相等宽度的用水比重，设计相等幅度的递增水费，可以较好地体现社会公平，满足公众用水需求。

（二）阶梯水价的时空分布

深圳是最早对单一水价制度进行改革的城市，深圳于1990年5月1日实施居民累进式水价。21世纪以来，推行居民阶梯水价的城市逐渐增多。由表6-2中1997—2014年283个地级城市阶梯水价的实施情况可知，中国推行阶梯水价的城市由1997年的2个增加到2014年的143个。由此可见，近年来，多数地级城市在水资源的约束下逐步推行居民递增阶梯水价制度。但是，无论从推行居民阶梯水价的城市数量还是从现行阶梯水价的规范程度来看，都与全面推行阶梯水价制度的目标存在一定的偏差。

表6-2　　1997—2014年推行阶梯水价的城市数量及其占比

年份	1997	1998	1999	2000	2001	2002	2003	2004	2005
城市数（个）	2	2	2	5	8	10	19	24	28
占比（%）	0.71	0.71	0.71	1.77	2.83	3.53	6.71	8.48	9.89
年份	2006	2007	2008	2009	2010	2011	2012	2013	2014
城市数（个）	42	53	58	76	86	91	105	124	143
占比（%）	14.84	18.73	20.49	26.86	30.39	32.16	37.10	43.82	50.53

注：由于曲靖、玉溪两市只是在2011年9月1日至2012年5月31日以及2012年3月1日至5月31日这一时段实施阶梯水价，因此在统计时不作考虑。此外，海口2012年出台阶梯水价方案，由于没有抄表到户，无法实施阶梯水价，本表也未进行统计。

资料来源：根据各市物价局网站等相关资料整理并计算得到。

进一步地，通过对各省份推行阶梯水价比例分析（见表6-3）可知，截至2014年年底，山西所有城市都推行了居民阶梯水价制度，福建、江苏、湖北、广东80%以上的城市推行了阶梯水价，而陕西、海南、黑龙江以及西藏尚未推行居民阶梯水价。从推行居民阶梯水价的城市来看，经济较为发达、清洁水资源相对较少的地区更加重视推行阶梯水价制度，而清洁水资源相对较多且经济欠发达地区推行居民阶梯水价制度相对缓慢。

表 6-3　　2014 年年底中国地级城市推行阶梯水价的省际比例

地区	推行阶梯水价城市占比（%）	地区	推行阶梯水价城市占比（%）
山西	100.00	湖南	38.46
福建	88.89	云南	37.50
江苏	84.62	青海	33.33
湖北	83.33	内蒙古	33.33
广东	80.95	四川	33.33
辽宁	78.57	江西	27.27
贵州	75.00	吉林	25.00
浙江	72.73	山东	17.65
广西	71.43	陕西	0.00
河南	64.71	海南	0.00
安徽	58.82	黑龙江	0.00
新疆	50.00	西藏	0.00
河北	45.45	—	—

注：同表 6-2。

资料来源：根据各市物价局等相关资料整理得到。

（三）阶梯水量的划分标准

城市居民阶梯水价的阶梯通常依据水量的不同来确定。2013 年，国家发改委、住房和城乡建设部的文件提出了阶梯水量的确定原则，即"第一级水量原则上按覆盖 80% 居民家庭用户的月均用水量确定，第二级水量原则上按覆盖 95% 居民家庭用户的月均用水量确定，第三级水量为超出第二级水量的用水部分"，同时，给出省际居民生活用水阶梯水量的建议值，但缺少阶梯水量划分标准的确定依据。为此，各地在确定阶梯水量时，采用不同的分类原则，不同原则的社会公平效应和阶梯水价效果不尽相同（见表 6-4）。相对而言，在准确掌握实际用水人数的情况下，3（4 或 5）人以下按每户用水量同时超过人数增加固定数额、3（或 4）人以下按每户用水量同时 4（或 5）人以上按每人月用水量的阶梯水量确定方式，更具可行性，也有助于发挥阶梯水价的节水效应。

第六章 价格管制变迁与城市供水行业市场化改革效果

表 6-4　　城市居民阶梯水量的分类原则及其占比

分类原则	比例（%）	优势	劣势	适用条件
每户用水量	55.99	易于操作	不利于节约用水	易于操作且无须掌握服务区域的人口详细情况的城市
每人月用水量	10.21	最为公平	统计最为困难，交易成本最高	准确掌握服务区域内人口分布情况的城市
每户不多于3人按每户用水量，3人以上每增加1人增加固定数额	3.52	在合理确定各级阶梯水量和水价的情况下，能够获得节水效应，又可避免收集用户信息带来的高成本问题	需要依据所在服务区域内详细的人口结构信息，确定是以3人还是4人作为阶梯的划分基准	需要大致了解服务区域人口结构信息
每户不多于4人按每户用水量，4人以上每增加1人增加固定数额	17.61			
每户不多于5人按每户用水量，5人以上每增加1人增加固定数额	0.35			
每户不多于3人按每户用水量，4人及以上按每人月用水量	3.17			
每户不多于4人按每户用水量，5人及以上按每人月用水量	14.79			
分别确定4人以下（含4人）和4人以上每户用水量	0.70	—	无法获得公平和成本节约效应。5人以上用户更能享受阶梯水价带来的好处，4人以下用户第一阶梯用水量如果核定过高将不利于节水	5人以上用户家庭占据一定比例

注：佛山市对顺德区、三水区、高明区和禅城区实施居民阶梯水价，但各区价格水平不同，而且顺德区与其他三区对阶梯的划分标准存在差异。为此，笔者按照三水区、高明区和禅城区的阶梯水价划分标准进行分析。同时，部分城市按人户结合进行阶梯水价分类，将这部分城市的分类标准设为按人口数进行分类。

资料来源：根据各市物价局等相关资料统计并分析得到。

(四) 阶梯水价的级差比例

针对目前中国地级城市存在二级阶梯水价（累进式定价）、三级阶梯水价和四级阶梯水价三种分类方法，不同阶梯价格存在一定的比例关系。本部分将对地级市阶梯水价的等级进行分类（见表 6-5）。由表 6-5 可知，第一，在推行二级阶梯水价的城市中，占全国 3.87% 的城市将一、二级阶梯比例固定为 1:1.5，1.42% 的城市小于 1:1.5，另外有 0.35% 的城市大于 1:1.5。为此，为实现阶梯水价目标，推行二级阶梯水价的城市涉及"升梯"与不同阶梯水价的科学确定问题。在推行三级阶梯的城市中，二、三级阶梯城市的水价比例多为 1:1.5:2，占 32.75%。以两部委的阶梯水价制度为参照，多数城市需要对现行阶梯水价的价格比例进行调整优化。

表 6-5　　　　　　　地级市阶梯水价等级分类与比例

阶梯分类	阶梯水价占比（%）	分类	符合条件的城市占比（%）
无阶梯	49.29	—	49.29
二级阶梯	5.31	一级：二级 = 1:1.5	3.87
		一级：二级 < 1:1.5	1.42
		一级：二级 > 1:1.5	0.35
三级阶梯	45.05	一级：二级：三级 = 1:1.5:2	32.75
		一、二级阶梯价格比例较低 二、三级阶梯价格比例较低	2.46
		一、二级阶梯价格比例较低 二、三级阶梯价格比例较高	0.35
		一、二级阶梯价格比例相等 二、三级阶梯价格比例较低	4.23
		一、二级阶梯价格比例相等 二、三级阶梯价格比例较高	0.35
		一、二级阶梯价格比例较高 二、三级阶梯价格比例较低	0.35
		一、二级阶梯价格比例较高 二、三级阶梯价格比例较高	4.23
四级阶梯	0.35	一级：二级：三级：四级 = 1:2:3:4	0.35

注：因为计算过程中的四舍五入，所以，表中各分项百分比之和不等于 100%。下同。
资料来源：根据各市物价局等相关资料统计与分析得到。

随着城市居民阶梯水价制度的推行、居民节水意识的提高以及节水技术的应用，城市居民人均日生活用水量将会有所下降，2000—2012 年，城市居民人均日生活用水量由 220 升降低到 172 升。近十年来，全国城镇化率提高了 10 个百分点，用水人口增长了 49.6%，城市年用水总量仅增长 12%。[①] 由此可见，城市居民节水效应较为显著，但是，城市居民依然存在较大的节水空间，而不合理的水价形成机制以及供水行业薄弱的基础设施限制了居民节水效应的提升。

第三节 城市阶梯水价改革的典型问题

在水资源日益短缺和水质型缺水越发严重的客观形势下，为强化居民节水意识，中国政府多次推行居民阶梯水价制度，但是，在实际推行阶梯水价过程中，部分地区缺乏推行阶梯水价的硬件保障，存在阶梯水量的划分标准以及水价级差的确定不合理等问题，这制约了阶梯水价制度的有序推进。为此，本书将从"一户一表"推进缓慢、阶梯水量划分标准有待优化、水价级差的确定仍需完善以及精准计费难以实行等方面进行分析。

一 "一户一表"推进缓慢

实施阶梯水价要求对用水量进行精准计量，因此，需要完善的计量方法和设施作保障，即做到"一户一表"和抄表到户。由于传统水表难以对用水量按阶梯进行计量，也无法分辨用水时间节点，因此，智能水表的更换是保证精准计量的重要基础，但是，到目前为止，中国地级城市尚未实行"一户一表、计量入户"全覆盖，截至 2015 年年底，杭州市主城区"一户一表"覆盖率达到 99.15%，尚未实现"一户一表"改造的用户仅为 0.6 万户。[②] 截至 2017 年 7 月，福州市

[①] 杜宇、何雨欣：《城市居民人均生活用水减量》，《人民日报》2014 年 5 月 18 日。
[②] 张冰：《水表冻裂漏水又未安装"一户一表" 杭州个别住户水费激增》，浙江在线，2016 年 2 月 21 日。

已完成"一户一表"改造23万户,剩余10万户力争用3年完成。①
"一户一表、计量入户"无法实现全覆盖,这在一定程度上降低了居民阶梯水价制度的实际推行效果。其原因主要在于:智能水表的投资主体不明、责任不清,这迫使政府、企业和居民三方缺乏更新改造水表的动力。一般而言,智能水表价格和安装费分别在500元和200元左右,在投资主体不明的情况下,更换智能水表的费用大多由供水企业承担,这大大增加了城市供水企业的负担。如国内第一家实行抄表到户的银川市自来水总公司不仅背负着水表更新改造带来的财务负担,而且由于水表技术不过关也使自来水公司蒙受了巨大的经济损失。② 同时,有些城市的"一户一表、计量入户"改造由水务集团或自来水公司负责,这增大了其财务压力,从而降低了城市"一户一表、计量入户"的推进速度,限制了阶梯水价制度的有效实施。

二 阶梯水量划分标准有待优化

目前阶梯水量的阶梯划分标准主要存在以户为单位的每户用水量、每人每月用水量以及根据居民人数的不同实行差别化的水量确定方式三类。上述三种划分标准各有利弊。其中,单纯将户作为划分标准具有操作简单的特点。但是,由于不同用户之间存在人数差异,因此,这一标准往往有失公平性。而每人每月用水量、每户按居民人数实行差别水量两种划分标准都需要准确地统计每户实际用水的居民人数,这与按户收取固定水费和以户为单位收取水费的情况相比,大大增加了供水企业的统计负担。同时,这一划分标准从理论上说能够实现用户之间的公平,但实际上由于可能存在统计误差而往往背离公平。因此,阶梯水量的划分标准需要兼顾效率和公平,以公平为前提、以效率为目标合理确定阶梯水量的划分标准。

三 基础水量及级差难以最优化

推行阶梯水价制度的最主要目的是促进居民节约用水,从而缓解

---

① 李白蕾:《3年改造10万户,福州将实现"一户一表"全覆盖》,《福州日报》2017年7月31日。
② 王小霞:《阶梯水价全面实行仍有困难》,《中国经济时报》2009年12月23日。

优质水资源的供需矛盾。阶梯水价制度是否能够带来居民的节水效果，关键在于居民节水意识的提升、基础水量标准（或称为"第一阶梯水量"）的合理确定以及各级水量与水价的科学选择。其中，居民节水意识的提升是在供水企业、行业主管部门等全方位宣传的基础上的逐步提高过程。最优基础水量的确定需要准确掌握服务区域居民用水情况、人口分布等信息，并保障普遍服务与社会公平。基础水量核定过高无法激励居民节约用水，基础水量核定过低则违背水的普遍服务性与公平性。同样，各级水量与水价的合理确定也是保障阶梯水价能否实现节水效应的重要内容。但是，在推行居民阶梯水价的城市中，一些城市设定过高的基础水量，难以获得节约用水效应。

四 水价级差的确定仍不够完善

2013年12月31日，由国家发改委和住房和城乡建设部共同出台的《关于加快建立完善城镇居民用水阶梯价格制度的指导意见》中指出"第一、第二、第三级阶梯水价按不低于1∶1.5∶3的比例安排，缺水地区应进一步加大价差"，但各城市政府在确定本市水价级差时，对本市适宜实施几级阶梯水价以及水价级差缺乏科学的论证，往往参照国家两部委意见实施三级阶梯水价制度，并将不同阶梯的水价比例定为1∶1.5∶3，而缺乏借鉴国内外阶梯水价制定经验并结合本市实际来确定阶梯水价级数以及级差价格比例的动态过程，从而可能带来不公平和低效率问题，难以通过阶梯递增水价机制促使居民节约用水的。因此，如何结合城市居民的可支配收入水平、城市人口数量、城市水质、城市供水成本等多维因素，合理确定基准水价，并结合城市居民的可承受能力和节约用水需求等因素，参考国家发改委和住房和城乡建设部的第一、第二、第三阶梯水价按不低于1∶1.5∶3的比例安排，设置差异性的水价级差，从而实现追求效率、兼顾公平的阶梯水价推行目标将成为阶梯水价制度改革的重要任务。

五 精准计费仍然难以有效实行

从时间跨度来看，以一年（或月度，或季度）水量 Q_1 内是第一阶梯、$Q_1—Q_2$ 是第二阶梯、$Q_2—Q_3$ 是第三阶梯等作为各阶梯水量的对应的阶梯水价的收费依据。无论是以年为计量周期，还是以月或季度为单位的计量周期，精确抄表与按时抄表是阶梯水价制度有效实施的基本保障。若相邻两个阶梯水量计量周期之间存在重叠，将会产生多算与少算计量周期水量问题，从而有失公平。同时，阶梯水价制度也会增加抄表工人负担，提高城市供水企业或水务集团因工人抄表次数增加而产生的额外成本。此外，阶梯水价要求严格执行"按时抄表、准确计费"制度，这将增加城市供水企业或水务集团对抄表工人的额外需求以及现有抄表工人的作业压力。因此，由于难以满足精准计费或精准计费的周期较长，从而使阶梯水价的推行处于次优状态。

六 阶梯水价的效率和公平欠缺

在推行阶梯水价过程中，第一阶梯水价并未有效区分低收入用户和高收入用户，使高收入用户和低收入用户享有同等补贴，从而导致高收入用户所支付的水费占家庭可支配收入的比重相对很小。以北京市为例，2014 年和 2015 年低收入用户水费占人均可支配开支的比重各是高收入用户的 2.2 倍及 1.5 倍。[1] 相对于可支配收入，低收入用户比高收入用户的水费支出要多，从而有失公平且背离节约用水的目标。以巴西圣保罗市为例，假定低收入用户和较高收入用户水的用水量均在第一阶梯，那么，最贫困用户水费开支占可支配收入的比重为 4.5%，而最富裕用户的水费开支仅占可支配收入的 0.45%。[2] 居民水费支出低于用水成本，无法实现用水成本的回收。以北京市为例，根据相关成本监审数据，北京市平均用水成本为 6.38 元/立方米，如计入增值税，成本可达到 6.59 元/立方米。由此可见，第一阶梯水价为 5 元/立方米的标准难以弥补用水成本的回收。由于城市供水价格具有政府管制性，一些城市第一阶梯水价的制定与调整往往低于成本，供水企业难以通过供水产品供应回收成本并获得合理利润，从而导致投资严重不足、基础设施老化严重、"一户一表"改造十分滞后、供水服务质量下降等恶性循环，影响了居民用水产品的平稳供应和安

---

[1] 范登云、张雅君、许萍：《阶梯水价的优化研究》，《给水排水》2017 年第 5 期。
[2] Ruijs, A., Zimmermann, A., Van den Berg, M., "Demand and Distributional Effects of Water Pricing Policies", *Ecological Economics*, 2008, 66: 506–516.

全供应。

综上所述，阶梯递增水价政策的推进初衷是充分发挥市场、价格因素在水资源配置、供水产品或服务需求等方面作用，希望通过推行阶梯水价，提高平均供水价格，增强居民和企业的节水意识，减少水资源的浪费。但在阶梯水价推行过程中，由于"一户一表"基础设施改造滞后、阶梯水价与阶梯水量的阶梯划分标准与比例无法更好地反映城市的异质性特征、难以实现精准计量与精准计费以及低价运行导致了效率低下和有失公平等问题，在一定程度上背离了阶梯水价政策的推行目的，形成了低效或次优的阶梯水价形成机制。为此，亟须修正与完善城市供水行业阶梯水价机制，从而实现引导居民节约用水，促进水资源的可持续利用等目标。

第四节　城市供水行业价格管制变迁的基本取向

中国城市供水行业价格改革经历了包费制；用水计量、按量收费；成本部分回收和全成本水价改革四个阶段，目前已基本形成以保本微利为原则、以阶梯递增价格为核心的城市供水行业定价与调价机制。阶梯水价制度的推行进一步优化了城市供水行业的价格形成机制，其目的是为发挥市场和价格在水资源配置和水需求调节上的作用，增强居民和企业的节约用水意识，避免水资源的浪费。但是，在城市供水阶梯价格推行过程中，依然存在尚未对"一户一表"全覆盖、阶梯水量划分标准有待优化、基础水量及级差难以最优化、水价级差的确定仍不够完善、精准计费仍然难以有效实行以及阶梯水价的效率和公平欠缺等问题。为此，需要进一步完善城市供水行业的阶梯价格形成机制。

一　建立"一户一表"改造成本分担机制

目前来看，城市供水行业"一户一表"改造相对滞后是制约阶梯水价全面推行的关键因素，问题在于缺乏更新改造水表设施所需资金的分担机制。从经济理论来看，根据承担更新改造水表设施费用的主体不同，可分为完全由供水企业承担、供水企业与居民用户共同分担、用户完全承担、供水企业和政府共同分担、政府完全承担成本以及政府、供水企业和用户三方共同分担等形式。由企业承担"一户一表"改造的全部成本模式势必增加供水企业负担。同理，完全由居民承担也会增加居民压力。因此，为加快推进城市居民阶梯水价制度，本书建议建立"政府补贴为主、供水企业自主筹资为辅"的供水水表设施的成本分担机制，而对水表安装费用采用"企业为主、居民用户为辅"的模式。其中，居民用户承担的水表安装费用建议不高于月户均用水费用的两倍。

二 优化城市供水行业阶梯水量划分标准

阶梯水量划分标准是有效推行阶梯水价政策的重要基础。针对当前阶梯水量划分标准较多，部分标准或操作困难或难以保证公平的特征，应该建立合理的阶梯水量划分标准。具体而言，阶梯水量划分标准应遵循差异化特征，城市供水企业或主管部门依据每户供水人口信息的可得性与准确性原则，选择差异化的阶梯水量划分标准。其中，对城市供水企业或行业主管部门缺乏或难以掌握户籍用水人口数据信息的城市而言，建议以每户每月用水量作为阶梯水量的划分标准，同时，对3人或4人[①]以上的用户建议居民自行到所在地供水企业进行申报、核准并调整基础水量，从而实现用水公平。如果城市供水企业或行业主管部门拥有详细的户籍用水人口信息，则无须用户自行申报，直接建立"以3人（或4人）[②]每户用水量作为基准，每多1人每月增加固定用水量"的划分标准，从而实现社会公平。建议目前仍单纯以每户用水量作为阶梯水量划分标准的城市，积极推进城市阶梯水量划分标准改革，为获得节水效应和实现社会公平提供基础。

三 确定基础水量与各级水量的形成机制

一般而言，将满足居民正常生活需求的供水量作为基础水量，而

[①] 如果服务区域内企业大致了解所在区域是3人每户占多数的话则选择3人，如果是4人每户占多数则选择4人。
[②] 同上。

在已推行阶梯水价的城市多以本市85%或一定比例居民每户用水量最低值作为基础水量，这种方法能够在较大程度上满足设定比例用户处于第一阶梯水量和操作较为简单的优势，但这种方式并不一定实现居民的节水效应。如果能够区分居民正常用水种类和超额用水需求，通过调查的方式了解各项正常用水量，并将正常用水量作为基础水量，则能够较好地获得居民的节水效应。此外，水量级数和级差比例的确定也是实现阶梯用水目标的重要保障。其中，建议各市在充分调研本市实际的基础上，确定超额用水需求特征，采用聚类分析方法，合理划定水量级数和各级水量。

四 建立基础水价与各级水价的优化机制

城市政府需要在确定基础水量、水量级数和各级水量的基础上，明确各级阶梯水价的确定原则。对实施三级阶梯水价的城市而言，建议第一阶梯实施保障性的、满足多数家庭用水的廉价水价，甚至该水价低于供水平均成本；第二阶梯水价依据补偿成本的原则来制定，即第二阶梯水价等于或稍大于供水平均成本；第三阶梯水价以第二阶梯水价为基准，实行有惩罚性的高水价标准。与三级阶梯水价相比，对推行四级及以上阶梯水价的城市而言，在一级、二级水价确定上与推行三级水价城市相类似，关键在于如何确定三级及以上级别水价。本书建议，在参照类似节水效果较好城市的阶梯水价情况，确定级差比例。如果现有水价政策没有实现节水效应，适度拉开第三阶梯与第二阶梯比例。也可借鉴国际经验，将三、四、五级阶梯价格设定为第二阶梯价格的1.5倍、2—3倍和3—6倍。[①] 建议参考国际惯例，第一阶梯水价结合用水成本以及按80%低收入用户可支配收入的2%来制定，第二阶梯水价除弥补自身用水成本外还承担阶梯水价实施过程中用户水表更换与安装、基础设施保养和维修、用水成本上涨弥补等费用，第三及以上阶梯的水价反映水资源的稀缺程度。

五 形成阶梯水价与多种水价的政策组合

针对当前存在的水资源总量短缺、水质型缺水问题，亟须改革现

---

① Paul, H., "Waste Not, Want Not? Water Tariffs for Sustainability", *Report to WWF-UK*, 2007, 9.

行水价制度，从而提升居民节水效果。由于居民用水量在一天24小时内是显著变化的，一般而言，夜晚特别是深夜的用水量远低于白天，同时南方城市用水存在季节变化。为此，建议推行"季节调整、峰谷水价与阶梯水价"相结合的水价政策，从而优化现行水价结构。具体来说，对水资源较为短缺、取水地涉及枯水期与丰水期时，同时枯水期与丰水期的取水成本存在显著差异的城市，在考虑取水成本和鼓励居民节水的前提下，建议在条件允许的情况下，对阶梯水价进行季节调整。同时，建议参照部分城市实施的峰谷电价经验，可尝试性地推行峰谷水价制度。在此基础上，建立"季节调整、峰谷水价与阶梯水价"的组合机制，促进用水公平，更好地实现居民节水效应。

第七章 市场化改革与城市供水质量

城市供水质量关系着社会公众的身体健康，保障城市供水安全是一项重要的民生工程。近年来，国家非常重视城市供水安全，相继出台了一系列城市供水安全或饮用水安全保障的法规政策，如2005年国务院办公厅发布《关于加强饮用水安全保障工作的通知》；2007年，国家发改委、环保部、建设部、水利部和卫生部联合印发了《全国城市饮用水安全保障规划（2006—2020年）》。相关部门还配套编制并实施了《全国城市饮用水水源地安全保障规划》《全国城市饮用水水源地环境保护规划》《全国城市饮用水卫生安全保障规划》和《全国城镇供水设施改造和建设"十二五"规划及2020年远景目标》，这说明国家对城市供水安全日益重视。为此，本章将从城市供水质量法规体系与风险识别、市场化下城市供水质量的现状评估、市场化下城市供水质量的制约因素以及城市供水质量管制变迁的基本取向四个方面，对市场化改革与城市供水质量进行研究。

第一节 城市供水质量法规体系与风险识别

新中国成立以来，国家日益重视饮用水安全，社会公众对饮用水质量的关注度也越来越高。随着中国经济的增长和综合国力的提升，国家多次提高城市供水质量标准，特别是改革开放以来，中国城市供水安全质量标准进入快速提升阶段，但是，由于工业化和城市化的快速发展，产生了一些供水安全事件，这对城市居民的饮用水安全构成了一定的挑战。为此，本节将对城市供水质量相关法规、供水质量标准变迁以及供水质量风险识别等重要问题进行研究。

一 供水质量相关法规

法规制度体系是提升城市供水质量的重要保障。目前,中国缺乏城市供水安全管制领域专门的法律法规,城市供水安全管制具有典型的环节性特征,这些环节主要包括水资源和水环境保护、水质标准、水质监测以及应急管理等。《中华人民共和国水法》《中华人民共和国水污染防治法》《中华人民共和国环境保护法》《中华人民共和国传染病防治法》分别从水资源开发与利用、水污染防治、水环境保护以及饮用水卫生等方面对饮用水安全做了相应规定。其中,《中华人民共和国水法》是关于水资源保护的基础性法律,主要涉及水资源的开发利用、水资源、水域和水工程的保护以及水资源的配置和节约使用。该法对饮用水管理的内容主要涉及饮用水源保护区制度、水质监测以及满足城乡居民用水等方面。《中华人民共和国环境保护法》对保护和改善生态环境、防治污染以及环境污染的法律责任等方面做了明确规定。《中华人民共和国水污染防治法》规定了水污染防治的监督管理,并从水源保护区的划分和防治水污染等方面提出水质安全的具体措施。《中华人民共和国传染病防治法》规定了法定饮用水传染病的种类,明确了各级政府及其卫生行政部门、供水单位、涉水产品生产企业的法定职责以及失职应负的法律责任。

国务院制定与饮用水安全有关的行政法规主要有《中华人民共和国水污染防治法实施细则》《中华人民共和国城市供水条例》《中华人民共和国河道管理条例》。其中,《中华人民共和国水污染防治法实施细则》从不同饮用水水源保护的水质级别方面,对饮用水污染防治做出相应规定。《中华人民共和国城市供水条例》主要针对城市公共供水和自建设施供水,涉及城市供水水源、供水工程建设、供水经营以及供水维护等,主要关注城市供水规划建设问题,但尚未系统建立饮用水水质安全监管的理论体系。

部门规章主要有原建设部颁发的《城市供水水质管理规定》,原建设部、卫生部颁发的《生活饮用水卫生监督管理办法》,环保部等部门颁发的《饮用水水源保护区污染防治管理规定》、国务院多部门联合颁发的《基础设施和公用事业特许经营管理办法》、原建设部颁发的《地下水开发利用保护管理规定》。这些部门规章是各部门从部门职责出发对城市水质管理、水质标准、卫生监督、水源保护等方面做出的相应规定。

地方政府以国家有关法律、行政法规和部门规章为指导，在饮用水卫生安全监督管理、水污染防治、城市供水与节约用水等方面相继出台了地方法规。如浙江省1999年颁布了《浙江省城市供水管理办法》、2011年颁布了《浙江饮用水水源保护条例》。杭州市于1997年颁布了《杭州市城市供水管理规定》和《杭州市高层建筑生活饮用水给水设施卫生监督管理办法》等。

二 供水质量标准变迁

为适应城市供水行业发展，强化城市供水企业监督与管理，1993年，建设部开始组建"国家城市供水水质监测网"，并受政府委托对水质进行监督管理。1999年，建设部颁布《城市供水水质管理规定》，明确提出了建立国家和地方两级网以及建设部水质中心、国家站和地方站三级站的监测体系要求，还规定了"企业自检、行业监测、政府监督"相结合的城市供水质量管理制度。由"两级网、三级站"负责城市供水水质的检查和监督，完善了以建设部城市供水水质监测中心和36个重点城市供水水质监测站为主要成员的国家城市供水水质监测网体系。此外，为保障城市供水安全，新中国成立后，国家逐步提升水源水质标准与饮用水水质标准。厘清水源水质标准与饮用水水质标准，是逻辑求索当前中国饮用水水质标准现状的重要基础。因此，本部分将重点从水源水质标准和饮用水水质标准两个方面，研究中国饮用水水质标准的变迁历程，并对当前饮用水质量标准的基本现状进行评估。

（一）水源水质标准

中国分别于1993年和2002年出台了《地下水质量标准》（GB/T 14848—93）和《地表水环境质量标准》（GB3838—2002），并于2017年对《地下水质量标准》进行了修订。本部分将对上述两个标准进行分析，在此基础上，明确中国地下水和地表水质量标准的演变趋势。

1. 《地下水质量标准》比较分析

《地下水质量标准》（GB/T 14848—93）和《地下水质量标准》（GB/T 14848—2017）都包含39项测试指标，后者对39项测试指标中的铁、锰两个指标进行了修订。① 目前，《地下水质量标准》（GB/T 14848—2017）仍然存在三个方面的问题：①有机物污染指标相对较少。目前，仅有六六六和滴滴涕两个有机农药指标。②部分指标限值的设置不合理。中国多数地区地下水中的铁、锰含量和总硬度较高，需要结合地方实际，分区域设定地下水水质标准限值。③内梅罗指数综合评价法与地下水Ⅰ—Ⅴ类之间缺乏对应关系，从而增加了因为重点危害信息影响地下水质量的事件的发生概率。

表7-1　《地下水质量标准》（GB/T 14848—93）和（GB/T 14848—2017）的比较分析

项目序号	类别标准值项目	Ⅰ类	Ⅱ类	Ⅲ类	Ⅳ类	Ⅴ类
1	色（度）	≤5	≤5	≤15	≤25	>25
2	嗅和味	无	无	无	无	有
3	浑浊度（度）	≤3	≤3	≤3	≤10	>10
4	肉眼可见物	无	无	无	无	有
5	pH	6.5—8.5		5.5—6.5, 8.5—9		<5.5，>9
6	总硬度（以$CaCO_3$计）（毫克/升）	≤150	≤300	≤450	≤550	>550
7	溶解性总固体（毫克/升）	≤300	≤500	≤1000	≤2000	>2000
8	硫酸盐（毫克/升）	≤50	≤150	≤250	≤350	>350
9	氯化物（毫克/升）	≤50	≤150	≤250	≤350	>350
10	铁（Fe）（毫克/升）	≤0.1	≤0.2	≤0.3	≤2.0(≤1.5)	>2.0(>1.5)
11	锰（Mu）（毫克/升）	≤0.05	≤0.05	≤0.1	≤1.5(≤1.0)	>1.5(>1.0)

---

① 如果2017年各指标的数值与1993年存在差异，则详见括号内数值。反之，则说明2017年与1993年数值相同。

续表

项目序号	类别标准值项目	Ⅰ类	Ⅱ类	Ⅲ类	Ⅳ类	Ⅴ类
12	铜（Cu）（毫克/升）	≤0.01	≤0.05	≤1.0	≤1.5	>1.5
13	锌（Zn）（毫克/升）	≤0.05	≤0.5	≤1.0	≤5.0	>5.0
14	钼（Mo）（毫克/升）	≤0.001	≤0.01	≤0.1	≤0.5	>0.5
15	钴（Co）（毫克/升）	≤0.005	≤0.05	≤0.05	≤1.0	>1.0
16	挥发性酚类（以苯计）（毫克/升）	≤0.001	≤0.001	≤0.002	≤0.01	>0.01
17	阴离子合成洗涤剂（毫克/升）	不得检出	≤0.1	≤0.3	≤0.3	>0.3
18	高锰酸盐指数（毫克/升）	≤1.0	≤2.0	≤3.0	≤10	>10
19	硝酸盐（以N计）（毫克/升）	≤2.0	≤5.0	≤20	≤30	>30
20	亚硝酸盐（以N计）（毫克/升）	≤0.001	≤0.01	≤0.02	≤0.1	>0.1
21	氨氮（NH_4）（毫克/升）	≤0.02	≤0.02	≤0.2	≤0.5	>0.5
22	氟化物（毫克/升）	≤1.0	≤1.0	≤1.0	≤2.0	>2.0
23	碘化物（毫克/升）	≤0.1	≤0.1	≤0.2	≤1.0	>1.0
24	氰化物（毫克/升）	≤0.001	≤0.01	≤0.05	≤0.1	>0.1
25	汞（Hg）（毫克/升）	≤0.00005	≤0.0005	≤0.001	≤0.001	>0.001
26	砷（As）（毫克/升）	≤0.005	≤0.01	≤0.05	≤0.05	>0.05
27	硒（Se）（毫克/升）	≤0.01	≤0.01	≤0.01	≤0.1	>0.1
28	镉（Cd）（毫克/升）	≤0.0001	≤0.001	≤0.01	≤0.01	>0.01
29	铬（六价）（Cr^{6+}）（毫克/升）	≤0.005	≤0.01	≤0.05	≤0.1	>0.1
30	铅（Pb）（毫克/升）	≤0.005	≤0.01	≤0.05	≤0.1	>0.1
31	铍（Be）（毫克/升）	≤0.00002	≤0.0001	≤0.0002	≤0.001	>0.001
32	钡（Ba）（毫克/升）	≤0.01	≤0.1	≤1.0	≤4.0	>4.0
33	镍（Ni）（毫克/升）	≤0.005	≤0.05	≤0.05	≤0.1	>0.1
34	滴滴涕（微克/升）	不得检出	≤0.005	≤1.0	≤1.0	>1.0
35	六六六（微克/升）	≤0.005	≤0.05	≤5.0	≤5.0	>5.0
36	总大肠菌群（个/升）	≤3.0	≤3.0	≤3.0	≤100	>100
37	细菌总数（个/升）	≤100	≤100	≤100	≤1000	>1000
38	总σ放射性（贝可/升）	≤0.1	≤0.1	≤0.1	>0.1	>0.1
39	总β放射性（贝可/升）	≤0.1	≤1.0	≤1.0	>1.0	>1.0

2.《地表水环境质量标准》情况

《地表水环境质量标准》分为地表水环境质量标准基本项目、集中式生活饮用水地表水源地补充项目和集中式生活饮用水地表水源地特定项目。地表水环境质量标准基本项目适用于全国江河、湖泊、运河、渠道以及水库等具有使用功能的地表水水域。集中式生活饮用水地表水源地补充项目和特定项目适用于集中式生活饮用水地表水源地一级保护区和二级保护区。

《地表水环境质量标准》主要包括水温、pH 值、溶解氧、高锰酸钾指数、化学需氧量、五日生化需氧量、氨氮、总磷、总氮、铜、锌、氟化物、硒、砷、汞、镉、铬、铅、氰化物、挥发酚、石油类、阴离子表面活性剂、硫化物、粪大肠杆菌 24 项基本指标，见表 7-2。其中，5 项集中式生活饮用水地表水源地补充项目标准限值详见表 7-3，80 项集中式生活饮用水地表水源地特定项目标准限值详见表 7-4。

表 7-2 地表水环境质量标准基本项目标准限值

序号	标准值 项目 分类	I 类	II 类	III 类	IV 类	V 类
1	水温（℃）	人为造成的环境水温变化应限制在：周平均最大温升≤1 周平均最大温降≤2					
2	pH 值（无量纲）	6—9				
3	溶解氧≥	饱和率 90%（或 7.5）	6	5	3	2
4	高锰酸钾指数≤	2	4	6	10	15
5	化学需氧量（COD）≤	15	15	20	30	40
6	五日生化需氧量（BOD_5）≤	3	3	4	6	10
7	氨氮（NH_3-N）≤	0.15	0.5	1.0	1.5	2.0
8	总磷（以 P 计）≤	0.02（湖、库 0.01）	0.1（湖、库 0.025）	0.2（湖、库 0.05）	0.3（湖、库 0.1）	0.4（湖、库 0.2）

续表

序号	标准值\分类\项目	I类	II类	III类	IV类	V类
9	总氮（湖、库，以N计）≤	0.2	0.5	1.0	1.5	2.0
10	铜≤	0.01	1.0	1.0	1.0	1.0
11	锌≤	0.05	1.0	1.0	2.0	2.0
12	氟化物（以F⁻计）≤	1.0	1.0	1.0	1.5	1.5
13	硒≤	0.01	0.01	0.01	0.02	0.02
14	砷≤	0.05	0.05	0.05	0.1	0.1
15	汞≤	0.00005	0.00005	0.0001	0.001	0.001
16	镉≤	0.001	0.005	0.005	0.005	0.01
17	铬（六价）≤	0.01	0.05	0.05	0.05	0.1
18	铅≤	0.01	0.01	0.05	0.05	0.1
19	氰化物≤	0.005	0.05	0.2	0.2	0.2
20	挥发酚≤	0.002	0.002	0.005	0.01	0.1
21	石油类≤	0.05	0.05	0.05	0.5	1.0
22	阴离子表面活性剂≤	0.2	0.2	0.2	0.3	0.3
23	硫化物≤	0.05	0.1	0.2	0.5	1.0
24	粪大肠杆菌（个/升）≤	200	2000	10000	20000	40000

表7-3 集中式生活饮用水地表水源地补充项目标准限值

序号	项目	标准值（微克/升）
1	硫酸盐（以SO_4^{2-}计）	250
2	氯化物（以Cl^-计）	250
3	硝酸盐（以N计）	10
4	铁	0.3
5	锰	0.1

表7-4　　集中式生活饮用水地表水源地特定项目标准限值　　单位：微克/升

序号	项目	标准值	序号	项目	标准值
1	三氯甲烷	0.06	41	丙烯酰胺	0.0005
2	四氯甲烷	0.002	42	丙烯腈	0.1
3	三溴甲烷	0.1	43	邻苯二甲酸二丁酯	0.003
4	二氯甲烷	0.02	44	邻苯二甲酸二(2-乙基己基)酯	0.008
5	1,2-二氯乙烷	0.03	45	水合肼	0.01
6	环氧氯丙烷	0.02	46	四乙基铅	0.0001
7	氯乙烯	0.005	47	吡啶	0.2
8	1,1-二氯乙烯	0.03	48	松节油	0.2
9	1,2-二氯乙烯	0.05	49	苦味酸	0.5
10	三氯乙烯	0.07	50	丁基黄原酸	0.005
11	四氯乙烯	0.04	51	活性氯	0.01
12	氯丁二烯	0.002	52	滴滴涕	0.001
13	六氯丁二烯	0.0006	53	林丹	0.002
14	苯乙烯	0.02	54	环氧七氯	0.0002
15	甲醛	0.9	55	对硫磷	0.003
16	乙醛	0.05	56	甲基对硫磷	0.002
17	丙烯醛	0.1	57	马拉硫磷	0.05
18	三氯乙醛	0.01	58	乐果	0.08
19	苯	0.01	59	敌敌畏	0.05
20	甲苯	0.7	60	敌百虫	0.05
21	乙苯	0.3	61	内吸磷	0.03
22	二甲苯	0.5	62	百菌清	0.01
23	异丙苯	0.25	63	甲萘威	0.05
24	氯苯	0.3	64	溴氰菊酯	0.02
25	1,2-二氯苯	1.0	65	阿特拉津	0.003
26	1,4-二氯苯	0.3	66	苯并(a)芘	2.8×10^{-6}
27	三氯苯	0.02	67	甲基汞	1.0×10^{-6}
28	四氯苯	0.02	68	多氯联苯	2.0×10^{-5}
29	六氯苯	0.05	69	微囊藻毒素-LR	0.001
30	硝基苯	0.017	70	黄磷	0.003
31	二硝基苯	0.5	71	钼	0.07
32	2,4-二硝基甲苯	0.0003	72	钴	1.0
33	2,4,6-三硝基甲苯	0.5	73	铍	0.002
34	硝基氯苯	0.05	74	硼	0.5
35	2,4-二硝基氯苯	0.5	75	锑	0.005
36	2,4-二氯苯酚	0.093	76	镍	0.02
37	2,4,6-三氯苯酚	0.2	77	钡	0.7
38	五氯酚	0.009	78	钒	0.05
39	苯胺	0.1	79	钛	0.1
40	联苯胺	0.0002	80	铊	0.0001

《地表水环境质量标准》在规范地表水环境质量过程中发挥了重要作用。但依然存在以下六个方面问题：第一，单因子评价难以反映水质标准的多元性特征。第二，饮用水水源地评价标准的不一致，如河流（总磷＝0.2微克/升）、湖库（总磷＝0.05微克/升），这增加了准确反映水源水质情况的难度。第三，缺乏系统的湖库富营养化的评价标准。第四，部分原水指标限值高于饮用水水质标准。第五，缺乏有效评价饮用水水源地安全性的指标体系。第六，对饮用水水源地的应急保护体系依然缺乏详细的规定。

（二）饮用水水质标准

上海是中国最早制定地方性饮用水标准的城市。1927年9月，上海审定并试行上海市第一个地方性饮用水标准，被称为《上海市饮用水清洁标准》。1937年，北京市自来水公司发布《水质标准表》。这些标准主要包括水的外观和预防水致传染病等指标。新中国成立后，在不同时期多次修订或修编了饮用水水质标准。

1. 20世纪50年代的饮用水水质标准

新中国成立后，1954年，卫生部发布了《自来水水质暂行标准》，1955年5月在北京、天津、上海等12个大城市试行，并于1956年12月1日正式在全国范围内实施《饮用水水质标准》。《饮用水水质标准》的水质指标包括4个方面共15个项目。其中包括：透明度、色度和嗅和味3项物理指标；细菌总数和总大肠杆菌群2项细菌指标；总硬度、pH值、氟化物、酚和剩余氯5项化学指标；砷、铅、铁、铜和锌5项有害金属元素指标。1959年，建设部和卫生部批准，定名为《生活饮用水卫生规程》，并于1959年11月1日起在全国范围内施行。该规程的水质指标修订为4个方面17个项目。其中包括：物理指标为浑浊度、色度和嗅和味3项；细菌指标为细菌总数、大肠杆菌、总大肠杆菌和肉眼可见物4项；化学指标和有害金属元素指标未发生变化。由此可见，与新中国成立前的地方标准相比，20世纪50年代出台的《生活饮用水卫生规程》增加了金属离子指标，但数量依然较少。

2. 20世纪70年代的饮用水水质标准

《生活饮用水卫生标准》（TJ 20-76）于1976年12月1日起试行，主要包括4个方面共23个指标。其中包括：透明度、色度和嗅和味3项物理指标；细菌总数、总大肠菌群和肉眼可见物3项细菌指标；总硬度、pH值、氟化物、酚、阴离子合成洗涤剂、氰化物和剩余氯7项化学指标；砷、汞、铅、铁、锰、硒、镉、铬、铜和锌10项有害金属元素指标。由此可见，中国从20世纪70年代开始越发重视重金属离子及洗涤剂等因素对人体健康的危害。

3. 20世纪八九十年代的标准

1985年，卫生部对《生活饮用水卫生标准》进行了修订，水质指标增加至5个方面35个项目，编号改为GB 5749—85，并于1986年10月1日起实施。其中包括：透明度、色度和嗅和味3项物理指标；细菌总数、总大肠菌群和肉眼可见物3项细菌指标；总硬度、溶解性总固体、pH值、硫酸盐、氟化物、氰化物、氯化物、活性氯、氯仿、四氯化碳、酚、滴滴涕、六六六、苯并（α）芘、阴离子合成洗涤剂和剩余氯16项化学指标；砷、汞、铅、铁、锰、硒、镉、铬、铜、锌和银11项有害金属元素指标；新增放射性指标总α放射性和总β放射性2项。由此可见，该标准首次列入放射性指标，并在化学指标中增加了有机指标。

4. 21世纪新的饮用水水质标准

2007年7月1日，新的饮用水水质标准《生活饮用水卫生标准》（GB 5749—2006）正式实施，该标准在修订过程中参考了世界卫生组织、欧盟、美国环境保护局、俄罗斯、日本等国际组织和发达国家的饮用水水质标准，该标准加强了对有机物、微生物和水质消毒的要求，统一了城镇和农村的饮用水卫生标准。该标准与《生活饮用水卫生标准》（GB 5749—85）相比，主要变化如下：①水质指标由35项增加到106项，增加了71项，修订了8项。其中，微生物指标由2项增加至6项，增加了大肠埃希氏菌、耐热大肠菌群、贾第鞭毛虫和隐孢子虫4项指标；修订了总大肠菌群指标。②饮用水消毒剂由1项增加到4项，增加了一氯胺、臭氧、二氧化氯3项指标。③毒理指标中的无机化合物由 10 项增加到 21 项，增加了溴酸盐、亚氯酸盐、氯酸盐、锑、钡、铍、硼、钼、镍、铊、氯化氰 11 项指标，并修订了砷、铬、铅、硝酸盐 4 项指标。④毒理指标中的有机化合物由 5 项增加到 53 项，增加了甲醛、三卤甲烷、二氯甲烷、1，2 - 二氯乙烷、1，1，1 - 三氯乙烷、三溴甲烷、一氯二溴甲烷、二氯一溴甲烷、环氧氯丙烷、氯乙烯、1，1 - 二氯乙烯、1，2 - 二氯乙烯、三氯乙烯、四氯乙烯、六氯丁二烯、二氯乙酸、三氯乙酸、三氯乙醛、苯、甲苯、二甲苯、乙苯、苯乙烯、2，4，6 - 三氯酚、氯苯、1，2 - 二氯苯、1，4 - 二氯苯、三氯苯、邻苯二甲酸二（2 - 乙基己基）酯、丙烯酰胺、微囊藻毒素 - LR、灭草松、百菌清、溴氰菊酯、乐果、2，4 - 滴、七氯、六氯苯、林丹、马拉硫磷、对硫磷、甲基对硫磷、五氯酚、莠去津、呋喃丹、毒死蜱、敌敌畏、草甘膦 48 项指标；修订了四氯化碳指标。⑤感官性状和一般理化指标由 15 项增加到 20 项，增加了耗氧量、氨氮、硫化物、钠、铝 4 项指标；修订了浑浊度指标。⑥放射性指标中修订了总 α 放射性指标。⑦删除了水源选择和水源卫生防护两部分内容。⑧简化了供水部门的水质检测规定，部分内容列入《生活饮用水集中式供水单位卫生规范》。需要说明的是，贾第鞭毛虫、隐孢子虫、三卤甲烷和微囊藻毒素 - LR 4 项指标于 2008 年 7 月 1 日起执行。

5. 中国饮用水水质标准与国际主要标准对比

目前，世界各国在制定本国饮用水水质标准时，主要借鉴世界卫生组织的《饮用水水质准则》、美国环境保护局的《国家饮用水水质标准》以及欧盟《饮用水水质指令》3 个主要国际标准。与上述 3 个国际主要标准相比，我国现行饮用水水质标准基本实现与国际接轨，但在个别指标上还存在一定的差距。

（1）与世界卫生组织的《饮用水水质准则》对比。世界卫生组织的《饮用水水质准则》是世界卫生组织成员国建立本国水质标准的基础，是世界上最权威的饮用水水质标准之一。该标准以消除水中有害成分或尽可能降低指标值为目的，从而保证饮用水安全。世界卫生组织成员国对水质要求一般高于世界卫生组织《饮用水水质准则》。我国《生活饮用水卫生标准》（GB 5749—2006）中的大部分指标值与世界卫生组织《饮用水水质准则》大体相当，甚至硝酸盐、氰化物、氟化物、汞、锰、铜等指标限值还低于世界卫生组织标准，但氯乙烯、镉等少量指标限值略高于世界卫生组织的指标限值。

（2）与美国环境保护局的《国家饮用水水质标准》对比。1914年，美国首次提出饮用水水质标准，至今已修订十余次，并制定了生活饮用水水质标准的相关技术法规。美国饮用水标准分为两级，其中，一级饮用水水质标准是应用于公众给水系统的强制性法律标准。其中，包含微生物指标6项，无机物指标16项，有机物指标54项，核指标3项。目前，中国与美国水质标准所要求开展检验的项目数并无显著差异，但具体指标限值上存在一定差异，比如，中国1，2－二氯乙烯限值为0.05微克/升，而美国为0.007微克/升；中国苯限值为0.01微克/升，美国为0.005微克/升。显然，在一些指标限值上中国与美国仍然存在一定的差距。

（3）与欧盟的《饮用水水质指令》对比。1980年，欧盟发布了《饮用水水质指令》（80－778－EC），并不断地对指标和指标限值进行更新，其标准较为全面、指标限值较为严格。其中，检测指标主要包括感官指标、微生物指标、物理指标、化学指标、毒理指标以及放射性指标6个方面。其检测项目不但设定了指导值，还规定了最大允许浓度。显然，中国饮用水标准中的大部分指标已达到欧盟标准，如丙烯酰胺、三卤甲烷（总）、环氧氯丙烷、氯乙烯、三氯乙烯等有机物。同时，中国饮用水标准中一些指标限值甚至高于欧盟标准，如铁、锰等无机物指标，这说明中国在饮用水有机物指标上仍落后欧盟标准。此外，中国饮用水标准中的大部分无机物指标与欧盟标准大体相当，部分指标限值甚至低于欧盟标准。

三 供水质量风险识别

自来水厂出厂水质量风险的影响因素主要包括出厂水水质风险、管网水水质风险和二次供水风险三项内容。为此，本部分将从上述三方面对中国饮用水质量风险的影响因素进行分析。

（一）出厂水质量风险

出厂水质量风险主要涉及水源风险和供水企业运行管理风险两个

方面。其中，水源风险指标主要包括水温、pH 值、固体物和浊度、氨氮、磷、天然有机物（NOM）、人工合成有机物、重金属、藻类以及石油类等（见表 7-5）。同时，除水源质量影响自来水出厂水质量外，在一定程度上供水企业的运行管理情况也会影响出厂水的质量风险（见表 7-6）。

表 7-5　出厂水水质与水源有关的风险指标、来源及其潜在影响

指标	来源	对水质和水厂生产的潜在影响
水温	自然气候变化、热污染废水排放	低温无机盐混凝剂水解困难；絮凝速度慢，不利于胶粒脱稳凝聚，影响絮体的成长等
pH	工业废水排放、酸雨等大气沉降	控制水中化学反应动力学；决定混凝剂水解速率和水解产物；控制金属氢氧化物在水中的溶解度，影响加氯量等
固体物和浊度	城市污水、工农业废水排放；建筑和采矿活动	低浊颗粒碰撞概率减小，混凝效果差；浊度高影响消毒，提高消毒剂用量
氨氮	城市污水、工业废水排放；农业径流；降雨等	引起水处理构筑物中藻类繁殖；导致亚硝酸盐积累；硝酸盐和氨释放出来的物质造成嗅味问题；对氯胺消毒有直接影响，出现"吃氯"现象；形成消毒副产物
磷	化肥、冶炼、合成洗涤剂行业废水；生活污水排放等	引起水处理构筑物中藻类繁殖，透明度降低，水质变坏
天然有机物（NOM）	动植物的自然循环过程；湿地中的天然有机物排入	对胶体有保护作用，增加混凝剂投加量；形成矾花蓬松易碎，沉淀效果差，且矾花流失造成滤池堵塞；增加憎水有机物的运动性；形成消毒副产物
人工合成有机物	城市污水、工业废水排放；农业径流等	影响混凝沉淀、过滤和消毒过程；消毒副产物产生量增加；出厂水中有机物含量高
重金属	工业生产活动、工业废水排放等	存在的金属离子对压缩双电层有利；重金属在处理过程中泄漏，出厂水重金属超标

续表

指标	来源	对水质和水厂生产的潜在影响
藻类	原水中由于氮、磷等营养物质增多导致藻类增殖	密度小难以下沉,增加混凝剂投加量;引起味和嗅;引起过滤系统堵塞;消毒副产物前驱物;产生藻毒素风险
石油类	石油加工、生产、运输,溢油事故	不利于混凝和沉淀过程

资料来源:笔者整理。

表7-6　出厂水水质与自来水厂运行管理有关的风险

处理工序	运行管理问题	存在的风险	对应水质超标指标
混凝	混凝剂投加缺量或过量,混凝条件不充分	导致出水混凝剂含量偏高、浊度不达标等问题	铝、铁、浑浊度
沉淀	异重流、短流等问题控制不当、藻类滋生问题	出现漂泥现象,影响后续过滤操作	浑浊度、微囊藻毒素-LR
过滤	气阻、黏泥、藻类滋生问题	过滤效果、过滤能力下降	浑浊度、微囊藻毒素-LR
消毒	消毒剂缺量或过量	消毒效果不佳或者消毒剂残留	微生物学指标、消毒剂常规指标、消毒副产物指标、嗅和味

资料来源:笔者整理。

(二)管网水水质风险

从当前中国城市供水行业发展现状来看,由于灰铸铁材质等劣质管材的使用、塑料管材造成的管道材质溶出、石棉管材和水泥管材的使用、新建管网清洗不干净、管网抢修、管网闸阀调整、管网局部二次污染、水压升降或负压、服务时间过长以及管网漏损等多种原因的交叉作用,为中国城市管网水质量安全埋下了诸多隐患,详见表7-7。

表 7-7　　管网水水质风险的典型问题

管网质量及运行情况	所导致的问题	对应的水质超标指标
劣质管材（如灰铸铁材质）管道材质溶出（塑料管材）	管道裂损、锈蚀、结垢	浑浊度、色度、铁、细菌总数
石棉管材	有毒有害物质增加	嗅和味
水泥管材	石棉纤维释放，增加致癌风险	—
新建管网清洗不干净	腐蚀及微生物滋生	细菌总数、浊度
新建管网清洗不干净	水流方向改变或流速增加时冲起沉泥	浑浊度
管网抢修、管网闸阀调整	管网压力，流向变化	浑浊度
管网局部二次污染	污水倒流	浑浊度、细菌总数等
水压升降、负压	水流带气、死水等	浑浊度
服务时间过长	腐蚀、结垢等	浑浊度、色度、细菌总数等
管网漏损	地下水、污水倒流	浑浊度、细菌总数等

资料来源：笔者整理。

（三）二次供水风险

当前，中国城市饮用水安全是多种因素综合作用的结果，既有出厂水水质风险，也有管网水和二次供水风险。其中，二次供水是当前影响城市供水安全最薄弱的环节之一。二次供水质量问题的根源是管理体制不顺。《中华人民共和国物权法》界定二次供水设施的产权归全体业主共同共有，业主应当承担二次供水设施的维护职责，但是，中国目前尚未出台与二次供水相关的管理办法，从而造成不同主体之间关于二次供水产权与维护责任的矛盾甚至冲突。二次供水的政府管制依然具有典型的"九龙治水"特征，由住房和城乡建设部门、水务部门、卫生部门等多部门协同监管，由于点多、线长、面广以及监管人员力量有限等主客观原因，往往陷入"管不好、不想管、没有管"的尴尬境地。目前，中国城市供水行业二次供水风险的主要表现，详见表 7-8。

自 2002 年以来，中国经历了以产权改革为重点、以管制改革为支撑的城市供水行业新型市场化改革历程，在这一过程中经历了城市

表7-8 二次供水风险的主要表现

二次供水设施运行状况	导致问题	对应水质超标指标
清洗维护不及时	水滞留时间长、死水区问题	浊度、肉眼可见物
二次供水设施老化、腐蚀	结垢、细菌滋生	浊度、色度、细菌总数、高锰酸盐指数
余氯不足	红虫、微生物滋生	浊度、肉眼可见物、细菌总数
水箱清洗消毒	控制不当导致氯化副产物大量生成	消毒副产物超标
供水设施二次污染	污水流入、水质污染	细菌总数、浊度等

资料来源：笔者整理。

供水质量标准变迁。2007年以来，中国城市供水质量标准大幅提升，已与欧盟、美国等国际组织和发达国家相接轨。但当前中国城市供水质量安全标准依然存在一些薄弱环节。其中，水源水质污染、管网水水质污染和二次供水水质污染对城市居民饮用水安全构成了一定的挑战。近年来，关于中国城市供水行业是否深化市场化改革问题成为各界争论的热点问题，核心在于市场化改革能否保障城市供水安全。为此，非常有必要评估市场化下城市供水质量，厘清市场化下城市供水质量的制约因素，提出城市供水质量变迁的基本取向。

第二节 市场化下城市供水质量现状评估

中国城市供水质量风险主要包括水源水质风险、出厂水水质风险、管网水和龙头水水质风险三个重要组成部分。其中，水源水质风险分为地表水水源水质风险和地下水水源水质风险。出厂水水质风险是指与水源水相关的风险以及与处理过程中运行管理相关的风险。管网水和龙头水水质风险分为管网水风险和二次供水风险两类。由于在实践中难以获得管网水和龙头水水质风险数据，因此，本部分将从饮用水水源质量、出厂水质量和二次供水质量三个方面对市场化下城市供水质量的现状进行评估。

一 饮用水水源质量分析

(一) 水源地水质分析

根据水利部 2007 年对全国 661 个建制市和 1746 个县级城镇的 4555 个城镇集中式饮用水水源地的调查数据，约 14% 的水源地水质不合格。根据环保部 2011 年对地级以上城市集中式饮用水水源环境状况调查数据，约 35.7 亿立方米水源水质不达标，占总供水量的 11.4%。根据《2016 年全国饮用水水源水质观察报告》，2016 年，全国共公开 1333 处饮用水水源地的水质状况，其中，有 98 处出现过水质超标情况，占 7.35%。这 98 处水源地分布在 24 个省份。换言之，2016 年，中国仅有北京、西藏、青海、重庆、江西、海南和新疆等 7 个省份未发生水源地水质超标问题。2016 年各省份出现过饮用水水源地水质超标数量见表 7-9。其中，黑龙江、内蒙古和浙江出现过水质超标情况的水源地数量最多，黑龙江和内蒙古是地下水水源地水质超标，而浙江省则是地表水水源地超标。此外，辽宁、四川、宁夏、江苏、甘肃水源地超标情况较为严重。显然，水源地超标情况呈现较为明显的地域性差异。其中，东北地区水源地水质超标数量较多，处于江南水网密布地区的江苏及浙江省超标水源地数量也明显高于周边省份。

表 7-9　　2016 年各省份超标水源地数量分布情况

地区	超标水源地数量	地区	超标水源地数量
黑龙江	11	河南	3
内蒙古	10	云南	2
浙江	8	山西	2
陕西	7	山东	2
辽宁	7	河北	2
四川	6	广东	2
宁夏	6	安徽	2
江苏	6	天津	1
甘肃	6	上海	1

续表

地区	超标水源地数量	地区	超标水源地数量
贵州	4	湖南	1
福建	4	湖北	1
吉林	3	广西	1

资料来源：《2017 年全国饮用水水源水质观察报告》。

根据国家监察部的统计，近十年来，我国水污染事件频发，每年发生水污染事件1700余起。城市水污染事件严重影响着城市饮用水安全，平均每起污染事件至少影响2000人正常饮水，与水有关的肠道传染病在全国传染病病例中占有较大比例。[①] 2004—2015 年中国部分重大水污染事件汇总情况详见表 7 – 10。

表 7 – 10　　　　2004—2015 年中国重大水污染事件汇总情况

时间及地点	过程及影响
2004 年 2 月 四川沱江	四川川化股份有限公司第二化肥厂将大量高浓度工业废水排入沱江，导致江水变黄变臭，许多地方泛着白色泡沫，江面上还漂浮着大量死鱼，自来水变成褐色并带有氨水的味道。该事故导致沿江内江、简阳、资中三地数百万群众饮用水供给受到影响，直接经济损失高达 3 亿元以上
2005 年 11 月 吉林松花江	中石油吉林分公司双苯厂硝基苯精馏塔发生爆炸，造成 8 人死亡，60 人受伤，直接经济损失 6908 万元，事故产生的约 100 吨苯、苯胺和硝基苯等有机污染物流入松花江。事故造成吉林省、黑龙江省沿江数百万群众饮水受到影响。哈尔滨市停水 4 天，由于信息发布不及时，应急机制不完善，市民出现恐慌情绪，造成严重的负面影响。由于松花江流经俄罗斯，此次事故还引起了俄罗斯对中国提起巨额的跨国赔偿
2006 年 9 月 湖南岳阳新墙河	新墙河上游 3 家化工厂向新墙河排放大量高浓度含砷废水，导致岳阳县城饮用水源地污染严重，砷超标 10 倍左右，威胁 8 万居民饮用水安全

---

① 卫生部《全国城市饮用水卫生安全保障规划（2011—2020 年）》。

续表

时间及地点	过程及影响
2007年5月 江苏太湖	太湖作为无锡市民饮用水水源地,水体严重富营养化,再加上当时天气连续高温少雨,太湖水位出现50年以来最低值,引发了太湖蓝藻的大规模暴发,无锡市70%的水厂水质被污染,影响200万人口的生活饮用水。无锡市民纷纷抢购超市内的纯净水,桶装纯净水价格也出现了较大的波动。太湖蓝藻的治理已经经过了10年,投入了大量资金,但蓝藻的周期性暴发仍未得到彻底的改善
2009年2月 江苏盐城	盐城市标新化工厂趁大雨天偷排了30吨含酚类化合物的废水,导致盐城市饮用水水源地受到严重的污染,江苏省盐城市大面积断水近67小时,20万市民生活受到影响,占盐城市市区人口的40%
2010年7月 福建汀江	福建上杭县紫金山铜矿湿法厂2010年7月3日发生酮酸水泄漏事故,造成汀江部分水域严重的重金属污染。紫金矿业公司瞒报事故9天,直至7月12日才发布公告。该事故泄漏含铜酸性废水9176立方米,造成汀江下游水体污染和养殖鱼类大量死亡的重大环境污染事故,上杭县城区部分自来水厂停止供水1天
2011年8月 云南曲靖	云南曲靖陆良和平化工有限公司将本应送往专业处理厂处理的剧毒废料,随意丢弃在了曲靖市麒麟区的多个地点,总量达到了5222.38吨,污染土壤9130吨和叉冲水库约4.3万立方米水体。由于该地紧邻珠江源头南盘江,该事件引起了广西、广东两省份各地政府的高度重视。陆良和平化工厂堆放了17年的剧毒化工废料铬渣,最多时达28万吨。被污染的积水潭中,蓄水100亿立方米左右
2012年1月 广西龙江	广西金河矿业股份有限公司和金城江鸿泉立德粉厂向龙江违法排放重金属镉化合物约20吨,导致江水镉含量超过《地表水环境质量标准》Ⅲ类标准约80倍,泄漏量之大在国内历次重金属环境污染事件中十分罕见。此次污染事件波及河段达到约300千米。因担心饮用水源遭到污染,处于下游的柳州市市民出现恐慌性屯、购水,超市内瓶装水被市民抢购一空
2012年12月 山西长治	山西天脊煤化工集团股份有限公司发生因输送软管破裂导致的苯胺泄漏事故,泄漏苯胺随河水流出省外,致漳河流域水源被污染。事故造成山西长达80千米河道停止人畜饮用自然水,河北邯郸因上游自来水被污染,出现大面积停水。在此次事件中,企业出现谎报、迟报等违法行为,同时也暴露了当地政府应急处理能力不足

续表

时间及地点	过程及影响
2014年4月 甘肃兰州	兰州威立雅水务公司4号、3号自流沟由于超期服役,沟体伸缩缝防渗材料出现裂痕和缝隙,同时,兰州石化公司历史积存的地下含油污水渗入自流沟,对水厂出水水体造成苯污染,致使局部自来水苯超标。该事故造成兰州市区连续五天自来水中苯含量超标,无法饮用,市区超市饮用水被抢购一空,对兰州市民生活造成严重的影响
2015年11月 甘肃、陕西、四川	陇南市西和县甘肃陇星锑业选矿厂尾矿库溢流井破裂,导致大量尾矿浆泄漏,造成甘肃境内太石河约23千米河段、甘肃和陕西境内西汉水约125千米河段、陕西和四川境内嘉陵江约196千米河段的水体重金属锑浓度超标。事故造成甘肃、陕西、四川三省部分区域乡镇集中饮水水源、地下井水因超标影响饮水安全而停用,受影响人数约10.8万人。太石河沿岸约257亩农田因被污染水直接淹没受到一定程度污染

（二）地表水水质分析

根据《2017年全国饮用水水源水质观察报告》,全国多数地区将地表水作为饮用水水源的重要来源。其中,内蒙古、山西、河北、青海、西藏5省份将地下水作为饮用水水源的比例大于75%。从地表水水源水质超标情况来看,2016年,超标地表水水源地数量为48个,占地表水水源地数量的4.6%；超标累计次数为181次,平均每个地表水超标水源地超标次数为3.77次。2016年,地下水超标水源地个数为50个,占地下水水源地数量的14.8%；超标累计次数为315次,平均每个地下水水源地超标6.3次。地表水的污染因子较多,氨氮、总磷、石油类、挥发酚、五日生化需氧量（BOD5）、钼为主要污染因子。地表水污染因子构成详见图7-1。

二 出厂水质量分析

2006年,卫生部重新修订并颁发了《生活饮用水卫生标准》,并将原有的35项水质指标提高到106项,指标限值更加严格,该标准于2012年7月1日起全面实施。为掌握生活饮用水卫生标准提高后的自来水厂达标情况,2008年、2009年,住房和城乡建设部城市供水水质监测中心针对全国4457家城镇自来水厂的水质进行普查,结果

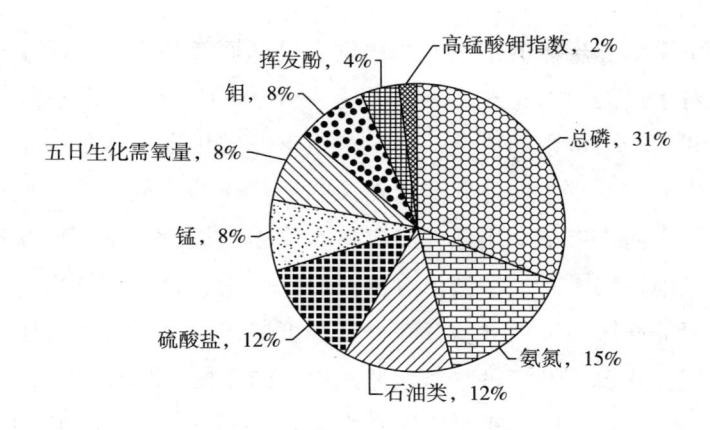

图 7-1 地表水污染因子构成

发现，自来水厂出水水质达标率与新的标准要求还存在较大的差距，出厂水水质合格率仅为 58.2%。2011 年，住房和城乡建设部城市供水水质监测中心再次抽样检测，发现自来水厂出厂水质达标率达到 83%，只有 800 家左右的自来水厂出厂水质量不合格。2014 年 11 月至 2015 年 1 月，中华社会救助基金会中国水安全公益基金历时 3 个月对全国 29 个大中城市的居民饮用水水质进行取样检测，检测结果显示，29 个城市中 15 个城市的 20 项饮用水指标全部合格，约占抽检城市总数的 52%；14 个城市存在一项或多项指标不合格的情况，约占抽检城市总数的 48%。由此可见，中国整体饮用水水质状况不容乐观，这对居民生产和生活构成一定的挑战。同时，近年来，饮用水安全事件频发，仅 2014 年就有多个城市爆发饮用水安全事件，如兰州局部自来水苯指标超标的"4·11"事件，上海自来水苯酚污染影响 10 万居民，长沙 8 个小区居民反映自来水"腥臭味、口感涩"事件，杭州局部区域自来水异味事件引起民众恐慌等。综上所述，自 2006 年以来，中国城市供水行业出厂水质量标准大幅提升，水质标准提升的同时也在个别时间出现了部分甚至大部分城市供水企业出厂水质量不达标的情况。

三 二次供水质量分析

二次供水是指从城市市政供水管道取水后，另行通过加压设施为用户提供生活和生产的用水。二次供水设施通常是为了满足生产和生活用水对水压的要求超过市政管网服务压力的用户。[①] 随着经济社会的发展和生产力水平的提升，居民对城市二次供水质量的需求越发提升，但当前二次供水质量安全依然面临着严峻的挑战。在二次供水过程中，由于尚未申请准用证的二次供水设施与城市供水管网联通、二次供水设施密闭不严、冲洗消毒不及时、尚未选择专业队伍清理二次供水设施等原因，从而导致存在一定程度的二次供水安全隐患。根据住房和城乡建设部城市供水水质监测中心的数据，2016年，水质督察共覆盖122个城市的604组二次供水样品。其中，40个城市的102组二次供水样品出现超标，占督察城市总数的32.79%，占督察城市二次供水样品总数的16.89%。从二次供水样品出水情况来看，共有38个城市93个二次供水出水出现超标，占督察城市二次供水出水样品总数的15.40%。二次供水水质督察的检测指标主要包括色度、浑浊度、嗅和味、肉眼可见物、pH值、消毒剂余量、耗氧量和氨氮。其中，二次供水样品进水超标指标有消毒剂余量、浑浊度和嗅和味3项。二次供水样品出水超标指标有消毒剂余量、浑浊度、嗅和味、肉眼可见物和菌落总数5项。在督察覆盖的县城和城市管网中，消毒剂余量的超标最为严重，远高于其他超标指标。

　　随着市场化改革的深入推进和居民对供水质量需求的提升，城市供水行业出厂水质量大幅提高。与此同时，粗放型经济增长方式与工业化、城市化进程的快速发展，城市饮用水水源质量有所恶化。因此，党的十八大以来，国家开始日益重视环境保护工作，秉承"绿水青山就是金山银山"的发展理念，通过污水治理等多种手段，逐步推进饮用水水源的质量提升。此外，尽管目前二次供水的质量不容乐观，但与改革开放前相比，随着技术和设备的发展和完善，城市二次供水水质在逐步提升。综合来看，在城市供水行业市场化改革过程中，出厂水水质和二次供水水质得到了大幅提升，但饮用水水源水质

[①] 石金玉、李亚军：《城市二次供水现状及其对策》，《工业节能技术》2015年第2期。

却呈现出先降低后提升的"U"形变化趋势。

第三节 市场化下城市供水质量的制约因素

新中国成立后特别是改革开放以来，随着城市化和工业化进程的快速推进，城市居民对城市供水质量的需求越发提高，因此，国家出台了一系列法律法规，逐步提升城市供水水质标准，完善了城市供水行业的政府管制体制。但在城市供水行业发展过程中，依然在一定程度上存在水质安全隐患，限制了城市居民福祉的提升。产生这些问题的原因是多方面的。其中，缺乏横纵向网络化的水质管制制度体系、缺乏有效的管制机构设置及其职能配置、缺乏健全的水质监测体系及其保障机制以及缺乏高效的城市供水质量安全应急机制是影响市场化下城市供水质量的主要因素。

一 缺乏横纵向网络化水质管制制度体系

根据制度变迁理论，城市供水质量管制制度变迁是一个系统性且具有路径依赖特征的渐进性过程，其诱因复杂且结果难以预测。根据推动制度变迁的动力可以将制度变迁分为强制性制度变迁和诱致性制度变迁。前者由外部力量有目的性地推动，后者是制度结构内部自发推动，两者在表现形式、速度、方式等方面存在较大差异（林毅夫，1994）。无论是强制性制度变迁还是诱致性制度变迁，制度变迁都与制度供求失衡并存，制度变迁是制度供求失衡的结果，制度变迁的缓慢也是制度失衡长期性的体现。

从城市供水质量管制制度体系的演变趋势来看，目前依然缺乏横纵向网络化的水质管制制度体系。第一，现有城市供水行业质量管制法规制度呈现出碎片化、分散性特征，即主要针对部分环节的法规制度，缺乏专门针对城市供水质量管制的系统性、整体性的法规制度，从而难以形成合力，这为法规制度之间冲突或交叉以及法规制度执行弱化埋下了诸多隐患。第二，现有城市供水行业质量管制法规滞后且层级较低。关于城市供水质量管制最高层级的法律法规是国务院1994

年颁布的《中华人民共和国城市供水条例》，该条例颁布多年且未作修改，许多内容已难以适应新的城市供水安全的形势需求。同时，城市供水水源、节约用水的行政法规迟迟无法出台。此外，关于城市供水质量管制的法律法规主要分散在《饮用水水源保护区污染防治规定》《城市供水水质管理规定》《生活饮用水卫生监督管理办法》等部门规章中。这些规章的法律效力层级较低，且均为城市供水质量某一环节或某一领域的管制，往往存在内容不配套、标准不统一、涵盖范围不全面、法律规定不具体等问题，缺乏综合性和系统性，从而不利于城市供水质量的整体管制和建立现代政府管制体系。第三，相关制度体系往往缺乏难以落实到位的惩罚机制，这影响了链式分阶段法规制度体系的运行效率。以水源地保护为例，中国相继出台了《中华人民共和国水污染防治法》《饮用水水源保护区污染防治管理规定》等法律法规来保护饮用水水源地，但一些地方政府在落实这些法律法规过程中存在对水源地保护工作的重视度不够、采取次优或无效的措施，从而造成了一些饮用水源地污染日趋严重的局面。

二 缺乏有效的管制机构设置及其职能配置

对城市供水等具有自然垄断性的行业而言，往往由国有企业独家垄断经营，这些垄断产业通常由政府行政部门统一规划和管理，即实行政企合一的管理体制。但在城市供水行业市场化改革过程中，一定数量的国内外民营企业进入城市供水行业，打破了国有企业产权单一化的格局，从而产生了不同形式与不同内容的"市场失灵"问题。这必然要求改革城市供水行业的传统管理体制，进而建立与中国特色社会主义市场经济体制相适应的现代政府管制体制。为此，需要转变政府职能，强化对城市供水行业的有效管制，从而规避或降低"市场失灵"。管制的有效性在很大程度上取决于管制机构的效率，而专业化且具有相对独立性的管制机构是城市供水行业有效管制的重要议题。[①]

当前城市供水行业管制机构具有典型的政监合一特征，即由政府

---

① 本部分主要参考王俊豪、肖兴志、唐要家《中国垄断性产业管制机构的设立与运行机制》，商务印书馆2008年版。

行政部门兼顾政府管制职能，尚未形成专业化、具有相对独立性的现代城市供水行业管制机构。这种模式的主要弊端是政府管制职能仅仅是政府行政管理部门众多职能中的一种，相对于具有单一管制职能的独立性管制机构而言，集多种职能于一身的行政部门具有职能的复杂性与模糊性特征，多种职能为一体决定了知识的通识性而缺乏专用性。由于城市供水行业具有较强的技术门槛，需要建立专业化的政府管制人才队伍，但从城市供水行业政府管制实践来看，依然存在管制人员数量和专业化水平供需不平衡问题。

现阶段，城市供水质量管制机构中的横向管制部门和纵向管制部门的管制权配置和运行机制还未理顺。从城市供水行业管制机构来看，具有典型的"九龙治水、各自为政"特征，涉水事务由住建、环保、发改、物价以及财政等部门协同管理。在水源地保护上，水利部门和环保部门存在职能交叉配置。其中，水利部门侧重于对水源地资源功能的保护，环保部门侧重于对水源地环境功能的保护。现行分散化、政监合一的城市供水行业政府管制职责配置方式，易于造成条块分割、职能交叉与错位并行。与专业化、相对独立的政府管制机构相比，具有天然的效率劣势，如不同部门权责交叉，易于产生缺位、错位和不到位现象，从而增加了部门之间的协调成本。同时，在城市一级出现了异质性的城市供水质量管制机构，主要分为建管合一与建管分离两种模式。其中，建管合一模式下建设部门缺乏执法权，建管分离模式下的建设和管理难以有效衔接，在实践中难以通过管制机构优化与管制职能配置，有效管制城市供水质量，从而增加了城市供水质量安全的不确定性和风险。城市供水质量管制包括取水、制水、输配水和售水等多个环节，每一环节都涉及诸多政府部门，从国家层面来看，水源水质监测涉及环保部、水利部和住房和城乡建设部；出厂水、管网水检测会涉及供水企业、技术监督、卫生防疫等部门；涉水原材料产品检测涉及技术监督、卫生防疫等部门。由于缺乏统一的检测项目编码体系、评价标准，在理性人假设下，部门之间基于自身利益考量，往往缺乏部门之间的信息传递方式和有机的协调机构，从而造成管理上政出多门、信息衔接上不通畅、监督上缺位和越位并存，进而降低政府管制效率，甚至造成政府"管制失灵"。由于纵向管制机构的职权配置有失合理性，国家级城市供水行业质量管制机构难以有效地监督各地的改革实践，难以形成纵向管制政策有机协调、高效落实的管制体制。城市供水行业管制的基本特征依然是命令—控制型，在纵向统一的管制体制缺位的情况下，难以保证上级部门命令的有效实施，从而影响了城市供水行业管制政策的预期效果。此外，同一层级内各个城市供水行业质量管制部门之间的管制权责配置和运行机制尚未理顺，这在一定程度上影响了城市供水质量管制的有效性和效率性。

三 缺乏健全的水质监测体系及其保障机制

当前，中国在饮用水水源、出厂水和二次供水等环节存在一定的水质安全风险，如何监控水质监测体系及其完善相应的保障机制，成为提升人民群众饮用水安全的重要举措。从中国城市供水行业安全管制实践来看，水质监测体系及其保障机制依然不够健全，这主要表现在以下六个方面。

第一，现有饮用水水源地监测体系是以实验室监测为核心，这常常带来水质监测的时滞性和低效率问题。

第二，目前建立了以"企业自检为主体、行业监测和政府监督为辅助"的监管体系，由于政企之间、企业与行业协会之间存在多重委托—代理和信息不对称问题，由此带来监测数据的可信度不高、政府部门频繁抽检供水企业以及行业协会作用微乎其微等问题，这种以供水企业自检为主、缺乏独立的第三方监测机构对出厂水进行监测的机制增加了行业主管部门监管供水企业水质安全的难度。

第三，二次供水质量监测几乎空白。相对于饮用水水源和出厂水水质安全，二次供水的质量不高而且信息不对称程度更高。由于管网水与到户水之间管道设施产权归业主所有，这缩小了具有专业水质安全监测能力的供水企业的服务范围，增加了二次供水或到户水水质安全的不确定性和难以甄别性，从而迫使居民通过购置并安装净水器或饮水机的方式自主改善饮用水质量，进一步加深了居民与政府、居民与供水企业之间的不信任程度。

第四，缺失从原水、出厂水到到户水水质实时监测的公开性数据信息。鉴于城市供水安全具有链式传导效应，但当前不同环节依然缺乏有效的实时监测数据，从而增加了不同环节上水质波动的风险。

第五，不同环节监管主体的差异化增加了水质信息数据的共享难度。"三定"方案规定，水利部门是原水或水源地的主管部门，建设部门是城市供水企业的监管部门。由于在原水和供水企业的管制机构是不同的，这增加了部门之间的交易成本甚至造成信息阻滞问题。

第六，传统管制手段滞后于时代以及居民对城市供水质量安全的需求。当前是大数据和"互联网+"时代，但现行监测手段依然以理化监测为主导，缺乏非传统监测技术，如水质自动监测技术、生物监测技术、遥感监测技术等。此外，缺乏建构大数据和利用大数据平台，对水质安全进行科学评估和风险预警。

四 缺乏高效的城市供水质量安全应急机制

城市供水质量安全应急管理，是保障城市供水质量安全、全面建成小康社会和构建和谐社会治理环境的重要内容。从时序链条来看，城市供水质量安全应急机制涉及事前预警、事中管理和事后管制三个环节。三个环节相互作用、有机结合、共同构成高效的城市供水质量安全应急机制。目前，中国城市供水质量安全应急机制缺乏有效的预防措施，具有弱化事前预警与事中管理、强化事后管制特征。

中国城市供水质量安全应急机制存在的一些问题在一定程度上增加了城市供水质量安全保障的风险。

第一，当前城市供水质量安全应急主体的企业属性，缺乏从顶层设计上确定政府部门、行业协会与供水企业之间的应急主体责任与风险分担机制，从而弱化了城市供水质量安全应急主体层级，增加了城市供水质量安全应急的风险和不确定性。

第二，长期以来形成的多部门之间协同治理、缺乏统一协调的传统机制，也难以适应复杂多变的客观环境与供水客体对城市供水质量需求的增加，一旦发生城市供水质量安全事故，将会带来应急反应时间短、应急储备不足以及事故处理处置效率较低等问题，从而限制了城市供水安全应急治理体系和治理能力的现代化。

第三，城市供水质量安全应急机制涉及的法律法规主要是常规性供水安全（如水源地保护、输配水系统的保护等），而对突发性事件应急问题缺乏全面、系统的法律法规约束，这在一定程度上增加了城市供水质量安全监管部门依法应急的风险。

第四，常规性的混凝、沉淀、过滤、消毒的链式处理工艺，主要以处理水中的悬浮物和胶体为目的，难以有效去除有机物和抗生素等危害人体健康的成分，从而增加了因使用传统工艺而带来的城市供水质量不确定风险。

综上所述，以产权改革、竞争改革和管制改革为特征的城市供水行业市场化改革，推动了政府有关部门完善城市供水行业相关法律法规和治理体系，形成了与国际接轨的城市供水水质标准体系，这为建立与当代中国改革与发展相适应的现代城市供水质量安全保障体系提供了重要前提。但从市场化改革过程中城市供水质量的发展来看，在水源、出厂水和二次供水等环节依然存在一定的风险。形成上述问题的原因是多方面的，但核心是缺乏横纵向网络化的水质管制制度体系、缺乏有效的管制机构设置及其职能配置、缺乏健全的水质监测体系及其保障机制以及缺乏高效的城市供水质量安全应急机制等。因此，需要进一步探索城市供水质量管制变迁的基本方向，从而为城市供水行业的市场化改革提供制度保障。

第四节 城市供水质量管制变迁的基本取向

城市供水质量安全涉及饮用水水源、出厂水以及二次供水等多个环节的水质安全，具有典型的全链条安全特征。为保障城市供水质量安全，需要以法规体系的顶层设计为前提，以监管机构设置与权责配置为重点，同时健全城市供水质量的监测体系与保障机制以及加强城市供水质量安全的应急机制建设。

一 强化城市供水质量法规体系的顶层设计

城市供水质量安全是水安全体系的重要组成部分，城市供水质量安全是由水源、供水和用水三个环节共同决定的链式安全组合。《中华人民共和国水法》是保障总体水安全的基础法律，水安全体系涉及洪涝灾害、水资源短缺、水环境污染和水生态损害四个方面，分别对应于防洪安全、水源与供水安全、排水与水环境安全以及水生态安全。其中，《中华人民共和国防洪法》《中华人民共和国水污染防治法》和《中华人民共和国水土保持法》是防洪安全、排水与水环境安全以及水生态安全的重要法律保障，但关于水源与供水安全问题依然缺乏专门的法律法规，目前主要通过国务院出台的《中华人民共和国城市供水条例》对水源和供水安全进行约束。为此，建议基于《中华人民共和国防洪法》《中华人民共和国水污染防治法》和《中华人民共和国水土保持法》等专门性的法律法规体系，尽快出台约束水源和供水安全的专门法律《中华人民共和国城市供水安全法》，从专业化和约束性两个方面建立并完善城市供水质量的法规体系。

第一，基于整体观和过程链视角，建立《中华人民共和国城市供水安全法》的框架体系。具体来说，从城市供水安全的水源、供水、用水和排水的水循环视角出发，建构水循环与水安全相互耦合的系统。其中，水源是城市供水安全的基本要素，是维系生活、生产和生态的重要源泉；供水是城市供水安全的生产要素，是对原水进行提取、净化和输配的过程；用水是城市高供水安全的驱动要素，是活动主体对水资源利用和消费的过程；排水是城市用水后的处理与再造过程。为此，在建立《中华人民共和国城市供水安全法》的基本框架时，并非单纯地对供水和用水两个环节设计安全保障法规体系，而是从整体观视角出发将水源安全、供水安全、用水安全与排水安全统一纳入城市供水安全体系，基于整体观和过程链视角建立《中华人民共和国城市供水安全法》的框架体系。

第二，形成"一法四条例"的城市供水安全的有机保障体系。目前，我国在城市供水安全领域已出台《中华人民共和国城市供水条例》（1994）、《中华人民共和国城镇排水与污水处理条例》（2013）、《城市节约用水管理规定》（1988）和《饮用水水源保护区污染防治管理规定》（1989），对饮用水水源保护区、城市供水、城市排水与城市用水等环节的安全性等问题进行了相应的规定，但部分现行法律法规依然存在法律位阶较低以及对城市供水安全的某些环节缺乏明确规定的问题。为此，建议修订或出台条例层级的城市供水安全保障法规体系，即修订《中华人民共和国城市供水条例》（1994），制定《中华人民共和国城市节约用水条例》《中华人民共和国饮用水源保护条例》。同时，适时推进《中华人民共和国城市供水安全法》的起草和出台工作，从而形成以《中华人民共和国城市供水安全法》为核心，《中华人民共和国饮用水源保护条例》《中华人民共和国城市供水条例》《中华人民共和国城镇排水与污水处理条例》和《中华人民共和国城市节约用水条例》为辅助的"一法四条例"的城市供水安全的有机保障体系。

二 优化城市供水质量监管机构的体制机制

中国城市供水质量监管机构体系具有典型的同级部门平行监管和上下级部门之间链式监管，缺乏同级部门之间有机协调的机构体系，以及同级部门之间职能配置具有一定的交叉性和信息共享机制的不畅通性等特征。从城市供水行业质量监管机构责权配置来看，主要涉及饮用水水源管理保护、输水设备安全、水质卫生、出厂水质量等方面，不同部门之间的职责范围存在交叉甚至矛盾。如水利部门与环保部门是饮用水水源保护的主管部门，两个机构之间的职责重叠容易发生重复监管、过度监管与错位监管等问题，这在一定程度上降低了城市供水安全的监管效率。为此，需要进一步优化城市供水质量监管机构的体制机制。

第一，遵循现有同级机构的协同治理模式，清晰地划分各部门的权责配置，减少部门之间因多头管理所带来的权责配置交叉、错位与不平衡问题。在考虑现行多部门协同监管人员专业化特征以及城市供水安全需要多部门协同监管的特点，建议从目前原水、出厂水和到户水的主要监管主体出发，整合现有多部门的监管人员，形成由水利部门负责对原水水质的监管，由建设部门负责出厂水和到户水质量监管的部门之间责权配置清晰的新模式。此外，基于城市供水安全具有多环节共生的安全属性，需要建立包括建设部门、水利部门等多部门的沟通平台或整体联动的运行机制。

第二，坚持集权与分权的平衡理念，激发地方城市供水质量监管部门效能，形成中央与地方城市供水质量监管部门之间权责对等、激励相容的治理体系。进一步厘清中央和地方城市供水质量监管部门的责权配置，进一步明确中央城市供水质量监管部门的"指导"功能，进一步确立地方城市供水质量监管部门的主体责任，利用"大棒"式的监督惩罚机制和"胡萝卜"式的奖励机制，形成中央对地方城市供水质量监管部门的激励相容。进一步放松中央对地方的直接管理职能，提高地方城市供水质量监管部门的自主权，整合相同或相似的考核机制，形成以结果为导向的考核体系，激发地方城市供水质量监管部门的过程创新。

第三，创新城市供水质量监管部门的晋升激励机制，将地方官员的城市供水质量安全监管职能履行作为政绩考核的重要内容。合理的晋升激励与政绩考核机制，将会促进城市供水安全监管绩效的提升。反之，将会降低城市供水安全监管绩效。在建立城市供水质量监管部门晋升激励机制与政绩考核过程中，需要考量单一部门的绩效水平以及部门之间协同治理的有效性。同时，在构建晋升激励与政绩考核指标时，需要综合考虑结果指标的高效性和服务群体的满意度。最后，构建以政务能力和业绩为主的竞争型官员晋升机制，激励城市供政府水质量监管部门官员的履职能力和过程创新。

第四，在优化同级部门之间职权配置、避免职能交叉的前提下，建立有效的行政问责机制，从而提升城市供水质量监管机构的监管绩效。为提升城市供水质量的管制绩效，需要明确城市供水质量管制的问责对象，强化制度的有效落实。具体来说，以权责对等为原则，遵循公开、公正、公平的基本理念，根据责任主体的异质性、责任主体职能的异化特征，建立区分决策者、执行者和监督者的不同主体问责机制，事前、事中、事后的时序问责机制，以及同级部门之间主要职责和次要职责差异化的问责机制。通过优化行政问责机制，有效地约束城市供水质量监管人员的监管行为。

三 健全城市供水质量监测体系及保障机制

在信息化、大数据与"互联网+"时代，如何利用现代化工具对城市供水质量进行高效监管是时代赋予行业监管部门的重要使命。城市供水质量监测体系与保障机制是提升城市供水质量的重要方式。如何改变传统监测方式下的低效率问题，建立与当今时代发展相适应的现代监测体系，对解决城市供水质量监测过程中存在的一些问题具有重要的促进作用。核心在于整合现有监测资源，形成横向制衡、纵向平衡的网格式监测职能配置，利用天眼技术、"互联网+"手段、大数据方式，实现科学监测、高效监测与实施预警城市供水质量的目标。

第一，建立"政府主导、行业自律、企业自检、第三方抽检"的城市供水质量监测机制。明确政府主管部门是城市供水质量安全的监管主体责任，制订计划、分期建立城市供水指标实时监测平台，参照环保部门对污水处理厂排放口的监测方式，建议建设部门对出厂水水质进行实时监测。形成以城市为单位的城市供水行业自律组织，发挥现有城市供水行业协会的功能，强化其自律功能，通过行业自律与行业内企业监督机制，约束城市供水质量安全。提高城市供水企业的自检能力，通过法律法规和惩罚机制防止有能力而不检测或虚报检测结果的行为，以及通过政府主管部门监督检查的方式，改善低水平城市供水质量监测企业的监测能力。此外，为有效地提升城市供水质量的监测效果，建议建立通过政府部门聘请第三方机构对城市供水企业原水、出厂水和管网水进行检测。需要说明的是，为增加第三方机构与城市供水企业之间的信息不对称性，需要建立双盲制度，即采样人员不参与检测和检测人员无法知晓被检测的城市供水企业。[①]

第二，建立"原水、出厂水、管网水、到户水"的链式水质监测体系。由于不同城市供水质量监测环节的监管机构或责任主体具有异质性和信息不对称特征，难以全过程、系统性地监测城市供水质量安全。为此，建议建立水利、建设、卫生等城市供水质量监测机构的协

---

① 政府部门通过编码的方式，识别具体城市供水企业信息。

调机制，建立部门之间的信息共享机制，减少现行部门之间的信息不对称性。明确到户水或二次供水环节质量监测的责任主体，解决长期以来从小区外的管网环节到家庭用户的到户水或二次供水环节的供水质量监测缺失问题。因此，建议明确城市供水企业是小区外到住户家庭的管网设施设备的维护主体①，并由其定期对到户水质进行监测与维护。在明确界定部门之间权责的基础上，通过水利部门对原水水质进行监测，建设、卫生部门对出厂水、管网水和到户水进行监测的方式，强化全过程城市供水水质安全监管。同时，建立部门之间的有效沟通机制，形成有效的"原水、出厂水、管网水、到户水"的链式水质监测体系，是保障城市供水质量安全的重要方式。

第三，利用大数据、"互联网+"等现代技术手段提升城市供水质量的监测能力。当今世界是个科技日益发展变化的时代，传统监测技术日益被新型监测技术所取代，在城市供水质量监测过程中，需要求新求变，适应科技动能转换的新趋势。为此，建议在优化传统抽样化验监测城市供水安全手段的基础上，利用水质自动监测技术、生物监测技术、遥感监测技术等现代化技术，提高城市供水质量监测的科学性与效率性。此外，适时建立以水厂为单元、以水质监测点为基点、以数据信息实时交互为特征的城市级别、地区级别的城市供水质量监测数据平台，实现对城市供水质量安全监测的全覆盖，从而达到对城市供水质量安全的科学评估和风险预警的目的。

四 加强城市供水质量安全应急机制建设

改革开放以来，中国城市供水行业实现了跨越式发展，城市供水行业综合生产能力大幅提升。随着经济社会的快速发展，城市化进程的持续推进，气候环境的不断变化，城市供水行业面临着日益严峻的水资源短缺、水源污染和供水突发性事件所带来的安全性问题。目前，中国城市供水质量安全的应急机制建设还处于起步阶段，应对突发事件和重大灾害的能力还比较弱，尚未建立有效的部门联动、行业

---

① 具体维护费用由所在小区承担，但监测与维护责任主体是城市供水企业，并由城市建设部门对城市供水企业对小区内管网设施运行维护责任进行监督。

联动和地区联动的城市供水质量安全应对机制，缺乏完善的应急管理制度和有效的响应机制，这在一定程度上增加了城市供水质量安全风险。为此，在中国由高速经济增长向高质量经济发展转变的背景下，亟须加强城市供水质量安全的应急机制建设，从而最大限度地规避城市供水质量安全风险。

第一，健全城市供水应急管理的机构体系。建立健全集中统一、有力的组织指挥机构是城市供水应急管理建设的重要内容。为此，建议完善应急组织体系，形成领导机构、办事机构、咨询机构以及工作机构"四位一体"的应急保障机构体系，形成应急组织机构系统、应急资源系统和应急决策技术系统、应急反馈系统的四维系统模块。形成以城市政府为牵头领导机构，并设置多部门协同的应急指挥机构或办事机构，通过领导机构与办事机构、咨询机构、工作机构之间的密切配合，健全城市供水应急保障机构体系。需要说明的是，城市供水应急指挥机构或办事机构主要有宣传部门、建设部门、民政部门、卫生部门、环保部门、气象部门、电力部门等单位，同时形成部门之间的协调联动机制。

第二，完善城市供水应急管理运行机制。建立高效的城市供水监测预警机制，通过对城市供水多个环节的不同风险源进行监测与预警，及时收集风险信息，做到尽早预警。形成有效的城市供水安全信息监测机制，通过实时监测、智能分析城市供水各环节的数据信息，提高城市供水应急管理的准确度。建立不同部门之间、不同环节之间城市供水行业应急信息的实时共享机制，确保信息共享、消除"信息孤岛"。通过完善城市供水企业的应急预案与应急处理设施，储备应急供水专项物资，加强应急抢险专业队伍建设，全面提升城市供水安全的应急保障能力。

第三，优化城市供水应急管理的保障措施。积极建立人才培训平台，培养一批专业的城市供水应急管理队伍，提升应急管理人才队伍建设能力。储备应急供水专项物资，加强应急抢险专业队伍建设，全面提升城市供水应急保障能力。重视城市供水系统信息畅通的重要性，形成应急指挥系统中部门之间、工作人员之间的高效信息传播通道，建立快速的信息报告制度和信息共享机制。通过宣传、教育等方式树立社会公众的危机意识，增强社会公众应对突发事件的自救能力，提高社会公众对城市供水安全突发事件的防范意识。

综上所述，强化城市供水质量法规体系的顶层设计，优化城市供水质量监管机构的体制机制，健全城市供水质量监测体系及保障机制，加强城市供水质量安全的应急机制建设，是市场化改革背景下中国城市供水行业质量管制变迁的基本思路。通过上述三个重要手段和管制变迁方式的有机组合，为中国城市供水质量的提升和保障城市供水质量安全提供重要的制度性保障及体制机制创新。

第八章 城市供水行业市场化改革效果提升的管制政策创新

城市供水行业市场化改革效果评价具有典型的结果性、综合性等多重特征，是城市供水行业不同环节、多种因素综合作用的结果。发达国家以市场化改革为导向，通过建立较为完善的城市供水行业管理体制，推动了城市供水行业市场化改革效果的提升。其中，以标杆管理为核心的激励性管制手段是催生城市供水行业市场化改革效果提升的重要方式，通过构建指标体系评价城市供水行业市场化改革效果是重要的实施路径。在中国由高速经济增长向高质量经济发展转变的现实背景下，城市供水行业发展需要顺势而为，即由量的提升向质的提高转变。为此，本章将从城市供水行业的运作链条出发，建立进入管制、价格管制、水质管制与服务管制"四位一体"的管制政策创新思路，从而为推进中国城市供水行业市场化改革效果提供决策支持。

第一节 城市供水行业市场化改革效果提升的进入管制政策

城市供水行业市场化改革是以进入为前提的改革，在进入阶段，建立了多元化的产权结构，形成了通过特许经营权竞标机制遴选特许经营企业的常态化方式，实现了由传统行政授予制度向现代特许经营制度的转变过程。20世纪80年代至今，中国城市供水行业市场化改革，在一定程度上存在进入环节的竞争不充分和资源配置扭曲甚至失衡，从而产生了国有资产流失和腐败、溢价收购和固定回报、政府承诺缺失和责任缺失以及政府高价回购等问题，这在一定程度上造成了市场失灵甚至管制失灵。因此，加强城市供水行业的进入管制，形成与中国特色社会主义市场经济体制以及城市供水行业技术经济特征相适应的进入管制政策，是全面提升城市供水行业市场化改革效果的重要前提。

一 基于项目特征建立进入管制的分类政策

城市供水行业分为管网环节、水厂环节和服务环节等，不同环节的技术经济特征存在一定的差异。管网环节具有较强的自然垄断性、沉没成本性和资产专用性；水厂环节具有弱自然垄断性和资产专用性；而服务环节具有较强的市场竞争性。城市供水行业不同环节的技术经济特征存在一定的差异，若将城市供水行业整个环节进行市场化将会出现转嫁政府责任、规避管网无收益风险、形成管网与水厂交叉补贴等问题，最终带来低效率甚至高风险问题。经济理论表明，对竞争性越强、沉没成本越低的环节进行市场化就越有效率。从城市供水行业的技术经济特征来看，允许社会资本进入城市供水行业的程度由强到弱依次为服务环节、水厂环节和管网环节。由于管网环节具有强自然垄断性和无收费性特征，为此，本书建议应慎重推进城市供水行业厂网一体化的市场化改革，可以通过竞标方式将城市水厂的特许经营权授予给优质特许经营企业。此外，城市供水行业的维修、养护以及收费等服务环节可以通过服务外包或政府购买公共服务的方式实行完全的市场化。

二 形成以绩效为导向的进入企业评价理念

关于城市供水行业进入管制，目前已形成以价格为导向和以绩效为导向的差异化特许经营权竞标的评价理念。以价格为导向的评价理念是将价格高低作为投标者或潜在进入企业的选择标准。而以绩效为导向的评价理念，是忽略价格导向、考虑绩效问题，或者同时考虑价格和绩效并利用综合评价方式选择特许经营企业。显然，后者更能遴选出优质企业参与建设和（或）运营城市供水行业基础设施。为此，本书建议，对城市供水行业而言，需要建立以绩效为导向的进入企业评价理念，摒弃"唯价格至上"导向的进入企业评价理念。在特许经营权竞标过程中，设定合理的价格区间，建立以绩效为导向的进入企业评价理念，实现优质企业建设和（或）运营城市供水行业基础设施的目的，从而适应中国城市供水行业基础设施发展和城市化进程的客观需求。

三 建立竞争主导下专业化评标的常态机制

在城市供水行业特许经营权竞标过程中，易于发生低效率企业中标现象，产生这一问题的原因是多方面的。其中，缺乏充分竞争的市场环境和缺少科学的评价机制是其中的重要原因。在中国由高速经济增长向高质量发展的过程中，为缓解并解决当前社会的基本矛盾，推进城市供水行业发展的高级化成为新时代赋予的历史使命。充分竞争能够提升城市供水行业效率。为此，本书建议，在城市供水行业特许经营权竞争过程中，需要通过多种渠道扩散招标信息，从而降低投标主体与潜在进入企业的信息不对称性。同时，选择具有可收益性的业务领域进行特许经营，吸引企业积极参与项目投标，从而提高竞标的充分性。此外，从城市供水行业特许经营项目的技术经济特征出发，建立专业化、无利益关系主体组成的评标委员会，也是提高城市供水行业特许经营项目进入管制有效性的重要前提。

四 构建全周期进入管制相关主体追责机制

由于城市供水行业市场化改革项目的运作时间往往较长，特许经营权竞标的主体和客体责任人在特许经营期间内发生变更已成为常态。同时，特许经营项目参与主体的责任是有限责任和有期限责任，这为城市供水行业市场化改革项目的追责带来一定的难度。在官员变更频繁和约束机制不强的情况下，可能造成低效率甚至无效率的特许经营企业进入城市供水行业，从而带来市场失灵或管制失灵。在现行的城市供水行业管制机制下，尚未建立全生命周期的追责机制，这在一定程度上提高了城市供水行业市场化改革项目的追责风险。为此，本书建议，构建城市供水行业特许经营项目全生命周期的进入管制相关主体追责机制。在进入环节，建立责任主体的完全档案制度，强化全生命周期管理的制度性；改变新官不理旧账的不良风气，强化新官监督前任的良好生态；形成在全生命周期内对进入环节责任主体的追责机制，通过权责利关系有效约束进入环节的责任主体行为，从而为提升城市供水行业市场化改革效果提供进入管制制度保障。

第二节 城市供水行业市场化改革效果提升的价格管制政策

对具有自然垄断性的城市供水行业市场化改革项目而言，价格管制具有供给侧的激励性价格管制方式缺失和需求侧的阶梯型递增定价机制不健全两方面特征，这在一定程度上扭曲了城市供水行业价格对效率的调节效应，从而导致资源配置扭曲甚至失衡。为此，本节从建立供给侧的激励性价格管制模型以及优化需求侧的阶梯型递增定价模型两个方面，对城市供水行业市场化改革效果提升提出价格管制政策的设计思路。

一 建立供给侧激励性价格管制模型

供给侧的城市供水行业价格管制是典型的成本加成定价机制，该机制对激励城市供水企业提高建设和运营成本具有重要的促进作用，但难以激励城市供水企业提升经济效率。在当前中国由高速经济增长向高质量经济发展转变的过程中，效率优先的发展理念将是未来一段时间内中国经济发展的基本导向。为此，需要改变当前缺乏效率、具有计划弊端的成本加成定价机制，设计出符合中国国情与城市供水行业技术经济特征的激励性价格管制模型。

供给侧的城市供水行业激励性价格管制模型的核心是让高效率的企业获得更高的收益，激发低效率或者无效率的企业提高效率，或者是在难以通过技术创新和管理创新提高效率的前提下，倒逼该类企业退出市场。遵循上述分析思路，本书建立如下激励城市供水企业提高效率的供给侧激励性价格管制模型：

$$P_{t+1} = P_t[1 + \alpha CPI + (1-\alpha)PPI - X] \cdot Q + \Delta C \tag{8.1}$$

式中，P_{t+1} 表示下一期政府管制的价格或政府对供水行业调整后的价格，P_t 表示当期供水价格，CPI 为消费价格指数，PPI 为生产价格指数，X 为政府管制部门设定的生产效率提升数量，Q 为供水量，ΔC 为政府提升城市供水质量标准后，政府预估城市供水企业为提标改造而增加的单位成本。如果城市供水企业 i 自身的生产效率高于政府设定的效率 X，或者城市供水企业 i 提标改造的单位成本低于 ΔC，政府的管制价格 P_{t+1} 高于城市供水企业 i 的最低可承受价格，这相当于对效率提升的城市供水企业以及通过提标改造降低成本的企业给予一定激励。

二　优化需求侧阶梯型递增定价机制

优化需求侧的阶梯型递增定价模型，需要合理确定阶梯水量的划分标准，进一步明确阶梯基础水量和各级阶梯水量之间的关系，形成有效的阶梯型基准价格以及合理确定各级阶梯价格之间的比例关系。通过构成需求侧的阶梯型递增水价多种元素的综合作用，实现居民节约用水的目标。针对当前阶梯递增水价定价机制存在的典型问题，本书从确定阶梯水量的标准、各级阶梯水量比例、确定基础水价与各级水价比例三个方面，进一步提出优化需求侧的阶梯型递增定价模型的基本思路。

首先，确定阶梯水量的划分标准。在现实中，由于城市供水企业或行业主管部门缺乏或部分缺乏户籍用水人口数据信息，为此，建议对城市供水企业或行业主管部门难以掌握户籍用水人口数据信息的城市以每户每月用水量作为阶梯水量的划分标准，并对3人或4人以上用户根据自行申报情况上调阶梯基准水量。对城市供水企业或行业主管部门拥有详细户籍用水人口信息的城市，直接建立"以3人（或4人）的每户用水量作为标准，多余人数按照单位数量与多余人数上调基准水量"。

其次，明确基础水量和阶梯水量级差的关系。通过实地调查，在有效区分居民正常用水种类和超额用水需求的基础上，将测算出的常规情况下居民正常用水量作为基础水量。同时，建议在实地调研的基础上，确定超额用水需求特征，采用聚类分析方法，合理划定水量级数和各级水量。

最后，确定基础水价与各级水价比例。第一阶梯实施保障性的、满足多数家庭用水的廉价水价,甚至第一阶梯水价低于供水平均成本;第二阶梯水价等于或稍大于供水平均成本;第三阶梯水价以第二阶梯水价为基准,实行有惩罚性的高水价标准。建议参考国际惯例,第一阶梯水价结合用水成本以及按80%低收入用户可支配收入的2%来确定;第二阶梯水价除弥补自身用水成本外还承担阶梯水价实施过程中用户水表更换与安装、基础设施保养和维修、用水成本上涨弥补等费用;第三阶梯及以上阶梯水价的确定需要反映水资源的稀缺程度。

第三节 城市供水行业市场化改革效果提升的水质管制政策

城市供水质量安全是城市供水行业市场化改革效果的重要体现。城市供水质量安全具有典型的流程性特征,即涉及原水运输、水厂生产、管网运输和到户四个主要环节。为此,需要建立从源头到龙头的全过程水质管制体系。本部分将从建立重点水源地原水质量联防联控机制、通过提升水质标准改善城市供水企业的供水质量、运用信息技术手段对管网设施进行监测以及通过改善到户水基础设施提升居民水质等方面,提出提升城市供水行业市场化改革效果的水质管制政策。

一 建立重点水源地原水质量联防联控机制

本地水源或跨区域引水是城市供水企业制水中所需原水的重要来源。原水质量影响城市供水企业的出厂水质量,在对重点水源地管制的过程中,呈现出同一城市内水源地受制于多个部门协同监管以及跨区域引水受制于不同城市、多个部门管制的双重特征。由于不同管制部门、不同城市在主体目标约束上具有较强的异质性,不同管制主体之间存在利益冲突,往往导致帕累托次优甚至帕累托无效的决策结果,从而降低重点水源地市场化改革效果。为此,应充分考虑重点水源地管制主体的目标差异,建立多目标主体的重点水源地原水质量联防联控机制。

第一，厘清不同部门在重点水源地原水质量监管过程中的主体责任和权责范围，减少因部门之间权责重叠所带来的缺位、错位和不到位问题。其中，水利部门负责水资源的保护、保障水资源的合理开发利用，拟定水利战略规划和政策，起草有关法律法规草案，制定部门规章，组织编制流域综合规划、防洪规划等重大水利规划等；卫生部门负责水源地水质监管；环保部门负责重点水源地附近工业企业达标排放以及排污口水质监测；建设部门负责引水工程的建设监管。

第二，由于重点水源地原水质量监管部门之间具有典型的同级特征，在发生冲突甚至矛盾时往往缺乏部门协调的上层指导机构，从而降低多部门分散监管的低效率性。为此，本书针对重点水源地原水质量监管部门的分散性特征，建议建立协调不同监管部门的上层指导机构或协调组织，并由城市市长或常务副市长担任指导机构或协调组织的负责人，处理不同部门之间的监管利益冲突。

二 通过提升水质标准改善水生产企业的供水质量

中国现行《地表水环境质量标准》和《生活饮用水卫生标准》分别由 109 项检测指标和 106 项监测指标构成，实现了多指标化，并缩小了与发达国家和地区水质标准的差距。与美国和世界卫生组织的水质标准相比，当前中国水质标准依然存在一定的问题。

第一，有些项目的标准值高于美国和世界卫生组织的水质标准或基准，为此，需要结合中国实际，参照国际标准，合理确定相应指标的限值。

第二，中国水质标准中对某些特有污染物限值的制定依据不足。其中，一些指标参照美国标准，一些指标参照苏联标准，但一些指标依然缺乏根据中国实际确定的污染物基准数值。

第三，部分饮用水水源地水质标准值与保护水生生物和水体生态功能的标准值之间存在交叉，从而造成地表水和饮用水标准在指标选择以及限制或基准值上存在一定差异。为此，本书建议进一步加强微生物、消毒剂及其副产物水质检测指标及标准限值的制定，即增加水中病原微生物、消毒剂及其副产物、潜在致癌作用的有机和无机污染物、内分泌干扰物等多种指标的检测。

此外，结合中国区域特点、水体污染特征、水生态系统结构以及水污染控制的系统需要，大力加强中国水质特殊性问题的研究，构建适合中国国情和现实需求的水质基准体系，从而为科学制定或修订水质标准提供科学依据。

三 运用信息技术手段对管网设施进行监测

在新经济时代，中国传统理念和发展模式需要发生根本性变革。在大数据、"互联网+"、云计算等一系列新生科技的催化下，传统城市供水行业进行监管的手段势必发生变化，从而适应新时代对城市供水行业质量监管的客观需求。城市供水行业发展过程中依然存在"跑、冒、滴、漏"、水压波动以及二次供水水质风险等问题。当前，多数地区的事后监管模式已难以适应新时代对城市供水行业水质发展的客观需求。为此，本书认为，城市供水行业的水质管制需要顺应时代发展潮流，从全流程视角建立以信息技术为手段的管网设施监测体系。具体而言，利用GIS等手段和供水管网监测系统集成技术实现供水管网GIS的静态数据和供水管网监测系统动态数据相融合，从而最大限度地提升城市供水企业的运行效率。城市供水企业建立水质实时监测平台，保障城市供水产品符合国家标准。建立小区内部自来水管道等设施设备的管理平台，实时掌握设备的运行状态和运行档案，通过预防性维护，减少设施设备的故障率，提供工单的执行提醒，确保设施设备的功能性。

四 通过对二次供水设施改善提升供水质量

目前，城市二次供水设施大多由开发商和物业企业自行设计、建造、运营和维护，存在设计建造标准不高、运营维护不及时、监督管理不到位、卫生条件不达标、遇到紧急突发状况处理不得当以及设施设备受灾损坏后不愿担当、维修不及时等问题，从而带来城市供水基础设施"跑、冒、滴、漏"严重、供水服务不规范、水质污染风险高以及治安隐患多等风险。为此，需要进一步创新城市供水行业的监管体制，拓宽城市到户水基础设施资金筹措渠道，形成权责明晰、管理专业、监管到位的二次供水基础设施监管体系，从而解决城市供水"最后一公里"的水质安全问题。

第一，通过科学的规划设计，加强二次供水项目的源头管理。在设计城市规划区内二次供水设施过程中，卫生部门应强化二次供水设施的源头管理，进行预防性卫生监督，确保设计、建设和改造符合国家、地方和行业城市供水要求。强化二次供水设施正式通水前的水质检测。对新建、改建及扩建二次供水设施而言，建设单位应在供水前对二次供水设施进行清洗消毒，委托有资质的单位进行水质检测，只有水质检验符合国家标准并取得卫生部门颁发的二次供水卫生许可证后方可正式供水。

第二，落实部门责任，确保二次供水安全。城市建设、卫生、公安等部门要进一步加强二次供水设施建设的监督，督促建设单位严格执行相关标准规范，落实技术、卫生和安全防范等要求，确保设施工程建设质量。新建、在建和改造的二次供水设施竣工后，建设单位应组织竣工验收，供水企业进行技术把关，城市建设、卫生、公安等部门参与监督，确保验收质量。城市建设部门应会同卫生部门、公安部门、供水企业加强对二次供水设施运行维护管理的监督，督促运行维护单位做好二次供水设施运行维护工作，确保二次供水的水质安全。

第三，加强政府对既有小区二次供水设施改造的主导作用。既有小区二次供水设施改造费用原则上由政府、供水企业、居民合理分担，通过多个渠道筹集城市二次供水设施所需资金。二次供水设施的改造要与抄表到户、"一户一表"改造和安全防范设施建设等统筹实施，加强人防、物防、技防建设监督，推行小区封闭式管理，切实提高城市供水安全保障能力。

第四节 城市供水行业市场化改革效果提升的服务管制政策

城市供水行业服务管制政策是城市供水行业市场化改革效果提升的重要保障。城市供水行业服务管制主要涉及供水水质与水压、业务办理、管道施工、客户服务、供水营销、供水设施的维护和抢修、二次供水服务、企业和从业人员供水经营服务以及安装维修服务等方面。加强城市供水行业的服务质量管制，对规范城市供水企业运营与服务行为，提高城市供水企业服务能力，维护城市供水用户合法权益以及社会公共利益具有重要作用。为此，本书将从构建标杆城市供水行业服务标准、形成城市供水行业的服务考核制度以及建立城市供水行业服务的奖惩机制等方面，设计提升城市供水行业市场化改革效果的服务管制政策。

一 构建城市供水行业服务标准标杆

根据住房和城乡建设部《关于发布行业产品标准〈城镇供水服务〉的公告》的要求，城市供水行业应当遵循"安全第一、客户至上、诚信为本、文明规范"的原则，为客户提供连续、稳定、均等、优质的供水服务。本书认为，城市供水服务标准应包括经营服务标准、抄表收费服务标准、违章违法用水处理标准、停水与降压标准、二次供水服务标准和从业人员服务标准。

第一，经营服务标准。在供水专项规划范围内，当供水企业的服务水压难以符合国家或地方标准时，由供水企业投资建设和管理维护区域增压供水设施。城市供水业务实行"一站式"服务，履行一次性告知义务。供水企业应建立24小时服务电话、营业厅、信函、传真、网站、电子邮件、短信等多种服务渠道和自助式服务方式，同时保证服务渠道通畅。供水企业应向客户提供水质、水压、降压及停水、业务办理流程、收费标准、服务联系方式、服务标准、对外服务承诺与执行、用水常识、节约用水知识和安全、卫生用水知识等信息。

第二，抄表收费服务标准。城市供水价格按照物价管理部门批准的标准执行。城市供水企业拥有提醒客户按照合同约定期限缴纳水费的义务，当客户逾期未缴纳水费时，供水企业应严格按照有关服务规范加以处理。对欠费客户，供水企业需履行提醒义务至采取停止供水措施时为止。客户欠费达60日的，城市供水企业需要向客户投递或粘贴书面欠费停水通知；投递或粘贴欠费停水通知10日后客户仍未交纳水费的，供水企业可以按照规定程序暂停供水；客户交清所欠水费和欠费违约金等费用后，城市供水企业应当在客户办理恢复供水手续后 24 小时内恢复供水。

第三，违章违法用水处理标准。结合法律法规和供水合同界定违章违法用水行为，在履行调查取证、事先告知等程序后在职责范围内采取弥补水量和停水等措施。若因客户窃水行为造成实际用水量偏离计量表水量时，城市供水企业应当按照单位时间管径流量乘以用水时间来计量收费。

第四，停水与降压标准。由于工程施工、管道维修或检修等原因需要计划性停水或降压的，要提前 24 小时通知受影响客户，因发生灾害或者紧急事故无法提前通知的，应当在抢修的同时对外发布抢修信息，并及时恢复供水。停水或降压超时应通知停水或降压原因、范围、开始时间与恢复供水时间。如果停水时间超过 24 小时，城市供水企业宜向居民提供临时供水。

第五，二次供水服务标准。建议城市供水企业要定期巡检并及时维修养护储水设施、水泵以及管道等居民住宅二次供水设施，确保二次供水设施的不间断运行。同时，至少每半年开展一次清洗、消毒储水设施以及水质检测工作。[①] 此外，物业服务企业要保证二次供水水压符合国家有关标准。

第六，从业人员服务标准。城市供水企业对窗口人员、客服人员、抄表人员、施工人员、维修人员等面对客户的服务人员应当进行培训后方可持证上岗，并且要求着装整洁、举止文明、用语规范、态度热情、熟悉相关业务、遵守职业道德。城市供水企业上门服务人员到客户现场服务前，应与客户预约时间，讲明工作原因、工作内容和工作地点，请客户予以配合，进入客户现场的工作人员应着规定制服，主动出示工作证件并进行自我介绍。进入居民室内时，应先按门铃或轻轻敲门，主动出示工作证件，征得同意后，穿上鞋套，方可入内；到客户现场工作时，应遵守客户内部有关规章制度，尊重客户的风俗习惯；入户维修人员维修完毕后应做好现场清整。对供水企业而言，在受理客户售后服务问题后应当在两个小时内做出响应，在售后

---

① 委托有资质的水质检测机构检测，并于收到水质检测报告后 3 日内向客户公示。

服务处理期限内处理，售后服务及时率不应低于97%，对处理期限内不能解决的，应向客户说明原因，并确定解决时间；对非职责分工服务范围的，应向客户说明情况并转到其他相关部门进行处理。建议依据上述标准和所在地区实际，确定标杆式的城市供水行业服务标准内容与具体数值，并利用区域间比较竞争理论对城市供水行业的服务进行有效管制。

二 形成城市供水行业服务考核制度

当前中国社会的基本矛盾已经转化为人民日益增长的美好生活需要和不平衡不充分的发展之间的矛盾。如何改善城市供水行业服务过程中的发展不平衡不充分问题，成为当前城市供水行业发展的重要任务。为此，需要建立常态化的城市供水行业服务考核制度，通过以考促建、以考促改，推进城市供水行业服务质量的提升。城市供水行业服务考核制度并非仅仅包括考核标准，而是包含考核标准、对标地区、考核流程、考核主体与考核客体等系列制度安排。

第一，结合考核地方的实际情况，综合考虑经营服务标准、抄表收费服务标准、违章违法用水处理标准、维护与抢修标准、停水与降压标准、二次供水服务标准以及从业人员服务标准等具体指标，建立城市供水行业服务考核指标体系。

第二，确定由不具有利益关系的第三方作为城市供水行业服务考核的主体。通过公开招投标、竞争性谈判或邀请招标等方式，选择最有效率的或最优质的第三方作为城市供水行业的服务考核主体。

第三，确定定量与定性相结合、自查上报与实地考核或抽查调查相结合的原则。

第四，结合考核客体的城市异质特征，寻求与之相适应的对标城市，通过比较寻求与对标城市间在单项城市供水行业服务指标以及综合指标之间的差距，及时发现考核客体存在的典型问题及其形成机理。

三 建立城市供水行业服务奖惩机制

建立以结果为导向的城市供水行业绩效考核制度与城市供水行业服务结果奖惩制度，是提升城市供水行业市场化改革效果的重要制度。城市供水行业服务奖惩机制主要分为国家对省级城市供水行业主管部门的考核与奖惩机制、省级城市供水行业主管部门对城市供水行业主管部门的考核与奖惩机制以及城市行业主管部门对县市城市供水行业主管部门的考核与奖惩机制三类。对城市供水行业考核客体进行奖惩的方式和程度，直接影响着城市供水行业市场化改革效果。为此，本书提出如下政策建议：

第一，明确高弹性、强激励的城市供水行业服务奖惩机制的构建理念。依托城市供水行业服务标准标杆，提出偏离标杆服务基准一定额度或百分比的正向和负向激励与反激励机制，如行业发展基金、税收等。

第二，建立城市供水行业服务考核结果与相关责任人年底奖金挂钩机制。对比城市供水行业主管部门的供水行业服务考核结果与其他部门的类似考核结果，并依据考核结果对相关部门给予必要的奖励或惩罚。

第三，建立城市供水行业服务考核结果与城市奖项挂钩机制。可将城市供水行业服务考核结果纳入城市水务奖项以及城市奖项等综合奖项的指标体系中，或将考核结果作为相关奖项评选的前置条件。

第四，建立城市供水行业服务考核结果与官员晋升挂钩机制。在当前中国晋升锦标赛制度下，为进一步提升城市供水行业市场化改革效果，建议将城市供水行业服务考核结果与相关责任官员晋升相挂钩。

综上所述，当前中国城市供水行业市场化改革进入新时代，规范、安全、高效已成为城市供水行业改革与发展的重要方向。国际经验与中国实践证明，进一步提升中国城市供水行业的市场化改革效果，需要建立全流程科学管制的基本思路，通过进入管制、价格管制、水质管制以及服务管制等城市供水行业重要环节管制的有机结合，依托管制理念、管制标准、管制机制与管制体制创新，形成与中国城市供水行业发展相适应的现代政府管制体系。

结论性评述

中国城市供水行业长期游离于市场经济体制之外,这不仅直接影响着城市供水的可持续性,而且对其他行业的发展构成了一定的挑战,甚至影响了整个行业市场化改革进程的有序推进。在增加供给和提升效率双重目标的驱动下,在市场化改革与政府和社会资本合作政策的推动下,中国城市供水行业进行了以产权改革、竞争改革和管制改革为特征的市场化改革历程。市场化改革推进了城市供水行业的快速发展,但也带来了一系列问题。为此,非常有必要对中国城市供水行业市场化改革效果进行评价,并结合当前中国实际和未来发展趋势,创新政府管制政策,形成与中国政治经济环境和当前社会基本矛盾转换相适应的城市供水行业政府管制的中国方案。在深化城市供水行业市场化改革,规范与高质量发展城市供水行业的背景下,本书梳理了中国城市供水行业市场化改革的理论逻辑与现实背景,客观地评估了城市供水行业市场化改革的主要成效,分析了城市供水行业市场化改革的主要困境与形成机理,明确了城市供水行业管理体制变迁历程与主要问题,实证检验了城市供水行业产权改革的有效性,评价了价格改革的阶段性特征与阶梯水价的推行困境,分析了城市供水质量的制约因素并提出质量管制变迁的基本思路,研究了城市供水行业绩效提升的管制政策创新思路。本书的研究结论与简述总结如下:

一 传统体制弊端与城市供水行业市场化改革的客观需求

城市供水是将江河、水库等地表水资源或从地下水资源抽取的原水输送到自来水厂,加入硫酸铝、氨和液氯等制水原料后,经过多道自来水加工工艺,处理消除各种污染物,制成成品水,然后通过自来水输送管道网络系统,把自来水分销给企事业单位和居民消费者。城市供水行业具有基础性、垄断性、区域性、公益性、收费异质性和安全性等特征。"政企合一"、行政垄断严重的传统管理体制在新中国成立后资源普遍短缺、城市供水行业建设任务重的相当长的一个时期内发挥了重要的历史作用。但随着经济社会的快速发展，传统体制的低效率、竞争活力不足、融资渠道有限、价格机制错配等体制弊端越发突出。在城市供水行业供需不平衡、国际市场开放以及中国市场化改革政策的催生下，城市供水行业市场化改革应运而生。

二 城市供水行业市场化改革的成效、困境及其形成机理

中国城市供水行业市场化改革经历了外资进入与现代企业制度建立、政策引导下完善特许经营制度、规范运作与强化政府管制职能三个阶段。通过市场化改革，城市供水行业不断拓宽投融资渠道，企业数量、综合生产能力以及行业规模获得了快速提升，基本形成了以国有及国有控股供水企业为主体，民营企业、外资和港澳台资企业为重要补充的多元化市场竞争结构。市场化改革在促进城市供水行业发展的同时，也出现了国有资产流失和腐败、溢价收购和固定回报、政府承诺缺失和责任缺失、产品低质、政府高价回购等典型问题，以及特许经营权竞标过程中招投标运行机制与平台建设不健全、招标代理机构运作不够规范、投标企业竞争不充分及其竞标机制不合理等现实问题。形成上述问题的原因是多方面的。其中，在一定程度上对市场化改革目标认识不清、市场化改革制度滞后、准入与运行机制不健全、特许经营权竞标机制不完善以及政府管制体系不健全等是其中的主要原因。为此，需要从进一步明确PPP项目的主管部门，确定PPP项目的合同主体，明确不同项目的操作方式，稳定地方政府的PPP运作团队，重视PPP项目的规范运作，发挥中介机构的智囊作用，健全PPP项目的配套机制，加强PPP项目的有效管制等方面，明确政府和社会资本合作的基本方向。

三 城市供水行业管理体制变迁与管理体制改革的基本取向

中国城市供水行业管理体制变迁主要经历了政府统包，福利供给；政企合一，综合管理；引入市场，转变职能；深化改革，完善监管四个阶段。当前，中国城市供水行业管理体制在一定程度上存在因

缺乏权威性法规与系统性法规所导致的法规体系不健全问题，规划理念滞后、供水距离与线路规划以及规划执行不到位等规划体系不完善问题，供水调度运行不合理、管理机制不健全、市场机制不充分等运行管理不到位问题，自上而下的管理机构设置不匹配、缺乏基层执行机构以及沟通协调机制不足等管理机构问题，投融资渠道相对单一、国资管理与监督体制不健全等导致的市场体制没有充分形成等问题。为此，需要强化城市供水质量法规体系的顶层设计，优化城市供水质量监管机构的体制机制，健全城市供水质量监测体系及保障机制，加强城市供水质量安全的应急机制建设。

四 城市供水行业产权改革与产权结构变迁的发展方向

20世纪80年代以来，外国资本开始进入中国城市供水行业，开启了中国城市供水行业产权改革历程，但城市供水行业真正意义的市场化改革始于1992年。中国城市供水行业产权改革主要经历以吸引外国资本、部分城市开始打破垄断为特征，以外国资本进入为主体国内民营企业逐步进入为特征，以确立并完善特许经营制度为核心，以外国资本、国内民营资本大量进入为主要特征三个阶段。产权改革与城市供水行业综合生产能力之间存在显著的倒"U"形关系，市场竞争对城市供水行业综合生产能力具有显著的正效应。在不考虑私人部门进入变量的资本来源情况下，私人部门进入能够显著降低设市城市供水行业成本，但外国资本和国内民营资本进入对供水行业成本的降低效应并不显著。为此，需要完善城市供水行业的产权结构，鼓励不同所有制企业有序进入，激发产权改革后的企业间竞争，强化对市场化改革项目的有效管制。

五 城市供水价格形成机制、主要问题及其价格管制变迁

中国城市供水行业价格改革经历了包费制、用水计量并按量收费、成本部分回收和全成本水价改革四个阶段。当前，中国居民水价进入阶梯递增水价阶段，在该阶段主要存在"一户一表"基础设施改造不到位、阶梯水量划分的原则还不科学、基础水量与水量级数仍需优化、水价级差的确定仍需完善、阶梯水价的效率性和公平性依然欠缺等问题。为此，需要从建立"一户一表"全覆盖，优化阶梯水价划

分标准，确定基础水量和各级水量的形成机制，建立基础水价和各级水价的优化机制，形成阶梯水价与多种水价政策组合的中国城市供水行业阶梯水价管制变迁的基本思路。

六　城市供水质量标准、现状评估、制约因素与改革导向

城市供水质量直接关系着人民群众的身体健康，保障城市供水质量安全是一项重要的民生工程。与世界卫生组织的《饮用水水质准则》、美国环境保护局的《国家饮用水水质标准》以及欧盟《饮用水水质指令》相比，中国现行饮用水水质标准基本实现了与国际接轨，但在个别指标上还存在一定的差距。在城市供水行业市场化改革过程中，出厂水水质与二次供水水质得到了大幅提升，但饮水水源水质却呈现出"U"形变化趋势。目前，在一定程度上缺乏横纵向网络化的水质管制制度体系，缺乏有效的管制机构设置及其职能配置，缺乏健全的水质监测体系及其保障机制，从而制约了城市供水质量的提升。为此，需要从强化城市供水质量法规体系的顶层设计，优化城市供水质量监管机构的体制机制，健全城市供水质量监测体系及保障机制，加强城市供水质量安全的应急体制建设等方面，明确城市供水行业质量管制变迁的基本取向。

七　建立以提升城市供水行业改革效果为目标的政策体系

新时代中国基本矛盾的变化预示着城市供水行业需要由传统的以解决供需矛盾为重点，逐步转向以提升城市供水质量、解决人民日益增长的物质文化需求同不平衡不充分的供水之间的矛盾上来。为此，在未来一段时间内，需要进一步强化城市供水行业的政府管制，形成进入管制、价格管制、质量管制、服务管制为核心的城市供水行业政府管制创新的基本体系。其中，在进入管制政策创新过程中，需要建立基于项目特征的分类进入管制政策，形成以绩效为导向的对进入企业的评价理念，建立竞争主导下的专业化评标常态机制，构建全周期进入管制相关主体追责机制；在价格管制中，需要区别供给侧与需求侧价格改革的异质性，建立供给侧的激励性价格管制模型，优化需求侧的阶梯型价格递增定价机制；在质量管制中，需要建立重点水源地原水质量联防联控机制，以提高水质标准为抓手改善城市供水企业的

供水质量，运用信息技术手段对管网设施进行监测、改善二次供水设施从而提升城市供水质量；在服务管制政策设计上，需要构建城市供水行业服务标准标杆，形成城市供水行业的服务考核制度，建立城市供水行业的服务惩罚机制，依托管制理念、管制标准、管制机制与管制体制创新，从而形成与中国城市供水行业发展相适应的现代政府管制体系。

参考文献

[1] [法]安·易斯塔什、张昕竹：《基础设施规制与中国经济制度》，《数量经济技术经济研究》1999年第7期。

[2] 白艳娟：《我国市政公用事业特许经营障碍及其对策分析》，《北京市经济管理干部学院学报》2010年第6期。

[3] 陈富良：《放松规制与强化规制：论转型经济中的政府规制改革》，上海三联书店2001年版。

[4] 陈洪博：《论公用事业的特许经营》，《深圳大学学报》（人文社会科学版）2003年第12期。

[5] 陈慧：《中国城市水务管理体制改革述评》，《经济问题》2013年第5期。

[6] 陈明、周萌萌：《城市水务民营化绩效评价研究》，《现代管理科学》2014年第3期。

[7] 陈明：《城市公用事业民营化的政策困境——以水务民营化为例》，《当代财经》2004年第12期。

[8] 陈明：《中国城市公用事业民营化研究》，中国经济出版社2009年版。

[9] 陈通等：《基于PPP视角的公共项目风险因素重要性调查分析》，《山东社会科学》2011年第11期。

[10] 陈旭：《我国城市供水管理体制的"官督商办"改革研究》，《经济体制改革》2003年第4期。

[11] 仇保兴、王俊豪等：《市政公用事业监管体制与激励性监管政策研究》，中国社会科学出版社2009年版。

[12] [美]丹尼尔·F.史普博：《管制与市场》，上海人民出版社

1999年版。

[13] 董石桃、艾云杰：《日本水资源管理的运行机制及其借鉴》，《中国行政管理》2016年第5期。

[14] 杜红、杜英豪：《美国水务行业所有制结构及其成因分析》，《中国给水排水》2004年第8期。

[15] 杜英豪：《美国亚特兰大市水务私有化案例分析》，《中国给水排水》2005年第4期。

[16] 杜英豪：《英格兰和威尔士的水务监管体系》，《中国给水排水》2006年第8期。

[17] 范登云、张雅君、许萍：《阶梯水价的优化研究》，《给水排水》2017年第5期。

[18] 范合君、柳学信、王家：《英国、德国市政公用事业监管的经验及对我国的启示》，《经济与管理研究》2007年第8期。

[19] 冯中越、宋卫恭：《城市公用事业特许经营合约中的资产转移问题研究——以城市轨道交通为例》，《财经论丛》2011年第3期。

[20] 付廷臣：《水权与城市供水价格形成机制问题探析》，《城市发展研究》2006年第2期。

[21] 傅涛、常杪、钟丽锦：《中国城市水业改革实践与案例》，中国建筑工业出版社2006年版。

[22] 高晶：《北京市城镇居民阶梯水价统计测算研究》，博士学位论文，首都经济贸易大学，2008年。

[23] 郭蕾、肖有智：《政府规制改革是否增进了社会公共福利——来自中国省际城市水务产业动态面板数据的经验证据》，《管理世界》2016年第8期。

[24] 何禹霆、王岭：《中国城市供水价格规制机制与改革对策》，《社会科学辑刊》2012年第5期。

[25] 侯风云：《城市水业市场化演进中的水价改革路径分析》，《福建论坛》（人文社会科学版）2011年第2期。

[26] 胡改蓉：《PPP模式中公私利益的冲突与协调》，《法学》2015

年第 11 期。
[27] 胡一帆、宋敏、张俊喜：《竞争、产权、公司治理三大理论的相对重要性及交互关系》，《经济研究》2005 年第 9 期。
[28] 黄建正：《城市供水业民营化改革的政府监管机制研究——基于对杭州赤山埠水厂监管现状和杭州主城区供水监管机制的探讨》，《城市发展研究》2007 年第 3 期。
[29] 黄宁、魏海涛、沈体雁：《国外城市水务行业绩效管理模式比较研究》，《城市发展研究》2013 年第 8 期。
[30] 李佳：《我国城市供排水行业市场化改革的研究》，博士学位论文，复旦大学，2012 年。
[31] 李乐：《美国公用事业政府监管绩效评价体系研究》，《中国行政管理》2014 年第 6 期。
[32] 李明超、章志远：《公用事业特许经营监管机构模式研究》，《学习论坛》2011 年第 3 期。
[33] 李青：《我国市政公用事业特许经营实施障碍与对策》，《山西财经大学学报》2008 年第 5 期。
[34] 李眺：《我国城市供水需求侧管理与水价体系研究》，《中国工业经济》2007 年第 2 期。
[35] 李真、张红凤：《中国社会性规制绩效及其影响因素的实证分析》，《经济学家》2012 年第 10 期。
[36] 励效杰：《关于我国水业企业生产效率的实证分析》，《南方经济》2007 年第 2 期。
[37] 林洪孝：《城市水务管理战略与措施分析》，《城市问题》2002 年第 2 期。
[38] 林丽梅等：《城市水价改革的多重目标及其深化路径分析》，《价格理论与实践》2015 年第 3 期。
[39] 林丽梅等：《水务服务市场化改革利益相关者的博弈均衡分析》，《经济体制改革》2014 年第 1 期。
[40] 林润辉等：《制度压力、信息安全合法化与组织绩效——基于中国企业的实证研究》，《管理世界》2016 年第 2 期。

[41] 刘佳丽、谢地：《PPP背景下我国城市公用事业市场化与政府监管面临的新课题》，《经济学家》2016年第9期。

[42] 刘佳丽、谢斯儒：《城市公用事业民营化中公共利益的维护与政府监管体系重构》，《经济与管理研究》2015年第10期。

[43] 刘戒骄：《我国公用事业运营和监管改革研究》，《中国工业经济》2006年第9期。

[44] 刘穷志、芦越：《制度质量、经济环境与PPP项目的效率——以中国的水务基础设施PPP项目为例》，《经济与管理》2016年第6期。

[45] 刘世庆、许英明：《我国城市水价机制与改革路径研究综述》，《经济学动态》2012年第1期。

[46] 刘添瑞：《深化居民生活用水阶梯水价改革的思考》，《价格理论与实践》2013年第6期。

[47] 刘小玄：《中国工业企业的所有制结构对效率差异的影响——1995年全国工业企业普查数据的实证分析》，《经济研究》2000年第2期。

[48] 刘小玄：《中国转轨经济中的产权结构和市场结构——产业绩效水平的决定因素》，《经济研究》2003年第1期。

[49] 刘彦等：《外资进入提高了中国城镇水务部门的绩效吗？——基于"准自然实验"方法》，《中国行政管理》2016年第1期。

[50] 卢洪友：《中国城市公共事业经营管制机制研究》，经济管理出版社2007年版。

[51] 罗党论、刘晓龙：《政治关系、进入壁垒与企业绩效——来自中国民营上市公司的经验证据》，《管理世界》2009年第5期。

[52] 潘小娟、余锦海：《地方政府合作的一个分析框架——基于永嘉与乐清的供水合作》，《管理世界》2015年第7期。

[53] 戚聿东、柳学信：《深化垄断行业改革的模式与路径：整体渐进改革观》，《中国工业经济》2008年第6期。

[54] 戚聿东：《我国自然垄断产业分拆式改革的误区分析及其出路》，《管理世界》2002年第2期。

［55］戚聿东：《资源优化配置的垄断机制：兼论我国反垄断立法的指向》，《经济研究》1997年第2期。

［56］曲振涛、杨恺钧：《规制经济学》，复旦大学出版社2006年版。

［57］[法]让-雅克·拉丰、让·梯若尔：《政府采购与规制中的激励理论》，上海人民出版社2004年版。

［58］[法]让-雅克·拉丰：《规制与发展》，中国人民大学出版社2009年版。

［59］盛丹、刘灿雷：《外部监管能够改善国企经营绩效与改制成效吗？》，《经济研究》2016年第10期。

［60］石金玉、李亚军：《城市二次供水现状及其对策》，《工业节能技术》2015年第2期。

［61］石贤平：《PPP模式中政府交易角色与监管角色冲突的法律平衡》，《商业研究》2015年第12期。

［62］史际春、肖竹：《公用事业民营化及其相关法律问题研究》，《北京大学学报》（哲学社会科学版）2004年第4期。

［63］[美]斯蒂格利茨：《私有化更有效率吗》，《经济理论与经济管理》2011年第10期。

［64］苏时鹏等：《城市水务服务绩效管理战略分析》，《城市发展研究》2012年第6期。

［65］苏为华等：《我国城市公用事业政府监管绩效评价研究：综述和建议》《财经论丛》2015年第4期。

［66］谭海鸥：《投资渠道、利益补偿与水务市场属性》，《改革》2011年第5期。

［67］王芬、王俊豪：《中国城市水务产业民营化的绩效评价实证研究》，《财经论丛》2011年第5期。

［68］王红等：《循环经济条件下水定价与社会福利的数理研究》，《数量经济技术经济研究》2010年第7期。

［69］王宏伟、郑世林、吴文庆：《私人部门进入对中国城市供水行业的影响》，《世界经济》2011年第6期。

［70］王俊豪、付金存：《公私合作制的本质特征与中国城市公用事

业的政策选择》,《中国工业经济》2014年第7期。

[71] 王俊豪、蒋晓青:《我国城市公用事业民营化的负面效应及其政策》,《财经问题研究》2011年第9期。

[72] 王俊豪、王岭:《国内管制经济学的发展、理论前沿与热点问题》,《财经论丛》2010年第11期。

[73] 王俊豪、肖兴志、唐要家:《中国垄断性产业管制机构的设立与运行机制》,商务印书馆2008年版。

[74] 王俊豪、周小梅:《中国自然垄断产业民营化改革与政府管制政策》,经济管理出版社2004年版。

[75] 王俊豪:《英国政府管制体制改革研究》,上海三联书店1998年版。

[76] 王俊豪:《政府管制经济学导论——基本理论及其在实践中的应用》,商务印书馆2001年版。

[77] 王俊豪:《政府管制经济学导论——基本理论及其在政府管制实践中的应用》,商务印书馆2001年版。

[78] 王俊豪等:《深化中国垄断行业改革研究》,中国社会科学出版社2010年版。

[79] 王俊豪等:《中国城市公用事业发展报告(2015)》,中国建筑工业出版社2016年版。

[80] 王岭:《市场化改革下的中国城市供水行业——阶段特征、改革进展与政策取向》,《经济体制改革》2013年第3期。

[81] 王岭:《城市水务PPP项目特许经营权的竞标难题、形成机理与治理机制》,《浙江社会科学》2017年第5期。

[82] 王岭:《城镇化进程中民间资本进入城市公用事业的负面效应与监管政策》,《经济学家》2014年第2期。

[83] 王岭:《私人部门进入降低了城市供水行业成本吗?》,《中南财经政法大学学报》2013年第2期。

[84] 王岭:《我国城市居民水价制度改革探析——阶梯水价推行困境及其破解》,《价格理论与实践》2015年第9期。

[85] 王天义:《全球化视野的可持续发展目标与PPP标准:中国的

选择》，《改革》2016 年第 2 期。

[86] 魏伯乐、奥兰·扬、马赛厄斯·芬格：《私有化的局限》，上海人民出版社 2006 年版。

[87] 吴延兵：《国有企业双重效率损失研究》，《经济研究》2012 年第 3 期。

[88] 吴延兵：《企业产权结构和隶属层级对生产率的影响》，《南方经济》2011 年第 4 期。

[89] 肖兴志、韩超：《规制改革是否促进了中国城市水务产业发展？——基于中国省际面板数据的分析》，《管理世界》2011 年第 2 期。

[90] 肖兴志：《自然垄断产业规制改革模式研究》，东北财经大学出版社 2003 年版。

[91] 谢建华：《我国供水行业监管框架的构建与完善——英国经验的启示》，《经济管理》2006 年第 23 期。

[92] 邢秀凤、胡世明：《加快居民生活用水改革，积极实施阶梯水价——青岛市城市供水价格调整引发的思考》，《价格理论与实践》2005 年第 7 期。

[93] 徐宗威：《法国城市公用事业特许经营制度及启示》，《城市发展研究》2001 年第 4 期。

[94] 杨保军、陈鹏：《新常态下城市规划的传承与变革》，《城市规划》2015 年第 11 期。

[95] 杨世文：《特许权竞争与公用事业管制改革》，《经济管理》2003 年第 7 期。

[96] 姚勤华、朱雯霞、戴铁尘：《法国、英国的水务管理模式》，《城市问题》2006 年第 8 期。

[97] 姚洋：《非国有经济成分对我国工业企业技术效率的影响》，《经济研究》1998 年第 12 期。

[98] 于立、肖兴志、姜春海：《自然垄断的"三位一体"理论》，《当代财经》2004 年第 8 期。

[99] 于良春、程谋勇：《中国水务行业效率分析及影响因素研究》，

《当代财经》2013 年第 1 期。

[100] 于良春、何敏：《中国城市居民用水的价格形成机制分析》，《经济与管理研究》2012 年第 3 期。

[101] 于良春、王志芳：《竞争与管制：中国自来水产业的改革与发展》，《东岳论丛》2005 年第 6 期。

[102] 于良春：《论自然垄断与自然垄断产业的政府规制》，《中国工业经济》2004 年第 2 期。

[103] 余晖、秦虹：《公司合作制的中国试验》，上海人民出版社 2005 年版。

[104] 余晖：《管制的经济理论与过程分析》，《经济研究》1994 年第 5 期。

[105] 余晖：《政府与企业：从宏观管理到微观管制》，福建人民出版社 1997 年版。

[106] 张洪雷等：《居民生活用水阶梯水价定价模型研究——基于对北京、天津、上海三市的测算》，《价格理论与实践》2014 年第 4 期。

[107] 张丽娜：《城市水务市场化中的政府规制与公众利益维护》，《中国行政管理》2010 年第 8 期。

[108] 张燎：《水务项目市场化运作的十种模式及其适用性》，《中国水利水电市场》2008 年第 4 期。

[109] 张偲：《地方政府投融资公私合作制的监管体制创新研究》，《当代经济管理》2015 年第 4 期。

[110] 张昕竹：《城市化背景下公用事业改革的中国经验》，知识产权出版社 2008 年版。

[111] 张昕竹：《规制制度的交易成本与政治经济学——兼谈中国规制改革》，《数量经济技术经济研究》1999 年第 3 期。

[112] 张昕竹：《网络产业：规制与竞争理论》，社会科学文献出版社 2000 年版。

[113] 张昕竹：《中国基础设施产业的规制改革与发展》，国家行政学院出版社 2002 年版。

[114] 张昕竹：《中国规制与竞争：理论和政策》，社会科学文献出版社 2000 年版。

[115] 张昕竹：《中国基础设施的发展与私有部门的参与》，《数量经济技术经济研究》1998 年第 11 期。

[116] 章志远、黄娟：《公用事业特许经营市场准入法律制度研究》，《法治研究》2011 年第 3 期。

[117] 章志远、朱志杰：《我国公用事业特许经营制度运作之评估与展望——基于 40 起典型事例的考察》，《行政法学研究》2011 年第 2 期。

[118] 章志远：《公用事业特许经营及其政府规制——兼论公私合作背景下行政法学研究之转变》，《法商研究》2007 年第 2 期。

[119] 赵振铣、向强：《防范政府投资项目招投标纵向串谋的机制设计》，《财经科学》2005 年第 1 期。

[120] 郑筱婷、蒋奕：《FDI 提高了供水企业的绩效了吗？》，《河南社会科学》2012 年第 6 期。

[121] 郑新业等：《水价提升是有效的政策工具吗？》，《管理世界》2012 年第 4 期。

[122] 植草益：《产业组织论》，中国人民大学出版社 1998 年版。

[123] 周小付、萨日娜：《PPP 的共享风险逻辑与风险治理》，《财政研究》2016 年第 4 期。

[124] 周小梅：《水危机背景下我国城市水务行业改革取向——来自泰晤士水务和斯德哥尔摩水务的经验考察》，《价格理论与实践》2014 年第 6 期。

[125] 周阳：《我国城市水务业 PPP 模式中的政府规制研究》，《中国行政管理》2010 年第 3 期。

[126] 周耀东、余晖：《政府承诺缺失下的城市水务特许经营——成都、沈阳、上海等城市水务市场化案例研究》，《管理世界》2005 年第 8 期。

[127] 左进、韩洪云：《BOT 在我国水务行业中的应用及风险规避》，《城市问题》2005 年第 2 期。

[128] Allan, R., Jeffrey, P. and Clarke, M. et al., "The Impact of Regulation, Ownership and Business Culture on Managing Corporate Risk within the Water Industry", *Water Policy*, Vol. 15, No. 3, 2013, pp. 458 – 478.

[129] Antonioli, B. and Filippini, M., "The Use of a Variable Cost Function in the Regulation of the Italian Water Industry", *Utilities Policy*, Vol. 10, No. 3, 2001, pp. 181 – 187.

[130] Armstrong, M., Cowan, S. and Vickers, J., *Regulatory Reform: Economic Analysis and British Experience*, Cambridge: The MIT Press, 1994.

[131] Beesley, M. E. and Littlechild, S. C., "The Regulation of Privatized Monopolies in the United Kingdom", *Rand Journal of Economics*, Vol. 20, No. 3, pp. 454 – 472.

[132] Bel, G., Fageda, X. and Warner, M. E., "Is Private Production of Public services Cheaper than Public Production? A Meta Regression Analysis of Solid Waste and Water Service", *Journal of Policy Analysis and Management*, Vol. 29, No. 3, 2010, pp. 553 – 577.

[133] Bishop, M., Kay, J. and Mayer, C., *The Regulatory Challenge*, Oxford: Oxford University Press, 1994.

[134] Boycko, A. S. and Vishny, R., "A theory of Privatization", *Economic Journal*, Vol. 106, No. 435, 1996, pp. 309 – 319.

[135] Chang, M. and Peng, L. J., "Current Situation and Problems of Customer Service in Chinese Urban Water Supply Industry", *China Water & Wastewater*, Vol. 23, No. 8, 2007, pp. 71 – 75.

[136] Chao, H. P., "Two – Stage Auction and Subscription Pricing for Awarding Monopoly Franchises", *Journal of Regulatory Economics*, Vol. 47, No. 3, 2015, pp. 219 – 238.

[137] Crew, M. A. and Kleindorfer, P. R., *The Economics of Public Utility Regulation*, London: Macmillan, 1986.

[138] Foster, C. D. , *Privatization, Public Ownership and the Regulation of Natural Monopoly*, Oxford: Blackwell, 1992.

[139] Achttienribbe, G. E. , "Water Price, Price Elasticity and the Demand for Drinking Water", *Journal of Water Supply: Research and Technology – Aqua*, 2015 (4): 196 – 198.

[140] Galiani, S. , Gertler, P. and Schargrodsky, E. , "Water for Life: The Impact of the Privatization of Water Services on Child Mortality", *Journal of Political Economy*, Vol. 113, No. 1, 2005, pp. 83 – 120.

[141] Pescetto, Gioia M. , "Regulation and Systematic Risk: The Case of the Water Industry in England and Wales", *Applied Financial Economics*. Vol. 18, No. 1, 2008, pp. 61 – 73.

[142] Guo, X. L. and Yang, H. , "Analysis of a Build – Operate – Transfer Scheme for Road Franchising", *International Journal of Sustainable Transportation*, Vol. 3, No. 5, 2009, pp. 312 – 338.

[143] Harold Demsetz, "Why Regulate Utilities?", *Journal of Law and Economics*, Vol. 11, No. 1, 1968, pp. 55 – 65.

[144] Harstad, R. M. and Crew, M. A. , "Franchise Bidding Without Holdups: Utility Regulation with Efficient Pricing and Choice of Provider", *Journal of Regulatory Economics*, Vol. 15, No. 2, 1999, pp. 141 – 164.

[145] Jiang, Y. and Zheng, X. , "Private Sector Participation and Performance of Urban Water Utilities in the People's Republic of China", *ADB Economics Working Paper Series*, 2010.

[146] Kay, J. A. , Mayer, C. and Thompson, D. , *Privatization and Regulation: The U. K. Experience*, Oxford: Oxford University Press, 1968.

[147] Kirkpatrick, C. , Parker, D. and Zhang, Y. F. , "An Empirical Analysis of State and Private – Sector Provision of Water Services in Africa", *World Bank Economic Review*, Vol. 20, No. 1, 2006, pp. 143 – 163.

[148] Laffont and Tirole, *A Theory of Incentives in Procurement and Regulation*, Cambridge: MIT, 1993.

[149] Laffont, J. -J. and Tirole, J. , "Bidding and Investment, Contracts, Incentive of Auctions Repeated Takeovers Parity with an Application to", *Rand Journal of Economics*, Vol. 19, No. 4, 1988, pp. 516 -537.

[150] Lang, A. , "The GATS and Regulatory Autonomy: A Case Study of Social Regulation of the Water Industry", *Journal of International Economic Law*, Vol. 7, No. 4, 2004, pp. 801 -838.

[151] Lijin Zhong, Arthur P. J. Mol and Tao Fu, "Public -Private Partnerships in China's Urban Water Sector", *Environmental Management*, Vol. 41, No. 6, 2008, pp. 863 -877.

[152] Lin, H. U. , Wang, L. Q. and Zhang, H. L. , "Experience and Revelation of Water Supply Supervision in UK", *China Water & Wastewate*, Vol. 24, No. 10, 2008, pp. 106 -108.

[153] Lin, J. Y. , Cai, F. and Li, Z. , "Competition, Policy Burdens, and State -Owned Enterprise Reform", *American Economic Review*, Vol. 88, No. 2, 1998, pp. 422 -427.

[154] Lobina, E. and Hall, D. , "Public Sector Alternatives to Water Supply and Sewerage Privatization: Case Studies", *International Journal of Water Resources Development*, Vol. 16, No. 1, 2000, pp. 35 -55.

[155] Maria Luisa Corton and Sanford V. Berg, "Benchmarking Central American Water Utilities", *Utilities Policy*, Vol. 17, Nos. 3 -4, 2009, pp. 267 -275.

[156] Mark Newton Lowry and Lullit Getachew, "Statistical Benchmarking in Utility Regulation: Role, Standards and Methods", *Energy Policy*, Vol. 37, 2009, pp. 1323 -1330.

[157] Marques, R. C. , "Comparing Private and Public Performance of Portuguese Water Services", *Water Policy*, Vol. 10, No. 1,

2008, pp. 25 – 42.

[158] Maziotis, A., Saal, D. S. and Thanassoulis, E. et al., "Price – Cap Regulation in the English and Welsh water Industry: A Proposal for Measuring Productivity Performance", *Utilities Policy*, Vol. 41, 2016, pp. 22 – 30.

[159] Newbery, D. M., *Privatization, Restructuring and Regulation of Network Utilities*, Massachusetts: The MIT Press, 1999.

[160] Nowotny, K. R., "Competition and the Regulation of Utilities", *Discrete Mathematics & Applications*, Vol. 22, No. 7, 1991, pp. 26 – 29.

[161] Nyangena, K. O., "Privatization of Water and Sanitation Services in Kenya: Challenges and Prospects", *Africa Development*, Vol. 33, No. 4, 2010, pp. 117 – 131.

[162] Prasad, N., "Privatisation Results: Private Sector Participation in Water Services after 15 Years", *Development Policy Review*, Vol. 24, No. 6, 2006, pp. 669 – 692.

[163] Ruijs, A., Zimmermann, A. and Van den Berg, M., "Demand and Distributional Effects of Water Pricing Policies", *Ecological Economics*, Vol. 66, 2008, pp. 506 – 516.

[164] Sawkins, J. W. and Reid, S., "The Measurement and Regulation of Cross Subsidy. The Case of the Scottish Water Industry", *Utilities Policy*, Vol. 15, No. 1, 2007, pp. 36 – 48.

[165] Schaede, U., "Regulatory Reform of Public Utilities: The Japanese Experience by Fumitoshi Mizutani", *Journal of Japanese Studies*, Vol. 41, No. 2, pp. 440 – 443.

[166] Schmidt, K. M., "The Costs and Benefits of Privatization: An Incomplete Contract Approach", *Journal of Law Economics and Organization*, Vol. 12, No. 1, 1996, pp. 1 – 24.

[167] Schmidt, K. M., "Incomplete Contract and Privatization", *European Economics Review*, Vol. 40, No. 3, 1996, pp. 569 – 579.

[168] Scott Wallsten and Katrina Kosec, "The Effects of Ownership and Benchmark Competition: An Empirical Analysis of U. S. Water Systems", *International Journal of Industrial Organization*, Vol. 26, 2008, pp. 186 – 205.

[169] Shleifer, A., "A Theory of Yardstick Competition", *Rand Journal of Economics*, Vol. 16, No. 3, 1985, pp. 319 – 327.

[170] Torres, M. and Paul, C. J. M., "Driving Forces for Consolidation or Fragmentation of the US Water Utility Industry: A Cost Function Approach with Endogenous Output", *Journal of Urban Economics*, Vol. 59, No. 1, 2006, pp. 104 – 120.

[171] Vickers, J. S. and Yarrow, G. K., Privatization: *An Economic Analysis*, Cambridge: The MIT Press, 1988.

[172] Viscusi, W. K., Vernon, J. M. and Harrington, J. E., *Economics of Regulation and Antitrust*, Massachusetts: The MIT Press, 2005.

[173] Xu, H. and Zhong, H., "Reforming of Water Service Based on Business – Regrouping and Right – Trusting of Operating and Government Supervision", No. 3, 2010, pp. 384 – 387.

[174] Yarrow, G., King, M. and Mairesse, J. et al., "Privatization in Theory and Practice", *Economic Policy*, Vol. 2, No. 1, 1986, pp. 324 – 364.

[175] Zhong, L., Mol, A. and Fu, T., "Public – Private Partnerships in China's Urban Water Sector", *Environmental Management*, Vol. 41, No. 6, 2008, pp. 863 – 877.

后 记

本书是笔者承担的浙江省哲学社会科学重点研究基地重点项目"中国城市供水行业市场化改革的效果评价与管制政策创新研究"（13JDGZ01Z）的结题成果。

城市供水是城市居民生产生活的重要行业之一。市场化改革推动了城市供水行业的发展，城市供水行业市场化改革效果如何成为一项重要的研究课题。在课题研究过程中，深感本课题研究内容的复杂和研究体系的庞大，城市供水行业的技术复杂性和现实复杂性使我不断地思考城市供水行业市场化改革的理论逻辑与主要问题、城市供水行业市场化改革的实施效果、城市供水行业市场化改革的困境与形成机理、产权结构与城市供水行业市场化改革效果、价格管制变迁与城市供水行业市场化改革效果、市场化改革与城市供水行业质量以及城市供水行业市场化改革效果提升的管制政策创新等重要的理论与现实问题。这些问题可以客观地反映城市供水行业市场化改革效果，探索出了新常态下提升城市供水行业市场化改革效果的基本思路。

在课题研究过程中，浙江财经大学王俊豪教授、唐要家教授给予了诸多思想上的洗礼和理论上的指导，浙江财经大学李云雁副研究员、熊艳博士、王建明教授、朱晓艳副教授以及中国城市规划设计研究院城镇水务与工程研究院龚道孝副院长对本书的理论创新和政策设计提供了重要的思想启发和评论。笔者指导的硕士生李卓霓、闫东艺、周立宏、罗乾参与了本书部分内容的整理和修改等基础性工作。

本书的出版得到了浙江财经大学中国政府管制研究院、浙江省政府管制与公共政策研究中心资助。中国政府管制研究院提供了丰富的图书与数据资源、各种学术平台和系列学术会议,这为本书的撰写和深化提供了重要支撑。

本书的出版得到了中国社会科学出版社卢小生编审的大力支持。

王　岭

2018 年 10 月 10 日